テキストライブラリ 心理学のポテンシャル **8**

ポテンシャル
臨床心理学

横田 正夫 編著／津川 律子・篠竹 利和・
山口 義枝・菊島 勝也・北村 世都 著

psychologia potentia est

サイエンス社

監修のことば

　21 世紀の心理学は前世期後半の認知革命以来の大きな変換期を迎えている。その特徴は現実社会への接近および周辺の他領域との融合であろう。

　インターネットの急速な発展により，居ながらにして世界中の情報を手にすることができる現代においては，リアリティをいかに維持するかが大きな課題である。その一方で身近には未曾有な大災害が起こり，人間の手ではコントロールが困難な不測の事態に備える必要が生じてきている。インターネットは人々に全能感を与え，大災害は人々に慢性的な不安を喚起する。このような現代に生きる者には，心についての深い理解は緊急の課題といえよう。

　こうした課題の解決に心理学は大きく貢献することができる。実験心理学は，情報の獲得，処理，そして行動に至る広範な知識を提供することで，生活のリアリティについての基盤を与え，その経験の原理を理解させる。臨床心理学的知見は慢性的な不安をはじめとする，現代の心の危機についての多様な，そして精緻な対処法を教える。

　本ライブラリは，急速に変化しつつある現代社会に即応した心理学の現状を，わかりやすく大学生に伝えるための教科書が必要とされている，という思いから構想されたものである。

　本ライブラリの特長は以下のようにまとめられる。①半期の授業を意識し，コンパクトに最新の知見を含む内容をわかりやすくまとめている。②読者として初学者を想定し，初歩から専門的な内容までを示すことで，この本だけで内容が理解できるようになっている。③情報を羅列した参考書ではなく，読むことで内容が理解できる独習書になっている。④多様な心理学の領域が示す「人間観」を知ることで，実社会における人間理解も深くなるように構成されている。つまり，社会に出てからも役に立つことを意識している。

　本ライブラリが心理学教育に少しでも貢献できることを願っている。

監修者　厳島行雄
横田正夫
羽生和紀

はじめに

　現代社会における臨床心理学の役割には大きなものがあると思われます。「抑うつ」「不安」といった言葉が新聞に多く登場するばかりでなく，不登校や自殺といったこころをめぐる問題も多く取り上げられています。こころをめぐる難しい問題が多くあり，それらにどのように対応するのかについての基礎的な知識が求められています。そうした知識を提供する学問領域の一つに臨床心理学があります。

　近年の臨床心理学に関連した大きな出来事に，公認心理師法の成立があります。これにより臨床心理の専門家たちが長く望んだ国家資格ができることになりました。公認心理師法は，臨床の現場で独立した活動ができるような人材を求めています。そのためには，学部レベルでは，心理学の基礎的な知識の習得が求められてくるでしょう。現代の心理学の基本は，生物・心理・社会の総合的なモデルにあります。生物学的な側面を備えた個体が，外界を認知し，社会に働きかけていく。臨床心理学もこの総合的なモデルに沿ったものであるとみることができるでしょう。

　臨床心理学のなかの，たとえば医療保健領域を考えてみましょう。本書の著者の多くは医療保健領域での活動を専門としていますが，医療保健領域では生物的な知識を基礎としてこころの病を考えています。そしてこころの病をもったものでは，情報を処理する過程に障害が生じることがあります。つまり外界を認知する能力に，障害が起こることがあります。このことは心理的側面を扱っていることになり，心理検査などで明らかになります。さらにはこころの病をもったものが社会で生活をするうえでの困難を明らかにし，それに働きかけようとします。気分障害の復職プログラムなどで，心理学的な方法が応用されるといったことがあります。このように臨床心理学も，生物・心理・社会の総合的なモデルを応用したもので成り立っています。ここでは医療保健領域のみを挙げましたが，産業・社会領域，司法・矯正領域，福祉領域，教育・発達領域のいずれの領域においても同様に総合的なモデルを基礎として成り立ってい

るとみることができます。

　ここで個人的な体験を少し述べてみたいと思います。すでに30年以上前の話になります。私は大学院時代には認知心理学を専攻していました。しかし大学院を修了するときに，臨床心理学の故・細木照敏先生の紹介で群馬大学医学部精神医学教室に就職することになりました。というのもそこの教授の故・町山幸輝先生が統合失調症の認知障害の研究をしていたからでした。採用されましたが，臨床現場では心理検査についての依頼が次々にやってきました。このようにいきなり臨床の世界に入ったのでした。細木先生が私に目をかけてくれたのには理由があったと思います。私はその頃統合失調症の精神病理にも関心があり，細木先生の研究室を訪ねてそうした話を伺っていたのでした。とはいえ，医学の知識はまったくありませんでしたので，精神医学教室でその文化の違いに驚かされました。それまで生理心理学について学んではいましたが，基本的に心理学は文系でした。もちろん，私の考え方も明らかに文系でした。それに対し医学は理系で，しかも身体のメカニズムが発想の基盤にありました。それは精神医学でも同様でした。上記の総合的なモデルでいえば生物をまさに基盤にしていました。医師も看護師も，みな生物的な基盤で話をしているのです。そこに文系の言葉をもってきて理解してもらおうと努力するわけですから，かなりの障壁があります。心理検査の報告書などでも，心理学では当たり前の言葉であっても，通じないことがありました。そこで，普通に通じる言葉を考えることになったのです。

　さて故・町山幸輝先生は，統合失調症の認知障害を研究しておられましたが，私の所属した研究室は脳波室でした。というわけで，認知障害の研究方法は，電気生理学的なもので，誘発電位を調べるものでした。その一方で，知覚心理学的な研究も活発に行われていました。つまり研究室には，生物と心理の統合が図られるような環境があったわけです。こうした環境から私は大きな影響を受けました。

　当時の群馬大学では生活臨床が有名でした。生活臨床の方法論は，経過研究でした。それは統合失調症患者の経過を追跡していくというものでした。この発想は，統合失調症であっても社会の影響を受けるという視点を私に教えてく

れました。この教えは本書のなかで私が述べている方法論の箇所に現れていると思います。つまり，統合失調症患者であっても，通常の心理的な発達過程にしたがって，生涯の過渡期にはその時期に相応するようなテーマが生じてくるというものでした。

　以上のように私の経験は，認知心理学から臨床心理学に方向転換してから，生物学的方法を学び，心理学的方法を応用し，社会的な視点に開かれた，とまとめることができます。こうした経験の教えることは，生物・心理・社会の総合的なモデルを身につけることで臨床心理学の発展に寄与することができるということでした。

　以上のようにみてきますと，臨床心理学を学ぶものには，基礎的な心理学の領域の知識を十分に身につけておくことが求められていると思われます。本書は「テキストライブラリ　心理学のポテンシャル」の一冊として作られました。教育・臨床現場における経験豊富な著者陣が，その知見を余すところなく盛り込んでいます。講義の予習・復習に，また独習のために通読するだけでも知識の習得に役立つことでしょう。それぞれの章末には学んだ内容を確認するための練習問題と，学習をさらに深めるための参考図書が紹介されています（読者のみなさんが自分で考えて頂けるよう，練習問題の解答はあえて掲載しておりません）。本書をライブラリの他の本と一緒に学ぶことで，生物・心理・社会の総合的なモデルをバランスよく身につけ，臨床心理学をより深く理解することができるようになるでしょう。

　　平成 28 年 3 月

　　　　　　　　　　　　　　　　　　　　　　　　　横 田 正 夫

目　次

はじめに ………………………………………………………………… i

第1章　臨床心理学とは　1

1.1 臨床心理学の起源，構造と機能 ……………………………… 2

1.2 臨床心理学の歴史 ……………………………………………… 6

1.3 臨床心理学におけるキー概念 ………………………………… 11

1.4 臨床心理学の独自性と周辺領域 ……………………………… 12

コラム 1.1　臨床心理学のこれから ……………………………… 13

練習問題 ……………………………………………………………… 15

参考図書 ……………………………………………………………… 15

第2章　心理アセスメントとは　17

2.1 心理アセスメントの定義と目的 ……………………………… 18

2.2 心理アセスメントの過程と観点 ……………………………… 19

2.3 心理アセスメント面接の実際（事例を通して） ………… 25

2.4 おわりに ………………………………………………………… 38

コラム 2.1　心理アセスメントにおける観察法
　　　　　　──マーラーの「分離─個体化過程」を例として … 38

練習問題 ……………………………………………………………… 40

参考図書 ……………………………………………………………… 40

第3章　心理検査　41

3.1 心理アセスメントの一つである心理検査 …………………… 42

3.2 心理検査とは …………………………………………………… 42

3.3 心理検査の条件 ………………………………………………… 53

3.4 臨床場面での心理検査の実際 ………………………………… 55

3.5 心理検査の危険性 ··· 55

コラム 3.1　知能検査の練習をしたら，知的能力は上がるのか？

　　　　　　　　　　　　　　　　　　　　　　　　　　　··········· 56

練 習 問 題 ··· 57

参 考 図 書 ··· 57

第4章　心理カウンセリング・心理療法　59

4.1 心理カウンセリングとは ··································· 60

4.2 精神分析療法と精神分析的心理療法 ·············· 71

コラム 4.1　ユングの分析心理学と心理療法 ·············· 82

練 習 問 題 ··· 84

参 考 図 書 ··· 85

第5章　来談者中心療法，子どもを対象とした心理療法，認知行動療法　87

5.1 来談者中心療法 ··· 88

5.2 子どもを対象とした心理療法 ······················· 92

5.3 認知行動療法 ·· 98

コラム 5.1　SST のプログラムの一例 ···················· 101

練 習 問 題 ·· 102

参 考 図 書 ·· 102

第6章　日本が発祥の心理療法　103

6.1 日本が発祥の心理療法 ·································· 104

6.2 内 観 療 法 ··· 104

6.3 森 田 療 法 ··· 107

6.4 臨床動作法 ··· 111

6.5 日本発祥の心理療法の独自性 ····················· 114

コラム 6.1　身体が言ってくれている言葉を聴いてみる ······ 114

目　次　　　vii

練習問題 ……………………………………………… 115
参考図書 ……………………………………………… 116

第7章　家族療法，集団心理療法，臨床心理的地域援助　　117

7.1　家族療法 ……………………………………… 118
7.2　集団心理療法 ………………………………… 126
7.3　臨床心理的地域援助 ………………………… 130
7.4　集団と地域への心理援助の展望 …………… 136
練習問題 ……………………………………………… 137
参考図書 ……………………………………………… 138

第8章　臨床心理学をとりまく概念　　139

8.1　臨床心理学をとりまく概念 ………………… 140
8.2　臨床心理学の研究法 ………………………… 149
8.3　こころの健康 ………………………………… 155
コラム 8.1　絶対的価値による異常判断は可能であろうか？… 157
練習問題 ……………………………………………… 158
参考図書 ……………………………………………… 158

第9章　子どもをとりまく問題　　159

9.1　乳幼児期と児童期 …………………………… 160
9.2　発達障害 ……………………………………… 160
9.3　不登校 ………………………………………… 165
9.4　いじめ ………………………………………… 170
9.5　児童虐待 ……………………………………… 173
コラム 9.1　自閉スペクトラム症の感覚過敏 ………… 177
練習問題 ……………………………………………… 178
参考図書 ……………………………………………… 178

第10章　思春期・青年期をとりまく問題　179

10.1 思春期・青年期の発達課題……………………………… 180

10.2 摂 食 障 害……………………………………………… 180

10.3 非　　　　行…………………………………………… 184

10.4 自傷・自死……………………………………………… 190

コラム 10.1　摂食障害に対する自助グループ…………………… 196

練 習 問 題　……………………………………………………… 197

参 考 図 書　……………………………………………………… 197

第11章　成人期をとりまく問題　199

11.1 成人期とは……………………………………………… 200

11.2 不安障害（不安症群／不安障害群）………………… 201

11.3 パーソナリティ障害…………………………………… 203

11.4 気 分 障 害……………………………………………… 204

11.5 統合失調症……………………………………………… 207

11.6 嗜癖・依存（嗜癖性障害）…………………………… 210

11.7 身体疾病にともなう苦痛……………………………… 212

11.8 成人期のこころの不調とどう付き合うか…………… 212

コラム 11.1　野菜や果物を食べていますか？………………… 213

練 習 問 題　……………………………………………………… 214

参 考 図 書　……………………………………………………… 215

第12章　高齢期をとりまく課題　217

12.1 高齢者と心理学………………………………………… 218

12.2 高齢期の特徴——生物—心理—社会モデルに基づいた理解… 219

12.3 高齢者に対する心理的援助の基本姿勢……………… 222

12.4 高齢期に生じる心理的課題と援助…………………… 224

12.5 認知症の理解と援助…………………………………… 225

12.6 お わ り に……………………………………………… 236

目　次　　ix

コラム 12.1　脳の加齢は，高次の機能からはじまる…………237

練 習 問 題　………………………………………………238

参 考 図 書　………………………………………………238

第13章　臨床心理学の学習と倫理・法律，今後に向けて　239

13.1　臨床心理学における学習の特徴………………………240

13.2　臨床心理学の学習——大学・大学院（修士）…………241

13.3　臨床心理学の学習——修了後…………………………243

13.4　臨床心理職における代表的な倫理……………………244

13.5　臨床心理学に関係する法律……………………………247

13.6　今後に向けて——日本における臨床心理学の近未来像…248

コラム 13.1　公認心理師法………………………………250

練 習 問 題　………………………………………………251

参 考 図 書　………………………………………………252

引 用 文 献　………………………………………………253

人 名 索 引　………………………………………………263

事 項 索 引　………………………………………………265

執 筆 者 紹 介　……………………………………………270

臨床心理学とは

1

臨床心理学は，こころをよりよい状態にすることを目指して，心理学という科学的知見を用いる学問であり，その起源は宗教や哲学にまでさかのぼるものの，学問体系としては比較的新しい分野である。臨床心理学には，実践性と科学性を両立させた心理学的介入という専門性の追求が求められていると同時に，社会の要請を受けてその課題を解決していくことに寄与する役割がある。

第1章　臨床心理学とは

1.1　臨床心理学の起源，構造と機能

1.1.1　こころへのアプローチの起源

　アメリカ心理学会は臨床心理学を「科学，理論，実践を統合して，人間行動の適応調整や人格的成長を促し，さらには不適応，障害，苦悩の成り立ちを研究し，問題を予測し，そして問題を軽減，解消することを目指す学問である」と定義している。臨床心理学は，心理学全体の知見を活用して，人の生活をよりよくしていくための現場介入を，科学的，理論的裏づけをもって行う学問であり，その範囲はきわめて広い。

　臨床心理学には2つの異なる起源がある。一つは「こころの状態をよくする」起源であり，もう一方は「こころとは何かを探求する」起源である。

1.　「こころの状態をよくする」起源——実践介入の潮流

　古来，宗教は人のこころにとってきわめて大きな役割を果たしており，生活や人生全般が宗教の影響を受けている。なかでも人の苦悩を軽減する役割は，宗教者の主要な役割となっており，社会的機能でもある。

　このような，人のこころに何らかの影響を与えるような介入を行い，こころの状態をよりよいものにしようとする営みは，臨床心理学の一端をなしている。つまり臨床心理学も，社会的機能としての「よりよいこころの状態を目指した介入」を行っている。

　「臨床（clinical）」という用語を定義することは難しい。しかし，私たちは不適応を起こすまではいかずとも，誰しも生活のなかで多少はこころの苦悩を経験し，だからこそ**主観的幸福感**（subjective well-being）を求めている。それをふまえれば，臨床心理学は病をもった人に限らず，すべての人を対象にした介入実践を行うことを目的とした学問である。そのため，臨床心理学の介入モデルも，**治療モデル**から**生活者モデル**へ，そして介入目的も，症状や問題の除去から，**生活の質**（Quality Of Life：**QOL**）の向上へと再定義されはじめている。

2.　「こころとは何かを探求する」起源——科学の潮流

　宗教がどのようにして，「こころの状態をよくするか」というこころへの介入を探求してきたのに対して，哲学は「こころとは何か」という命題を探求し

てきた。そして同じ命題を，より客観的で科学的な方法論によって明らかにしようとして誕生したのが心理学である。心理学の誕生が，「哲学からの独立」や「こころの科学」という言葉で表現されることからもわかるように，客観性や科学性，実証性に心理学の特徴がある。そのため，臨床心理学も，科学的，実証的な学問である必要がある。

　この2つの起源は，ある意味では相反する側面をもちながら，臨床心理学の実践や研究活動の場で複雑に影響を与え合ってきた。たとえば中村（1992）は「臨床の知」「科学の知」として，両者のパラダイムの違いを説明している（表1.1）が，臨床心理学の専門性は，その両者をあわせもつところにある。これは後述する科学者―実践家モデルの考え方とも軌を一にするものである。

表 1.1　臨床の知・科学の知（中村，1992 より一部改変）

【臨床の知】
個々の場合や場所を重視して真相の現実にかかわり，世界や他者がわれわれに示す隠された意味を相互行為のうちに読み取り，捉える働きをする。

【科学の知】
抽象的な普遍性によって，分析的に因果律に従う現実にかかわり，それを操作的に対象化する。

1.1.2　臨床心理学の構造

　下山（2001）は，臨床心理学の全体構造を図1.1 のように表している。ここでは，（心理）アセスメント（（psychological）assessment）と介入（intervention）という2つの実践活動（practice）を基盤として，それらの研究活動を行い，さらにはその成果を社会との間で相互に還元し合うという，臨床心理学の全体構造が示されている。

　臨床心理学におけるアセスメントと介入は，現状を分析して把握するアセスメントと，アセスメントの結果から介入の目標や方法を決めて実際に介入し，その結果をさらにアセスメントして目標や方法を微調整していくプロセス全体を指している（第2章参照）。その意味で，介入そのものも仮説検証のプロセスをもった研究活動でもある。一方，事例を積み重ねるなかで得られた仮説を，

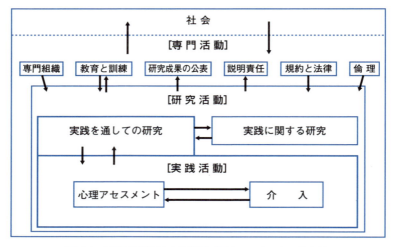

図1.1 臨床心理学の全体構造（下山，2001を一部改変）

事例への介入活動で検証するのではなく，実験や調査を用いて検証する方法もある。下山は前者を「実践を通しての研究」，後者を「実践に関する研究」と区別し，いずれも臨床心理学の**研究活動**（research）であると説明している。

また，臨床心理学の実践活動は，社会のなかで行われる活動でもあることから，その専門性が担保されたうえで，社会に還元されることが必要である。そのための諸活動は**専門活動**（profession）と呼ばれる。

このように，臨床心理学の活動は，実践活動，研究活動，専門活動から構成されている。

1.1.3 臨床心理学の機能

端的にいえば，臨床心理学はすべての心理学の知見を介入の実践に生かすことができる。そして，そのように考えるとき，人が存在するおよそすべての領域が，臨床心理実践の場となる。このように多岐にわたる実践領域における臨床心理学の主な機能は，以下の4点にまとめられる。

1. **個人・集団に対する心理アセスメント**

医療や福祉では，クライエント（client）のさまざまな心理的機能，とくに

心理的能力に関する心理アセスメントが必要であり，その心理アセスメントは，クライエントの状態を医学的に判断する診断のみならず介入計画にも大きな役割を果たす。また，産業の場では個人の能力に応じた人員配置やキャリア開発，組織が必要とする人材の確保を目指した能力評定が必要になる。いずれも，個人の能力を正確に評価する理論と技術をもっていなければならない。

また，集団に対する心理アセスメントも欠かせない。たとえばスクールカウンセラーとして学校で働く際には，生徒と保護者と教師の間の人間関係や，学校集団と教師の関係性，さらには，地域社会のなかにおける学校集団の関係性なども把握することが必要になる。コンサルテーション（第7章参照）の際には，このような，集団に対する心理アセスメントの視点があることによって，コンサルテーションの受け手であるコンサルティに対して，組織特性への気づきを促すこともできる。集団の心理アセスメントには，たとえばある一定地域に住んでいる高齢者がどのようなニーズをもっているかを明らかにしていくことも含まれる。そのために心理調査の提案・企画・実施・分析が行われる。

心理アセスメントの結果から，次の介入に向けた方針を決める。そこで心理アセスメントは介入を視野に入れて，どの側面の評価を行うかを選定するとともに，得られた情報が有効に活用できるように配慮する。

2. 対人援助の実践とコンサルテーション

対人援助の専門職として，援助技術をもって自ら事例に効果的に介入すること，またその方法を社会に伝える機能がある。自ら実践するだけではなく，その実践の方法等を他者に伝えるためには，伝える技術も必要となる。

たとえば産業領域では，従業員へのカウンセリングはもちろん，従業員に向けたメンタルヘルス講座の講義，部下に対する上司の対応方法の指導などが求められる。

3. 地域や組織のマネジメント

組織や集団に関する心理学的知見に基づいて，組織のマネジメント（management）やコンサルテーション（consultation）を行う機能がある。病院，福祉施設，企業などのあらゆる集団は，集団の目的の達成を目指して活動する。集団のなかの個人の心理が，集団にダイナミックに影響する。そうした影響を

ふまえて，組織に介入して目的を達成できるようにする。たとえば病院では，医師，看護師，ソーシャルワーカー，理学療法士や作業療法士，事務職など，多くのセクションで人々が働いている。そのなかで，ある患者を援助するためには，援助の目的を専門職が共有し，目的達成のためにチームとして連携して機能する必要がある。その際，専門性の違いが時に，連携どころか対立や足の引っ張り合いなどを生じさせてしまうことがある。チームとして機能させるために，事例検討会やチームの会議において，集団のなかで自由に活発な発言や討論を促すように働ける**ファシリテーション**技術を用いる。

4. 社会に対する心理的健康の啓発

2011 年の東日本大震災の後，被災者，犠牲者の遺族に対する直接的な心理援助はもちろん，コミュニティの喪失にともなう住民の不安，仮設住宅における孤独死の問題などに対してもこころをめぐる多くの援助が必要になり，その援助は現在も続いている。もとより，国際情勢や国内経済の影響を受けて，国民はその時代とともに不安の質を変化させながら暮らしている。

人々が，それぞれの地域で主観的幸福感を感じながら，かつ社会のなかで適応的に生活することを目指し，心理学的見地から社会システムを提言し，その実現のために社会全体が人々の心理的健康を目指す風土を醸成する啓発活動が必要である。

1.2 臨床心理学の歴史

1.2.1 世界の臨床心理学の変遷

臨床心理学は心理学のなかでは比較的新しい領域である。しかし臨床心理学の起源の一つには宗教が担ってきた人々のこころをよりよい状態にする介入があり，他方には，哲学が担ってきたこころとは何かという命題に科学的手法を取り入れた心理学の科学性があることはすでに述べた通りである。

心理学を誕生させたヴント（Wundt, W.：1832-1920）の下で学んだウィットマー（Witmer, L.：1867-1956）が，1896 年に心理クリニックを開設し，それまでの心理学研究の知見を援助に用いたことをもって，臨床心理学のはじま

1.2 臨床心理学の歴史

りといわれることが多い。しかしこのとき，臨床心理学が急速に出来上がったわけではなく，この 1900 年前後の社会の変動によって，臨床心理学が少しずつ形を現してきたのである。

19 世紀後半に，クレペリン（Kraepelin, E.；1856–1926）は自身が勤務する精神病院に入院していた患者の症状を詳しく記述したうえで，それまで症状に関係なく，同じように対応されていた患者に対し，症状によって分けて対応した。これは，ドイツ記述精神医学と呼ばれる近代精神医学の基礎となっている。あたかも犯罪者のように扱われていた精神障害をもつ人に対して，治療的アプローチがはじまったという意味で，クレペリンの仕事は臨床心理学の誕生に間接的に寄与している。

また，シャルコー（Charcot, J. M.；1825–1893）やメスメル（Mesmer, F. A.；1734–1815）は催眠療法を用いて，身体的には問題が見つからないのに身体的な麻痺や幻覚などの症状を呈する，ヒステリーと呼ばれる患者の治療にあたった。これらを学んだフロイト（Freud, S.；1856–1939）は無意識の葛藤がこれらの症状を引き起こすと理論化して自由連想法（free association）を用いた精神分析を提唱した（第 4 章参照）。精神分析はその後，アメリカで大きく発展し，現在の臨床心理学に大きな影響を与えている。

フランスのビネー（Binet, A.；1857–1911）は発達に課題をもつ子どもの心理アセスメントとその教育のために，知能検査を開発した（第 3 章参照）。アメリカでは第一次世界大戦時，兵士を適材適所に配置することを目的に集団式の知能検査が開発された。このような知能検査の開発が可能となった背景には，この時期に，科学技術が発展し，初期のコンピュータが生まれて計算能力が向上し，その結果，統計学や推計学が発展したことも関与している。このように1900 年前後には社会の変動や社会からの要請で，臨床心理学の実践を支える心理アセスメントと介入の基礎となる研究が進んでいった。

日露戦争で戦争神経症として注目された帰還兵の精神症状は，第二次世界大戦の際にも課題となった。アメリカでは精神症状を呈する多くの帰還兵が生まれ，その対応が課題となり，臨床心理学者の育成が進んだ。ベトナム戦争の際には，ゲリラ戦に参加した兵士が，帰還後にも長く精神症状を呈する心的外傷

後ストレス障害（PTSD）が大きな問題となり，その対応にも臨床心理学的介入の必要性が高まった。

　ウィットマーが心理クリニックを開設したこと以上に精神分析の影響力は大きく，20世紀前半における臨床心理学的介入は多くが精神分析的なものであった。しかし心理学のなかでは，徐々に行動主義が台頭し，主観的経験よりも客観的に観察しうる行動に関する研究が行われるようになってきた。そして1940年から1950年後頃になると，学習心理学の発展によって行動療法が介入にも取り入れられるようになった（第5章参照）。

　同じ頃ヨーロッパでは実存哲学，実存主義が台頭してくる。人間の本質を探究することよりも，今現在経験されるもの，存在することが人間そのものであるという哲学の見方は，行動主義と精神分析をいずれも批判する土壌をつくり出した。その結果，客観的で行動のみを取り扱う行動主義のように，人は他者からの操作に従属的なものではなく，また精神分析のように過去によって規定されるものでもなく，人は「今，ここ」での経験を主体的に生きているという人間観が臨床心理学にも起こってきた。このような実存主義の人間観の影響を強く受けて成立したのが人間性心理学である。マズロー（Maslow, A. H.；1908-1970）は，人は実現傾向をもつ存在であって，より健康的なこころの在り方に関する研究が不足していることを指摘した。これを介入にも適用したのがロジャーズ（Rogers, C. R.；1902-1987）の来談者中心療法，後のパーソン・センタード・アプローチであった（第5章参照）。

　実存主義の影響は精神医学にも及んだ。精神医学ではクーパー（Cooper, D.；1931-1986）によって1950年頃に反精神医学（anti-psychiatry）と呼ばれる，従来の精神医学批判が行われ，患者を患者たらしめているのは施設に収容して患者として烙印を押す精神医学自身であり，患者を解放し患者の基本的人権を復権すべきであるという考え方が生まれた。このように，社会の見方や文脈が「患者」ばかりでなく病をつくり上げていくという考え方は，社会構成主義を精神医学に取り入れたものであり，その後，1960年代になって広がった家族療法の発展にもつながっていった。

　その後，多様な介入方法が提唱されたが，行動療法，精神分析的心理療法，

来談者中心療法（client-centered therapy）は，三大療法と呼ばれて現在まで学ぶべき基本的な心理療法となっている。

1.2.2　日本の臨床心理学の変遷

一方，日本の臨床心理学をみると 1870 年代に立ち上がってきた心理学に続いて，1900 年頃には知能検査の源流となる精神遅滞児の教育に関する研究や，その後，異常心理学と呼ばれるようになった変態心理学が大学の講義として設置されている。しかし，東京帝国大学で変態心理学を担当していた福来友吉の研究は認められず，彼が大学を去って以降しばらく，異常性を扱う臨床心理学はアカデミズムの場では扱われにくい状態が続いた（鈴木，2012）。

実践の場では，教育領域で心理検査が 1930 年前後に導入され，鈴木ビネー知能検査（1930 年），田中ビネー知能検査（1943 年），内田クレペリン検査（1929 年）が開発された（第 3 章参照）。一方精神分析も，精神科医の古沢平作，心理学者の矢部八重吉，大槻憲二などによって同時期に日本に紹介された。

日本固有の心理療法としては，1904 年に井上円了（1858–1919）がはじめて『心理療法』という題名の本を発表した。1926 年に森田正馬（1874–1938）の森田療法（Morita therapy），1953 年に吉本伊信（1916–1988）の内観療法（Naikan psychotherapy），1962 年に成瀬悟策（1924–）の臨床動作法（clinical dohsa-hou）が紹介されている（第 6 章参照）。

わが国で臨床心理学が大きな動きをみせるのは，戦後になってからである。アメリカからの要請で教育改革が進められ，教育領域において発展した。学生相談やカウンセリングなどの用語が一般的になり，1950 年代には国立大学を皮切りに大学付属の相談機関が相次いで設置されはじめた。1964 年，日本臨床心理学会が発足し，その初期から臨床心理技術者の資格について議論がされたが，意見がまとまらず，また学生運動の影響なども受けて活動は休止状態になった。その後 1982 年に至って日本心理臨床学会が発足し，心理療法やその事例研究が行われるようになった。1988 年に日本臨床心理士資格認定協会が発足し，翌年には協会が認定する臨床心理士が誕生した。臨床心理士は，民間資格でありながらスクールカウンセラー事業や，災害時の心理学的介入などで

活躍してきた。そして 2015 年，公認心理師法が成立し，現在養成カリキュラムの整備等が進められている。臨床心理学において資格問題は半世紀にわたる課題でもあったことから，国家資格としての公認心理師がどのように社会に位置づけられていくのかに注目が寄せられている。

1.2.3 現在の臨床心理学に関わる職域

　臨床心理学に関わる職域として，日本臨床心理士会は図 1.2 のように臨床心理士の活動の場を紹介している。しかしここに示されている以外にも，さまざまな仕事のなかで臨床心理学の活動は実践されている。また，今後，現在は気づかれていない心理援助のニーズをもつ場が明らかとなったり，社会的要請が生じたりして，活動の場が増えることも考えられる。そのためにも，専門職として活動しつつも社会の動向や要請に敏感である必要がある。

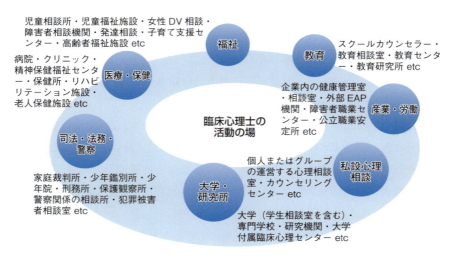

図 1.2　臨床心理士の活動の場（日本臨床心理士会ホームページより一部改変）

1.3 臨床心理学におけるキー概念

1.3.1 科学者—実践家モデル

科学者—実践家モデル（scientist-practitioner model）とは，臨床心理学者が科学者の側面と，実践家としての側面をあわせもつ専門家を目指すことを指した訓練モデルのことである。1949 年，アメリカで精神保健研究所（National Institute of Mental Health；NIMH）と APA（アメリカ心理学会；American Psychological Association）によって開催されたボルダー会議では，多くの関連領域の識者が集結し，臨床心理学の専門職の養成プログラムが検討され，そこで科学者—実践家モデルが臨床心理士の専門性を表す理念として提示された。

1.3.2 生物—心理—社会モデル

エンゲル（Engel, G. L., 1977）は，病気をとらえる際に，単に医学的な疾患ととらえるのではなく，生物的，心理的，社会的要素が複合したものととらえて，統合的にケアを行うことが重要だと提唱した。これは生物—心理—社会モデル（biopsychosocial model）と呼ばれ，病気だけではなく，あらゆる心理学的介入場面において多職種連携を進めるうえでの有用なモデルとなっている。

ことに社会的弱者と考えられる人々への心理学的介入では，この観点が欠かせない。たとえば，高齢期では一度の転倒が，心理的に「また転ぶのではないか」という不安に結びついて行動範囲を狭めてしまい，そのことが筋力低下など（廃用症候群）につながっていく。そして外出の機会が減って，他者との交流もなくなって生活に刺激がなくなり，心身共に免疫力が低下する。このようにして生じた高齢者の閉じこもりは，生物，心理，社会が相互にからみ合って生じている。そのため，援助場面では生物—心理—社会モデルをもとに多職種が連携して心理学的介入にあたることが求められる。

1.3.3 事 例 研 究

下山（2009）は，心理学の研究方法を説明する際に，そのデータが集められる場を現実場面との関係によって 3 つに分けた。図 1.3 に示した通り，臨床心

理学研究は実践に関わる研究であり，①から④の研究方法が含まれている。**事例研究**は，1つまたはそれ以上の事例の個別性を記述し，そのなかから，ある個別的集団に適用可能なモデルをつくることを目的とした研究である。たとえば，発達障害の子どもをもつ親の心理過程を明らかにするときには，少ない事例を通して，それらに共通する心理過程と，それぞれの社会文化的背景や状態像の違いなどの個別性から生じている心理過程を詳細に検討し，それらを説明しうる心理モデルを構築していくのである。

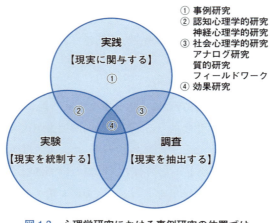

図1.3　心理学研究における事例研究の位置づけ

1.4 臨床心理学の独自性と周辺領域

1.4.1 その他の対人援助専門職

対人援助を行う専門職は臨床心理職だけではない。教育，社会福祉，医学，看護，法学など，他者を援助する専門職は，互いに協力し合い，連携をとりながら援助を進める。このような多職種連携はあらゆる領域で進められており，今後いっそう重要になる。

他の対人援助専門職との協働では，互いの専門性の違いをむしろ利点ととらえてチーム全体が共通した援助目標に向かって，それぞれが専門性を発揮して

1.4　臨床心理学の独自性と周辺領域　13

いくことが期待される。しかしこのような協働が可能になるためには，各専門職が自分の専門性と関連領域の専門性をよく認識し，互いの専門性を尊重し認め合わなければならない。

1.4.2　臨床心理実践における倫理

2015 年（平成 27 年），心理学に関するはじめての国家資格となる「公認心理師」を定める公認心理師法が成立した（コラム 13.1 参照）。このことは，心理学を基礎とした専門職が社会から認められ，心理学を活かした社会活動が社会システムに組み込まれる素地ができたことを意味している。

社会のなかで認められた専門性は，一方でその倫理を示して活動を公表し，その活動内容の意義を担保する過程を社会に公表する義務がある。これは臨床心理サービスを提供するうえで説明責任が求められるということである。あるクライエントが相談に来たときに，どのような根拠をもってその介入が選ばれたのか，その介入が適切に実施されたのか，などの**説明責任**を果たしていかなければならない。これを社会に受け入れられるかたちで提示するためには，妥当な研究が実施され，その研究成果に基づいた実践が行われる必要がある。今後，社会の要請を柔軟に受け止め，それに応える臨床心理学を目指していくためにも，臨床心理学には今まで以上の柔軟性と専門性の追求が求められると思われる。

コラム 1.1　　臨床心理学のこれから

心理学が哲学から離れ，科学的にこころを探求する学問として成立していったように，学問は時代とともに分派したり，合流したりしながら発展していく。臨床心理学も，そのような流れのなかで誕生し，現在も大きく成長発展している学問である。その意味では，今，私たちが学ぶ「臨床心理学」は，そのまま将来の臨床心理学ではないかもしれない。

たとえば，高齢者への心理学的介入やサービスは，臨床心理学のなかではこれまであまり注目されてこなかった領域である。しかしすでに日本の高齢化率は 25％ を超えており 2015 年（平成 27 年），人口の 4 人に 1 人が高齢者であること，またそもそも身体的な加齢による機能減退が避けられない世代であることをふま

えれば，高齢者を対象にした心理学的介入のニーズはきわめて大きいはずである。それはすでに現場では実感できる。

　ある研究会でのこと，障害領域で主に発達障害の療育に関わる臨床心理士から相談を受けた。自閉症という診断がつけられるようになってから半世紀が過ぎ，長年関わってきたクライエントが中年期，老年期に入ってきて，人によっては，自閉症の症状に加えて認知症のような症状をみせる人が出てきたという。その席にいた，学校臨床に関わる臨床心理士からは，認知症の祖母の介護で両親が不和になり，情緒的に不安定になっている中学生への心理学的介入についての話題も出た。引きこもりのまま中年期に入った息子が，自ら役所に相談に出向いた理由は，自分の引きこもりの相談ではなく，両親に認知症のような症状が出て生活が回らなくなったからであった，という話は，心理職ではなく市役所に勤務する市の職員が話してくれたエピソードである。新人の臨床心理士は，勤めはじめて間もない病院で，高齢者のうつ病や認知症のスクリーニングや，心理検査所見から心理学的介入や関わりのアドバイスをするように求められて困っていた。認知症の人を介護する家族への心理学的介入では，その家族介護者も高齢者で，自身も将来の不安を抱えていて，一筋縄ではいかないらしい。

　つまり働く領域に関わらず，口々に，高齢者や認知症をめぐって課題が語られるのである。このような課題やニーズが浮き彫りになるということは，臨床心理学をはじめとして，その他の専門領域でも，それらの課題・ニーズに今のところ十分には応えられていないことを表している。

　高齢者をはじめ，社会には多くの心理学的介入を必要とする人たちがいる。しかし，今までの臨床心理学は，十分にそのニーズに応えてきたとはいえない。心理学的介入を必要とするにも関わらず，そのニーズが放置されてきた人たちの多くは，自分から相談室には来ない人々でもある。これらの人々にどのようにアプローチしていくのか，臨床心理学はその理論や方法論を，いっそう明確にし，実践と研究を進めなければならない。

　くしくも，「公認心理師」として心理学を基礎とするはじめての国家資格が誕生することが決まった今，福祉や医療などの専門職と並んで，社会的責任を果たす専門職として活動するために，臨床心理学は，あらためて「心理学」の基礎に立ち返って，これまで十分にニーズに応えることのできなかった対象者への心理学的介入の方法を開発するとともに，その専門性を，他の専門職にわかる言葉で伝える努力が求められている。

　このように考えると，これまでの臨床心理学から，これからの臨床心理学への道のりは，他の学問領域と合流したり，競合したりしながらつくられていくのであり，これから臨床心理学を学び，つくっていく人には，そういう変化を柔軟に受け止め，思考できることが求められている。

　臨床心理学のこれからは，本当に「これから」なのである。

●練習問題

1. 臨床心理学の実践の中心となるものは次のうちどれか。2つ選びなさい。
   ①心理アセスメント　②教育　③指導　④介入　⑤調査

2. 臨床心理学の機能を4つ挙げなさい。

3. 生物─心理─社会モデルとは何かを説明しなさい。

●参考図書

中村雄二郎（1992）. 臨床の知とは何か　岩波新書　岩波書店

　人間の知とは何かについて論考した良書。臨床心理学だけではなく，医学やケアなどのように実践の場をもつ人が，現場経験と科学性をどのように融合させればよいのかを考えることができる。

西川泰夫・高砂美樹（編著）（2010）. 心理学史［改訂版］　放送大学教育振興会

　心理学史の概要をみると，そのなかでの臨床心理学の位置づけがわかる。本書は，心理学史としては入門書であり，偏りなく事実が記載されている。

伊藤直文（編）（2015）. 心理臨床講義　金剛出版

　3名の臨床心理学者の講演録として編纂されたものだが，援助に対する異なるアプローチをもっているにも関わらず，共通の視点があり，臨床心理学の専門性について知ることができる。内容は深いが，講演録ということもあり初学者にも読みやすい。今後の臨床心理学について考えさせられる。

心理アセスメントとは

2

　臨床心理学は心理学の応用領域であり，対人援助を実際に行うための実践的な学問である。この臨床心理学に基づく実践において，心理アセスメントは欠くことがあってはならない専門行為である。心理臨床実践において知識はすべてではないが，自分の体験のみに基づいて善意で関わるだけの実践ははなはだ危険をともなう。そのため，援助対象に対する適切な理解に基づく関わりが求められる。本章では，具体例の提示を通して，この心理アセスメントの基本的な考え方や実際のプロセスを理解することを目的とする。

2.1 心理アセスメントの定義と目的

　臨床心理学の実践の3本柱として，臨床心理面接，臨床心理アセスメント（以下，**心理アセスメント**；psychological assessment），臨床心理的地域援助が挙げられる（**図2.1**）。

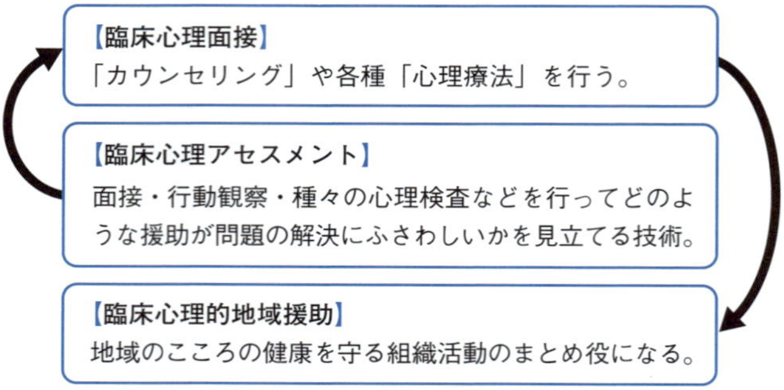

```
【臨床心理面接】
「カウンセリング」や各種「心理療法」を行う。

【臨床心理アセスメント】
面接・行動観察・種々の心理検査などを行ってどのような援助が問題の解決にふさわしいかを見立てる技術。

【臨床心理的地域援助】
地域のこころの健康を守る組織活動のまとめ役になる。
```

図 2.1　臨床心理学実践の 3 本柱

　図 2.1 が示すように，これらは相互に機能し合って臨床心理学実践の全体を構成している。つまり，心理アセスメントの心得なしにはよい面接は行えないし，面接の基本がなければより広い地域援助も行えないということである。

　このように，臨床心理学実践の中核にあるといえる心理アセスメントは，「援助を求めてきた対象（クライエント）がなぜ今ここに来たのか，実際にどのような援助を求めているのかを理解し，その問題に対してどのような援助がふさわしいのかを検討するために，面接・観察・検査などの臨床心理学的手法を用いて，その問題が生じた要因の仮説を立て，対象の持つ資質を明らかにしようとし，援助実践につなげていく専門的行為」と定義できる（篠竹，2014）。ここでの「対象」は個人の場合もあれば集団（家族や学級，会社など）や地域社会（コミュニティ）の場合もあるが，個人の場合，目の前に現れたクライエントがどのような個人的な歴史のなかで今回の問題を呈しているのかを考え，理解しようとし続けることといえる。心理アセスメントは，クライエントの個別特徴，すなわち，その人が自分をとりまく現実世界をどのようにとらえて体

験しているのかなどを見立て，それに適した援助方針を設え実践していくことを目的とした個別的な作業である。そのため，1つとして同じ心理アセスメントはあり得ない。

2.2 心理アセスメントの過程と観点

2.2.1 心理アセスメントの過程

心理アセスメントの過程を具体的に示したのが，図2.2である。

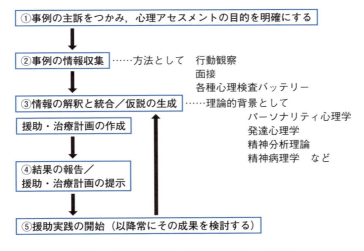

図 2.2　心理アセスメントの過程（篠竹，2014）

①「事例の主訴をつかみ，心理アセスメントの目的を明確にする」は，クライエントの心理療法に対する動機はどれほどか，何に困っているのか（どうなりたいのか）主訴をつかむ，**心理療法**（psychotherapy）や**心理カウンセリング**（psychological counseling）を行うのが適応か，適応なら，どのような心理療法を行うのがより適切かを明確にするものである。子どもの問題を取り扱う場合，関わる対象は子ども本人か保護者か，あるいは両者なのかなどを明確にする作業が目的となることもある。

②「事例の情報収集」では，**図2.2**に示したように，**行動観察，面接，心理検査バッテリー**などの方法が採られる（2.3，コラム2.1参照）。心理検査バッテリーとは，クライエントを総合的に理解するために，いくつかの検査を一緒に施行すること，またその組合せ方のことをいう（3.4参照）。現場では，「検査バッテリーを組む」という言い方がなされている。なお，ここで，心理アセスメントとは心理検査の実施であるととらえられる向きがあるかもしれないが，心理検査を施行しなければ心理アセスメントができないというものではないことを銘記されたい。心理検査を施行しなくても，心理アセスメントは可能である。

2.2.2 心理アセスメントの観点

そして③「情報の解釈と統合／仮説の生成」では，種々の心理学理論の知見を背景にもっていることが必要となる。仮説が立てられるとおのずと「援助・治療計画の作成」ができることになる。この段階には，以下のような観点がある。

1. クライエントの抱える問題が，こころの問題として扱えるものか，それとも生物学的な治療が必要なものか，あるいはその両者の併用が必要かの判断

表2.1は，世界保健機関（WHO）による国際疾病分類第10版（International Classification of Diseases, 1992/1993；以下 **ICD-10**）における精神障害の大分類項目を示したものである。心理アセスメントにおいても，この大分類を念頭に置いておくことは重要である。まずは，葛藤や不安，抑うつといったこころの問題が前景に出ているにしても，そこに脳の器質的病変や内分泌異常などの明らかな器質性精神障害（F0）や，アルコールや薬物，その他の物質使用を基礎にしている（F1）可能性を除外するための見立てである。さらには，器質的には特定できないが脳の機能異常が生物学的基盤に基づいていると推測される症状，たとえば，訴えられた問題が，実は**統合失調症**（schizophrenia），内因性**うつ病**（depressive disorder）などの症状である可能性を除外する必要もある（F2，F3）。これらの精神障害では，今日の常識として，薬物治療という生物学的な治療による対応が第一に選択されるため，心理アセス

2.2　心理アセスメントの過程と観点

表 2.1　ICD-10（国際疾病分類第 10 版）における精神障害

F0	症状性を含む器質性精神障害
F1	精神作用物質使用による精神および行動の障害
F2	統合失調症，統合失調症型障害および妄想性障害
F3	気分（感情）障害
F4	神経症性障害，ストレス関連障害および身体表現性障害
F5	生理的障害および身体的要因に関連した行動症候群
F6	成人のパーソナリティおよび行動の障害
F7	知的障害（精神遅滞）
F8	心理的発達の障害
F9	小児期および青年期に通常発症する行動および情緒の障害

メントにおいてもこれらの鑑別が必要となる。こころの問題として取り扱うのは F4 以降であり，まずは F0 から順に下っていく枠組みをもてるとよい。

　たとえば，別の機関で本人も両親も心理面接を受けていたある 21 歳の青年が，数年来の対人恐怖，不登校，家庭内暴力で，パーソナリティ障害（personality disorder）（F6）として筆者のところに紹介されてきた。お会いすると，考えがまとまりにくい思考の平板化や意欲の低下した状態にあることがうかがえ，さらに話を聴いていくと，「周囲の人が自分を監視している」といった妄想知覚や被害関係妄想をもっていることが推測された。統合失調症（F2）が疑われたので精神科医に紹介したところ，薬物を中心とした治療によって状態は著しく改善した。このように，青年期に発症しやすい統合失調症を的確に鑑別しておくことはとくに大事である。なぜなら統合失調症は薬物による治療法がひとまず確立されており，高い確率で症状の早い改善をもたらし得るからである。また早期に症状が改善したかどうかは長期的な予後にも影響する。病か否かを見極めておけるかは心理アセスメントの基礎能力であり，心理臨床実践家としての全般的な信頼性に関わる問題といえる。

2. パーソナリティ理論とこころの病理学

　心理アセスメントを行ううえでは，パーソナリティ理論に通じていることが望ましい。パーソナリティ理論にはフロイト（1.2.1 参照）の創始した精神分析理論に基づく精神力動的観点をはじめ，臨床的な実践を通して理論化されたものが多い。どの理論が優れているということはなく，おそらく心理臨床実践

家がまず接して親しむ心理面接の流派には，その流派独自のパーソナリティあるいは病理に関する考え方を打ち出しているものが少なくないので，おのずとそこから入っていくことになるだろう。

いずれにしろ，何らかの問題をもって援助を求めてきたクライエントと関わるにあたって，クライエントの呈する問題がどのようなメカニズムで形成されたのかを理解することが大切である。そして，それが内的な欲求—不安—葛藤に対処するこころのメカニズムとしての防衛機制（defense mechanism）が現実適応の失敗を招いているものなのか，パーソナリティそのものの歪みによって生じたものなのかなど，パーソナリティの働きについて同時に見立てていく。これはまた，クライエントがどのくらい健康な側面をもち，どのくらい病的な側面をもっているかといったパーソナリティの機能を見立てることに他ならず，同時に病理水準の心理アセスメントにもつながる。ここで，健常性に対する理解とともに，神経症，パーソナリティ障害，精神病に関するこころの病理学の基本的な枠組みをもっていることが望まれる。表 2.2 は，その一例である。

表 2.2　パーソナリティの構造についての枠組み（Kernberg, 1976 をもとに作成）

	神経症水準	パーソナリティ障害（境界例）水準	精神病水準
同一性統合度	自己表象と対象表象は境界鮮明。		自他境界不鮮明。
	統合同一性：自己および他者の矛盾するイメージは総合的概念のなかで統合される。	同一性拡散：自他の矛盾する側面はうまく統合されず，分離したまま残存。	
防衛操作	抑圧と高次の防衛：反動形成，隔離，打ち消し，昇華など。	主として分裂と低次の防衛：原始的理想化，投影同一化，否認，価値の切り下げなど。	
	防衛は内的葛藤から本人を守る，解釈は機能を改善する。		防衛は本人を自己—対象融合から守る，解釈は退行を導く。
現実検討	現実検討能力は維持：自己と非自己の境界，知覚と刺激の外的起源と内的起源を区別。		現実検討能力の欠如。
	自己評価や他者評価の能力は現実的で深い。	現実感覚が時に希薄化する。	

3. 発達とライフサイクル理論

　パーソナリティの発達に関する理論も，人が過去―現在―未来という時間軸の上に立つ存在であるという点から，現在のクライエントの問題を心理アセスメントを行ううえで有用である。

　たとえば，精神分析における発達論では，こころや行動，さらにパーソナリティの形成を，生活史的，発達論的にみていくという特徴がある。現在みられている現象や状態は，それ以前の状態から生じ，それはまたそれ以前の状態と結びついているというように，過去にさかのぼって連続的に理解していくという見方である。その場合，発達の仕方は，心理的・身体的に一定の法則にしたがいながら，一方では環境との相互作用の下に発展していくものと考えられている。換言すれば，こころがいかにして身体の成熟を含めた現実と折り合いをつけて進展して発達していくかという見方である。

　また，その過程で人はいろいろなことに出くわすのだが，そこで欲求をすべて充足できるとは限らない。欲求不満やそれにまつわる不安を引き起こされたとき，人は以前の成功体験に固執することで不安に対処する。人にはそれぞれその人がもっともとらわれ，先に進むことを妨げている，過去に固着している段階（固着点）があり，欲求不満に陥ると無意識のうちにその固着点に退行して，そこでの対処様式を昔取った杵柄のごとく用いるのである（図 2.3）。こうした**固着**（fixation）と**退行**（regression）の観点が心理アセスメントに有用となることが少なくない。たとえば，夜尿，吃音，チックなどの小児神経症状は，幼児前期（フロイトの発達論では「肛門期」）に獲得される，自分の身体をコントロールする自律性を喪失した状態を現しており，過度に厳しいしつけの

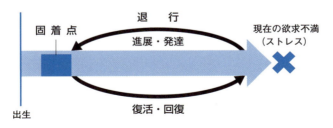

図 2.3　固着と退行（自我の退行と回復のプロセス）

ために身体的な自由を奪われたことを象徴しているものなどとみる観点である。

また，生誕から死に至るまでのおおよそ 80 年の期間において，心身両面に
さまざまな特徴や傾向が一定の周期をもって現れては消えていくことは，よく
知られている。このような周期的変化を**ライフサイクル**（life cycle）と呼ぶ。

このライフサイクルの代表的な理論に，エリクソン（Erikson, E. H.；1902
-1994）のライフサイクル論がある（Erikson, 1950 仁科訳 1977）。エリクソン
は，フロイトの精神分析的発達論をふまえながら，個人が各年代の発達段階に
応じて社会へ根を下ろしていく，いわば社会化としての自我の発達過程を中心
に，体系的な図式を示している（**図 2.4**）。エリクソンによれば，自我の発達
はそれぞれの年代ごとに発達課題と心理的危機状況があり，それらを次々に段
階的に克服しながら，一生続くものであると考えられている。

たとえば，成人期の発達課題は世代性（生殖性）の獲得であり，身体的にも
精神的にも次の世代を生み，育むことによって自分が培ったものを継承してい
くこととされている。換言すれば，心理学的には与えることで自分もまた成熟
するという態勢ができて，はじめて成人になるということである。これは同時
に，この成人期が対人的貧困や自己耽溺に陥って次世代への継承を停滞させて
しまう危機もはらんでいる。このように，次世代に対する健康な関心をもつこ
とによって自らの精神的資産（文化・伝統）を次世代へ伝える生殖性の感覚を
獲得するか，反対に次世代への伝達を放棄して停滞するかを選択する時期であ
る。この時期はまた，青年期の発達課題である**自我同一性**（ego identity）の
確立が再び問い直される時期でもある。たとえば，青年期に父親の権威に反抗
して和解をしないまま父親になった男性が，自分の息子から同じような目に遭
わされるということは臨床的によくみられる現象である。青年期臨床において，
不登校，ひきこもり，家庭内暴力などの問題をもったクライエントの親面接を
行う際に，このモデルは有用となる。

このように，種々の心理学理論の知見をもとにしながら，問題の仮説が立て
られるとおのずと「援助・治療計画の作成」ができ，それをどのようにクライ
エントやクライエントをとりまく重要人物（家族，医師，教師など）に伝える
かを検討するのが，**図 2.2** における④「結果の報告／援助・治療計画の提示」

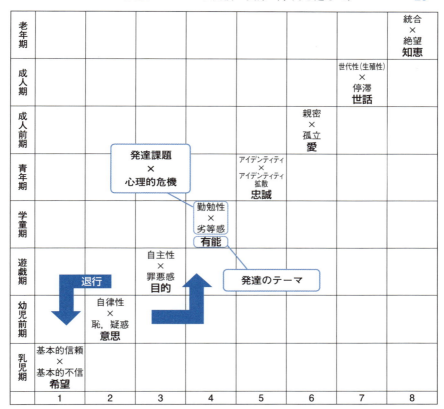

図 2.4 エリクソンのライフサイクル理論(「人格漸成論」;Epigenetic Scheme)

である。④に対してクライエントの同意が得られたら,さらにその後の経過は⑤「援助実践の開始」において常に検証され続け,必要に応じて③「仮説の生成」に戻ることになる。

2.3 心理アセスメント面接の実際(事例を通して)

　上で述べてきた心理アセスメントの過程の実際について,以下に面接,心理検査バッテリーによって行った心理アセスメント事例を提示しながら,より具体的に述べていく(事例は架空事例であり,医療領域を想定している)。

26　　　　　　　　第 2 章　心理アセスメントとは

【N 子さん（26 歳・女性・会社員（大学卒））】

● **主　　訴**

　（X＋2 年 6 月：初診時）職場欠勤。憂うつになり，物事を悲観的に考え
やすくなった。仕事に意欲がわかない。食欲がない。肩がひどく凝る。

● **暫 定 診 断**

　抑うつ状態。→確定診断：遷延性抑うつ反応（不適応反応）。

● **心理面接依頼までの経緯**

　初診時，薬物を処方され休養するように伝えられる。1 カ月の病欠の後，
X＋2 年 7 月に職場復帰するも，かねてより希望を出していた他部署への
異動の可能性がなくなったことを知るや，ふたたび職場に行きたくない気
持ちが強くなり，翌月 2 度目の病欠をし，実家に戻る。その後の治療で本
例の抑うつはパーソナリティ要因の関与が強いと考えられ，担当医により
心理面接を提案され，N 子さんもそれを希望した。

2.3.1　インテーク面接

1.　面接への導入

　インテーク面接（intake interview）は受理面接ともいう。この目的はクラ
イエントの主訴と，クライエントの抱えている問題の概要を明確にし，援助方
針を決定し，問題解決の手がかりを見つけ，クライエントと出会うことである。

　具体的な面接への導入としては，自己紹介にはじまり，必要であれば，「お
一人でいらっしゃいましたか？　どなたかと一緒にいらっしゃいましたか？」
などと，被面接者を確認し（誰が話をするのか），同伴者がいれば，一人がよ
いか，一緒に来た人と同席するのがよいか尋ね，原則としては本人の希望を尊
重する。そして，個人情報や守秘義務についての扱いを説明し，質問があれば
それに応じる。

【インテーク面接の導入】

　年齢より少し幼くみえる，身づくろいは整っているが，地味さを強調し

2.3 心理アセスメント面接の実際（事例を通して） 27

たようなたたずまいの女性であった。お互いに自己紹介した際，コンタクトは自然であったが，硬いひきつったような笑顔が印象的であった。

「担当医から心理面接を勧められ，それを了解されたとお聞きしている。そこで，直接お話をお聴きすることで，これから面接をここで行うのがN子さんにとってふさわしいのか，行っていくとすれば何を目標にして面接を行っていくのか，などの点をお互いに考えていけたらと思う」旨をお伝えすると，N子さんは躊躇などを示すことなく，即座に了承された。ここから面接者は，従順で受身的な人との印象を受けた。

「これから約50分時間をお取りしています。まずは今困っていることについてお話していただきたい。ここでお話することは原則として“ここだけの話”。ただし，病院の治療の一環としての心理面接なので，だいたいのあらましについてはカルテに記載させていただく。とくに『この点は“ここだけの話”にしてほしい』などがあれば，遠慮なく言ってください」。＊また，原則として上記を尊重するが，N子さんのために担当医に伝える必要があると判断された事柄については，例外もあり得ることをあわせて伝えた。

2. インテーク面接前半（主訴をつかむ，現病歴・現症歴を聴く）

話しやすい雰囲気をつくり，クライエントが主体的に話せるように配慮しながら，どういうことで困って来談したのか，いわゆる主訴をじっくり聴く（「どういうことにお困りでこちらにいらっしゃいましたか？」）。その際，自発的に来たのか，周囲の人に連れてこられたのか，誰かに勧められて来たのかなど，来談の経緯についても聴く（「担当医の＊＊先生に紹介されたとのことですがその経緯をお聞かせいただけませんか？」）。

【インテーク面接前半①】

担当医から心理面接を勧められてどう思ったかを問うと，N子さんは，「親曰く，『問題点をはっきりさせるために“心理でお話してください”なのでは？』と言っていましたけど……」と答えた。

そこで，「親御さんは"問題点をはっきりさせるための心理面接"と受け取ったんですね。ご自身としてはいかがでしたか？」と面接者が再度尋ねてみると，少し考えながら，「職場に復帰したい。そのために自分が何をしたいのか見定めたい。自分には無気力な面があり，何が嫌でこのように無気力になってしまったのか原因を知りたい。そのうえで，物事を積極的に考えて暮らしていけるようになりたい」と，主訴にまつわる内容を述べ，自分について内省しようとする構えを十分もって場に臨んでいることがうかがえた。

ただし，開口一番が「親曰く」であることが，面接者には引っかかった。

続けて症状や問題のはじまりを同定する。あわせて，その問題や症状はクライエントにとってはじめて出現したものかどうかも確認する。たとえば，「……はいつ頃からはじまりましたか？」「以前にも同じようなことがありましたか？」「……は急にはじまりましたか？　それとも徐々に出てきましたか？」「今までに，状態が一時的によくなったり，悪くなったりというような変化はありましたか？」などのような質問によって確認する。

続いて，主訴に関連する別の症状や問題はなかったかを確認する（「それまでは何か他の症状でお困りになったことはなかったですか？」）。さらに，誘発因子を確認するために，「……がはじまる前に何かきっかけとなるような変化や出来事がありましたか？」などのように尋ねてみる。それには，過労，対人葛藤，喪失体験（人や物），日常生活の急な変化（転勤，転校，転居，昇進，配置換え，負担の急激な増減，家族成員の変化，子女の結婚や出産など），過酷な非日常的環境などがあり得る。その他，必要に応じて状態の日内変動（午前中のほうが状態がよくないなど，状態が一日のなかで変化する傾向にあるか），年内変動（冬季のほうが他の季節よりも状態が芳しくないなど，状態が一年の時期によって異なる傾向にあるか），場所や行為との関連を確認したり，睡眠の状況（寝つきなど就寝状態，睡眠時間，夜中に目が覚めて眠れなくなる中途覚醒の有無，夢見の状態など），食欲はあるかなど，基本的な身体状況について尋ねることもある。これらは，現病歴の聴取に相当する。

2.3 心理アセスメント面接の実際（事例を通して）　　29

【インテーク面接前半②（要約）】

●現 病 歴 ①

　X年4月，就職。毎日多忙だったが，人間関係も楽しくやっていた。し
かし，X+1年4月に部署異動となり，その先での直属の上司A氏（30歳，
男性）と意思の疎通がうまくいかなくなり，「人間関係でつまずいた」。き
っかけは，急を要すると思われた仕事について，A氏が忙しそうだったた
め係長に相談して処理したが，A氏は自分が飛びこされた不快感を態度で
表明した。以降，A氏に教えてもらわないと仕事がわからないため，A氏
との関係を負担に感じるようになった。別の上司を介してA氏との関係
を調整してもらったが，余計にこじれてしまった。次第に気分が憂うつに
なり，仕事に集中できなくなった。意欲も減退し，仕事を辞めたいと思う
ようになった。食欲もなくなり1カ月で体重も5キロ減少した。中途覚醒
も出現した。

　X+1年9月，N子さん本人も希望して，さらに別の部署に異動となっ
た。通勤時間の関係で一人暮らしをはじめた。仕事自体は忙しくなく，人
間関係も4，5人の部署でストレスは感じなかった。しかし，そこは「何
でも屋」の庶務係で，はじめの部署がコンピュータで何でもスムースに処
理されていたのに比べ，煩雑な手作業で非合理的であると不満を感じた。
こうした仕事の変化にともない，自分自身の生活もどう送っていいのかわ
からなくなった。家事が億劫になり，食欲もふたたび低下した。仕事に行
くのも嫌になり「一人でいられない」と，毎日出勤前に実家の母親に電話
で訴えていた。普通の人なら何でもないことに恐怖感や不快感を感じてし
まう。このため，X+2年，総合病院精神科を初めて受診することとした。

●現 病 歴 ②

　N子さんはさらに，「一人暮らしの生活では何もすることがなく，何も
していない，することを積極的に見つけられない」と語っていた。このよ
うに，主訴（どうなりたいか）の裏返しである，どのようなことに困って
いるのかが自発的に語られた。

続けて，「一人でアパートにいたとき，仕事に行くのがすごく嫌だった。怖かった。一人でいて何をしていいのかわからない，一人じゃいられない感じだった」と"一人でいられなさ"を表現し，「仕事についても，『こんな仕事嫌』と思ってしまう。今の仕事は煩わしい，手間がかかって複雑，前はコンピュータで処理していたのに今は出納帳にいちいち記録しなければならず，いろいろな面で合理的でないと感じる」と，抑制的な話し方ではあるが，「怖い，嫌」という内容の話が語られた。

＊抑制的な話し方と，内容の不一致が印象的であった。

「こうした仕事のペースの変化に生活のパターンの変化が加わって，どういうふうにしていいかわからなくなった。家を出たのは失敗したかな？食生活はいいかげんだし，経済的にもそれほど余裕はないし，無茶なことをしたかな？と思う。……心細く感じるようになった」と，さらに続けられた。

3. インテーク面接後半（家族歴・生育歴などを聴く）

さらに，必要な基礎的情報（家族歴・生育歴・教育歴・職歴・既往歴など）を補うべく，「さらに全体的なこともお聴きします」などと伝えて聴いていく。

（1）家族歴について

両親・きょうだいの年齢・性別・職業・婚姻の有無，配偶者の年齢・職業，子どもについて聴く。亡くなっている人がいれば死因も聴く。遺伝負因を確かめるべく，親族の既往歴（家族，親族に大きな病気にかかったことがあったり慢性疾患をもっているの方がいるか，遺伝性の病気などをもっているか，など）を聴くことも重要であることが多い。

（2）生育歴について

生育地・学歴など，どうやって育ってきたかを簡潔に聴く。これは，クライエントの年齢によって聴き方が異なる。クライエントの生育歴のどの時代に焦点を合わせるかはケースバイケースである（「生い立ちについて，一番古い記憶（最早期記憶）から自由に話してください」など）。時には戦争体験や受験，

2.3 心理アセスメント面接の実際（事例を通して） 31

結婚など大きなエピソードが語られるときもある。

(3) 職歴について

職種，入社，配置転換や転職などの経歴を聴く。

(4) 身体科歴（既往歴）などについて

「今まで大きな病気や怪我をなさったことがありますか？」などと尋ねる。その他具体的に，アレルギーの有無，女性であれば，初潮の時期や出産の経験，睡眠，排便，性欲についてなど，具体的に聴くこともある。

(5) 嗜好品について

とくに，酒や煙草を嗜むか，その量はどれほどかなどを聴く。

(6) 性格について

「ご自身の性格をどのように考えていらっしゃいますか？」などのように聴く。「たとえば……？」と尋ね，例を挙げてもらうほうがわかりやすい。

(7) その他

上記のすべてを余すところなく聴かなければならないわけではない。時間配分を考慮し，主訴や問題に照らして，クライエントのインテーク面接として，必要な情報は何かを柔軟に判断して聴いていく。

【インテーク面接後半】

● 家族構成

父親（56歳，技術職），母親（56歳，専業主婦），兄（30歳，会社員），弟（22歳，大学生，下宿生活）。

● 生育歴（要約）

A市で出生，生育。発達上特記すべき問題はなかった。父の会社の社宅で育った。最早期記憶は，「3歳頃，雪が積もっていて，そこに体が半分埋もれていた」イメージ。幼児期・児童期についてもとくに問題なし。中学時代，親友と呼べる同性の友人がいたが，その他の友人関係は，男女分け隔てなく，表面的に愛想よく仲間に加わることができた。高校時代，成績は中の上。部活は某球技部に3年間所属した。このときの仲間は「会えばそのときの顔に戻れる仲間」である。大学入試では2年浪人した。現役

受験のときは日本文学専攻を志望していた。『枕草子』や夏目漱石が好きで，『こころ』で登場人物のこころの葛藤を語らせる描写が興味深かった。

受験は経済的な条件により，国公立の大学に限られた。それによってだいぶ選択肢が制限されてしまい「嫌でした……でも，仕方なかった」と，やや顔面を紅潮させ，涙ぐみながら述べていた。一浪時は現役のときと同じ２校を受験，その際文学部と商学部を受験したが，いずれも不合格。もう１年浪人することについては母親を介して父親にそれを認めてもらった。３回目の受験は，卒業後の就職を考えて，法学部を受験して合格した。

法律の勉強サークルに入り，大学院受験，資格試験の勉強を中心に大学生活を送った。ゼミの先生の人柄（穏やかで自分の意見を押しつけず自由にやらせてくれる）に惹かれて大学院進学を志したが，大学受験と違って自分が合否ラインのどのあたりに位置しているのか，具体的に何を勉強すればよいのか明らかでなく，ストレスが大きかった。少し円形脱毛症にもなった。生理も不順になり，婦人科を受診したこともあった。大学院受験は不合格，次年度の受験を勧められたが，指導を受けたい教授の定年の関係や自身のプライドもあり，次年度はある資格試験を目指すことにして留年した。翌 X－１年資格試験に合格，それによって某企業に採用された。「ここまでは良かったのに……」。

4. 面接の最後

その現場によって違いはあるが，以上を大体１時間前後で収まるようにする。面接時間が決められている場合は，最低「この後の面接の進め方についての説明」や「クライエントの質問」などの時間を残しておくようにする。

そこでは，クライエントが話し足りなかったことがないかどうか，クライエントがどうしても伝えたいことが話せたかどうか，ここはクライエントの援助に適していると思ったかどうかなどを語ってもらい，この先のことについて質問があれば，クライエントからの質問を受ける。

最後に，この後の援助の方向や面接の進め方について，その段階で説明できることを説明する。ここでも，クライエントの気持ちがほぐれるような雰囲気

2.3 心理アセスメント面接の実際（事例を通して）　　33

をつくり，以降の援助についての具体的な手続きや確認を行う。これについては，病院，クリニック，教育相談，児童相談など，施設によってそれぞれ違いがあるが，クライエントにもそれがよく理解できるように説明する。

【インテーク面接の最後】

　最後に伝えたいことがあるかどうかN子さんに問うと，N子さんは，前と変わらず抑え気味な口調ではあったが，以下のように続けて述べた。

　「カウンセリングとか続けるのなら，どうしてうつになったのかがわかりたい。『一人でいられない』といつも親に言ってしまう。そういった気持ちを取り除きたい。普通の人なら何でもないことに恐怖心や不快感を感じる。親に言わせれば，『前はそういう子じゃなかった。もっと明るくて積極的な子だった』と言う。そういう元の自分に戻りたい」。

　それを受けて面接者は，次のように伝えた。

　「心理面接を継続する前に準備面接を3回ほど行いたい。さらに，これから面接をここで行うのがN子さんにとってふさわしいのか，何を目標に面接を行っていくのか，などの点をお互いに考えていけたらと思う。そのなかで，心理検査を2回に分けて受けていただきたい。一つは，日常生活に必要なさまざまな事柄に関する質問を集めた検査で，N子さんの生活で発揮できる能力はどのような面なのか，反対に，現在比較的抑えられている面はあるか，あるとすればどのような面なのかをつかんでもらうための検査（ウェクスラー成人知能検査），それともう一つは，N子さんの物の見方や感じ方，対処の仕方についての特徴をつかんでもらうための検査（ロールシャッハ・テスト）です。3回目には，検査結果の報告を含めて，その後の面接の継続について一緒に考えていきたい」。

　それに対して，「どうしてうつになったのかがわかりたい」N子さんは，ためらいなくそれを了承し，次回の検査の日取りを決定した。

---

5. N子さんの事例のまとめ

　ここまで紹介してきたN子さんのインテーク面接で得られた情報から，図2.2で示した，「①事例の主訴をつかみ，心理アセスメントの目的を明確にす

る」「②事例の情報収集」「③情報の解釈と統合／仮説の生成」については，以下のようにまとめられる。

（1）事例の主訴をつかみ，心理アセスメントの目的を明確にする

X＋2年6月病院初診時の主訴は，「職場欠勤。憂うつになり，物事を悲観的に考えやすくなった。仕事に意欲がわかない」などであったが，この心理面接に際してのインテーク面接からは，「どうしてうつになったのかわかりたい。『一人でいられない』不安を取り除きたい」と主訴をとらえることができた。そして，心理面接が適応かどうか，適応であるとすれば，どのようなアプローチがより適しているかを検討し，それをN子さんに伝え，共に作業をしていくことに同意してもらうことを目的とした。

（2）事例の情報収集

その方法は心理アセスメント面接（インテーク面接を含む）の実施，および心理検査の実施によって行うこととした。

（3）情報の解釈と統合／仮説の生成

まず，インテーク面接で得られた情報から，次のように解釈された。

このたびN子さんが呈した抑うつ状態の背景には，依存対象や依存環境からの分離の問題が影響因となっているだろう。そのうえで，上司に不快感を与えたことに過剰に反応して近寄れなくなってしまい，自分で修正したり解決しようとしたりといった主体的な働きかけができない対処スタイルが用いられ，不適応を来したものと考えられる。すなわち，周囲の人々や環境に依存している一方で，依存対象や環境に対する反発心も潜在しているようである。いずれにしても，こうした依存―独立の葛藤をそのまま自分のこころの葛藤として受容し認識できるようになることを目的とした心理カウンセリングが適応と考えられた。

パーソナリティの構造としては，神経症水準（**表2.2** 参照）にあることが見込まれた。このことを検証するために，現実適応の特徴（**ウェクスラー成人知能検査**；WAIS；Wechsler Adult Intelligence Scale），退行の水準やその回復の仕方をみる（**ロールシャッハ・テスト**；Rorschach test）ための**心理検査バッテリー**（psychological test battery）を，心理アセスメントの一環として実

2.3.2 心理アセスメントの一環としての心理検査結果
1. ウェクスラー成人知能検査（WAIS-R）（図 2.5）

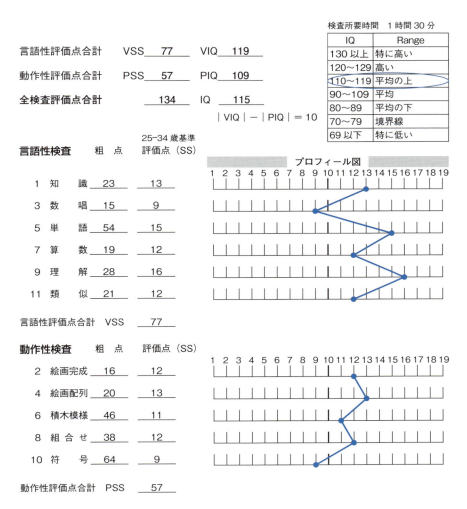

図 2.5　N 子さんの WAIS-R の結果

全検査知能指数（IQ）＝115と，平均の上レベルを示した。言語性知能指数（VIQ）＝119（平均の上），動作性知能指数（PIQ）＝109（平均）で，両者の数値の差は意味をもつ程度に大きいものであった。VIQの高さは，N子さんの教育水準の高さを示唆する。また，課題全般に対する回答から，思考や認知の障害は認められなかった。このウェクスラー知能検査のように自己統制して知性化で対処できる状況では，平均もしくはそれ以上の能力を発揮できることが示唆される。

パーソナリティ・適応の特徴としては，「かくありたい」という高い自我理想や「かくあらねばならない」といった厳しい内的規範を有し，それによって自由で柔軟な構えをとりづらくなる傾向，高い言語能力に比して現実場面における順応性が相対的に低いこと，内的な緊張や不安の高い状態にあることが推測された。

2. ロールシャッハ・テスト（表2.3）

内的な資質は基本的に有しており（人間運動反応M＝3），情緒的な反応性も有している一方で，不安を回避するなど情緒表現を過度に抑制する傾向（色彩への感受性・反応性を示す指標であるΣCの値が少ない），自分では冷静に対処しているつもりでも，客観的には大雑把な対処を示したり不注意を生じたりする傾向（色彩図版で形態把握が緩くなる傾向），それだけに内面では葛藤が強く，慣れない状況では困惑を強めやすい傾向（Ⅰカードにて思考の混乱を示す"作話的結合反応"がみられた），依存愛情欲求への反応性はあるもののそれをうまく取り扱えない傾向などが示唆された。

また，攻撃性や自己顕示欲求の解放を抑制する超自我の強さ，失敗を恐れるあまりにボロを出さないように過度に自己統制を強める対処傾向が示唆され（総反応数TRは少ないが，知覚や判断の正確さを示す指標であるF＋％ならびにΣF＋％がそれぞれ75％，70％と望ましい値を示した），さらにこれらの点から，親の価値規範の世界からの分離をめぐる葛藤の存在が推測された。防衛機制としては打ち消し，否認・美化が示され，自己顕示欲求にまつわる指標とあわせて，情緒的な未熟さをとどめたヒステリー的なパーソナリティ特徴がうかがえた。

2.3 心理アセスメント面接の実際（事例を通して）　　37

表2.3　N子さんのロールシャッハ・テストの結果（要約）

TR (total response)	11	W：D		7：4	M：FM	3：1
Rej (Rej／Fail)	0（／）	W%		64%	F%／ΣF%	36／91
TT (total time)	7′57″	Dd%		0%	F＋%／ΣF＋%	75／70
RT (Av.)	48″	S%		0%	R＋%	64%
R1T (Av.)	14″	W：M		7：3	H%	36%
R1T (Av. N.C)	13″	E.B.	M：ΣC	3：1.75	A%	75%
R1T (Av. C.C)	15″		FM＋m：Fc＋c＋C′	1：1.75	At%	0%
Most Delayed Card & Time	X, 29″		Ⅷ＋Ⅸ＋X／R	27%	P (%)	3 (27%)
Most Disliked Card	Ⅸ	FC：CF＋C		1.5：1	Content Range	4 (1)
Most Liked Card	Ⅶ	FC＋CF＋C：Fc＋c＋C′		2.5：1.5	Determinant Range	6 (2)

3. 心理検査バッテリー（ウェクスラー成人知能検査，ロールシャッハ・テスト）の照合

　ウェクスラー成人知能検査で示された比較的高い知的能力に比して，ロールシャッハ・テストでは実際の対処能力を示すR＋%が70%を割っており，より自由度の高い状況，多彩な情緒刺激の与えられる状況では不安が強く，場に適った柔軟な対処や自己表現が抑制されている傾向にあることがうかがえた。この点は，ウェクスラー成人知能検査におけるVIQとPIQの差異などから推測した点を支持するものである。"能力があるわりに消極的"といえる。

　ただし，ウェクスラー成人知能検査で推測した自我機能とロールシャッハ・テスト上の理解には連続性がみられることから，パーソナリティの構造としては神経症水準の自我機能（**表2.2**参照）を，また，言語表現力の高さが示されたことから言語を媒介とした心理療法が適応であることを，それぞれ確認することができた。さらに，能力に比して，情緒表現や自己主張を抑えて消極的になってしまう特徴から，治療の課題として「親と違う自分になる」といった分離をめぐるテーマを取り扱うことが求められることも確認された。

2.3.3　継続面接に向けて

　面接者が「社会のなかで自分を積極的に，自由に表現したい気持ちを内にもっているにも関わらず，"かくあらねば"というイメージによって自分を抑え

る力も同時に強く働いており，その両者にうまく折り合いがつかず，先に進むことを休んでいる状況にあるようである。この状態は，ある面，自分らしい生き方を立ち止まって考えるための好機であるともいえるだろう。今の職場に戻るか新たな仕事に就くかという点を中心にして，N子さん自身が答えを見つけていくための援助を面接によって行えると思う」旨を伝えると，N子さんはそれに同意し，あらためて「これからそれを通して，今の職場に戻るか，別の職を探すのかを見定めたい」とより具体的な希望も述べるようになった。その後，継続的な心理面接を開始し，26回で終結となった（4.2.2参照）。

2.4 おわりに

以上，事例提示をおりまぜながら，心理アセスメントの基本的な考え方や実際のプロセスを解説した。心理アセスメントは，ある診断カテゴリーにクライエントを当てはめて完結するものでなく，そのクライエントに関与する限り常に検証され続け，常に目の前のクライエントのためになるものでなければならない。上述した「1つとして同じ心理アセスメントはあり得ない」ゆえんがここにある。

コラム2.1	心理アセスメントにおける観察法 ――マーラーの「分離―個体化過程」を例として

図2.2の心理アセスメントの過程において，「②事例の情報収集」では，行動観察，面接，心理検査バッテリーなどの方法が採られることを示した。ここでは，残る行動観察による情報収集について述べる。

まず，心理学において，一般的な情報収集の方法として，観察や実験，面接，質問紙調査や心理検査などが挙げられている。これらは，観察は条件の統制や操作の程度が少なく，実験や心理検査は統制や操作の程度が高いというように，条件統制や操作の程度の差によって異なるものとされる。そのなかで，観察法は，条件の統制などを行わないことから，観察対象に対するもっとも直接的で自然なアプローチであると位置づけられる。そのため，たとえば乳幼児のように言語の理解や表出を未獲得である対象に適用されることが多い。また，観察によって記述されるのは，対象の内的な葛藤やフラストレーションなどではなく，あくまでも行動の形式や特徴であるという限界があることにも留意が必要である。

2.4 おわりに

こうした行動観察法によって体系化された理論の代表として，マーラー（Mahler, M. S.；1897–1985）の乳幼児の「**分離―個体化過程**」（Mahler et al., 1975）がある（**表 2.4**）。アメリカの自我心理学者であるマーラーは，乳幼児が母親から心理的に分離して独立した一個の個体となる過程を人生のなかでもっとも重要な過程であると位置づけた。マーラーによれば，乳幼児が 1 歳半以降，言葉を獲得して運動機能も発達し，周りの人々や世界をはっきり理解できるようになると，あらためて母親の愛情を再確認しようとする甘えの表現を示すようになる。それと同時に，自分で何でもできるようになりたい欲求も高まっているので，往々にして乳幼児の表現は，母親に甘えてきたかと思えば一人でやりたいと母親を遠ざけるというようにめまぐるしく変わり，とても葛藤的となる。こうした依存と自立の表現が同時に高まる特徴がみられる時期を再接近期と呼び，母親の適切な応答性によってこの再接近期を乗り越えることを通して，乳幼児は心理的に自立できるという理論モデルである。

表 2.4　マーラーの分離―個体化過程

分離―個体化過程		
1.　分　化　期	4, 5〜8 カ月頃	自分と母親は一体でないことに気づく。
2.　練　習　期	8〜18 カ月頃	歩行により母親との身体的な分化が進む。母親を基地として，外界を探索する。
3.　再 接 近 期	18〜24 カ月頃	行動範囲が広がり，母親と自分が違う存在であることに気づく。一人でいろいろできることを喜ぶ一方，一人でできないことも多く，不安になる。
4.　個 体 化 期	24〜36 カ月頃	こころのなかに良い母親のイメージをもてるようになり，安心して母親との分離に耐えられるようになる（情緒的対象恒常性の確立）。欲求不満耐性ができ，現実検討もできる。

マーラーは，プレイルーム，観察室などが設置された実験的な状況での直接観察法によってこの理論モデルを提示した。この観察法は，参加型観察者と非参加型観察者によって構成され，前者はプレイルームで母子とともに関与しながら子どもと母親の相互作用を観察し，後者は観察室からマジックミラーを通して観察する。このような設定による行動観察が約 9 年の長きにわたって継続され，理論的定式化がなされたのである。

さて，心理臨床実践での心理アセスメントにおいても，観察法は，参加型観察と非参加型観察に大別できるだろう。たとえば前者に関しては，子育て支援活動における乳幼児グループなどで，子どもとの遊びを介した関与を行いながら子どもの発達特徴を観察する手法がとられる。後者に関しては，スクールカウンセラーが対象となる児童生徒の行動特徴を授業参観によって観察して心理アセスメントを行う，などが挙げられる。

第2章 心理アセスメントとは

●練習問題

1. 以下の文章は正しいか誤りか？　いずれかに○をつけなさい。

(1)「心理アセスメントにおいて，行動観察，面接，各種心理検査バッテリーは必須のものである」……正しい・誤り

(2)「心理士は医師ではないので，心理士の行う心理アセスメント面接においては，むやみに身体的な事柄について尋ねてはならない」……正しい・誤り

2. 本文で紹介したN子さんの心理アセスメントについて，授業内で「この情報から自分はこう思う」などの意見や感想を述べ合ってください。

●参考図書

沼　初枝（2009）. 臨床心理アセスメントの基礎　ナカニシヤ出版

　心理検査の詳しい解説があるだけでなく，心理アセスメントの歴史についても平易に解説されている。初学者向け。

馬場禮子（2008）. 精神分析的人格理論の基礎──心理療法を始める前に──岩崎学術出版社

　心理アセスメントに必要な基礎的理論について，話し言葉でわかりやすく解説されている。中級者向きだが，初学者でも本格的にこれから心理臨床実践を志す人にも勧められる。

熊倉伸宏（2002）. 面接法　新興医学出版社

　初回面接の心得や基本的な話の聴き方について，具体的なケースレポートをまじえながら書かれている。中級者向け。

3

心理検査

　心理検査で明らかにしようするのは，援助方針を立てるために必要と考えられる援助対象（クライエント）の特徴である。心理検査は知能・発達検査，パーソナリティ検査，作業検査，神経心理学的検査と目的によって多くの種類の検査がある。そして，心理検査といえるのは，統計的検証，理論的検証，臨床場面における質的検証のいずれかにより検討されているものである。本章では，心理検査についての基本的な知識を習得することを目的とする。

3.1 心理アセスメントの一つである心理検査

心理検査（psychological test）は，検査を受ける受検者（testee）と，検査を施行する検査者（tester）が，この検査を施行する意味を共有して，協力して行う共同作業である。課題を設定し，それを手がかりとして，両者が交流しながら受検者の問題に影響している要因を理解していく。この姿勢は，心理カウンセリングと基本的に同じである。

援助を行おうとする際に，援助対象（クライエント）の特徴が明らかになればなるほど，援助方針が立てやすくなり方針の適切さも上がる。しかし，情報収集がすべて完了してからの援助開始では，はじまりが遅くなってしまう。また，話を聞かれ心理検査をされただけで何も手助けをしてもらえない，困っているのをそのままにされた，という不信や不満が生じてくる。そのため，検査者は仮案として，なぜそのような問題が生じているのかの仮説をつくり，受検者に提示して意見を聞き，受検者の動機づけを高めながら，なぜ今そのような心理検査を受けることが援助案作成に役立つのかを受検者に理解してもらうように働きかける。両者が共に心理検査の必要性を理解することで，心理検査が，検査者から一方的に受検者を調べるものではなく，協力して行っていくものに変化する。

3.2 心理検査とは

3.2.1 種類と概要

心理検査の分類として，①対象人数により分ける，②検査内容により分ける視点がある。①の対象人数は，集団式と個別式がある。集団式は，1人の検査者が同時に多人数を対象として，教示を与えて一斉に受検させるものである。長所は，一度に多くの人数に施行できることであり，スクリーニングや大つかみに対象を把握する際に使用しやすい。短所としては，受検者が教示を正確に理解して適切な反応を返しているのかを確認しづらく，受検者には一斉教示に従って作業を行える知的能力と動機づけが必要である。個別式は，1対1で行

3.2 心理検査とは

う検査方法である。検査者が細やかに受検者に関われるので，動機づけを高める関わりや検査中の行動観察が行いやすい。詳細で正確なデータを必要とするときに行われる。短所としては，1人の受検者に1人の検査者がかかりっきりになるため，非能率的である。たとえば，使用頻度の高い個別式知能検査のWAISは，施行に2時間ほど必要である。②の，その目的とする内容による分け方は，表3.1に示すような種類がある。

表3.1 心理検査の種類

1. 知能検査・発達検査 (intelligence test/developmental test)
   ● 知能検査：WAIS, WISC, WPPSI, 田中ビネー知能検査
   ● 発達検査：新版K式発達検査，遠城寺式・乳幼児分析的発達検査法
2. パーソナリティ検査 (personality test)
   ● 質問紙法：MMPI, 矢田部ギルフォード性格検査，東大式エゴグラム，CMI健康調査表，ベック抑うつ質問票
   ● 投映法：ロールシャッハ・テスト，TAT, バウムテスト，HTP診断法，絵画欲求不満テスト，文章完成法テスト，風景構成法
3. 作業検査法 (performance method)
   内田クレペリン精神検査
4. 神経心理学的検査 (neuropsychological test)
   SLTA標準失語症検査，ウェクスラー記憶検査法，ウィスコンシンカード分類検査，ベンダーゲシュタルトテスト，コグニスタット認知機能検査

3.2.2 知能検査・発達検査

1. 知能検査

世界ではじめての知能検査 (intelligence test) は，フランスの心理学者ビネー (Binet, A.；1857-1911) により，医師のシモン (Simon, T.；1873-1961) の協力のもと，1905年に公表された。ビネーが，文部大臣任命の委員会より，通常授業に適応することが難しい子どもを見出す方法の開発を依頼されたことによる。その後，改訂を重ね，1921年にビネー式知能検査として完成した。ビネー式知能検査は個別式で，子どもはさまざまな課題に取り組む。同じ年齢の定型発達児ができる問題を基準として，対象の子どもの精神年齢 (Mental Age；MA) を測定する。ビネー式は知能を，「多因子に分かれた個々別々の能力の寄せ集めと考えるのではなく1つの統一体」（田中教育研究所編，2003,

p.40）と考えている。ビネーの目的は，子どもたちが適切な教育を受けられるようにするためであったが，ビネー式は多くの国々で，その国に合うようにつくり直す作業が行われ，多様な発展をしていった。

　アメリカではターマン（Terman, L. M.；1877–1956）により，スタンフォード・ビネー式知能検査（Stanford-Binet Scale）が作成された。この検査の特徴は，知能検査で得られた精神年齢と，実際の年齢である生活年齢（Chronological Age；CA）の比率により値を出し，どの年齢であっても値が比較できる知能指数（Intelligence Quotient；IQ）の概念をビネー式知能検査に応用したことである。また，アメリカでは軍隊でのスクリーニングのために集団式の知能検査が発展した。

　日本では，スタンフォード・ビネー式知能検査をもとに，1930年に鈴木治太郎（1875–1966）により鈴木ビネー知能検査が，1947年に田中寛一（1882–1962）により田中ビネー知能検査が公表された。2003年に改訂された田中ビネー知能検査Ⅴでは，次に述べる偏差知能指数も使用されるようになっている。

　今日，個別式知能検査として使われることが多いのが，アメリカの心理学者であるウェクスラー（Wechsler, D.；1896–1981）の作成した，ウェクスラー式知能検査である。ウェクスラーは成人の患者たちにスタンフォード・ビネー式知能検査を施行するなかで，同じ知能指数であっても知的能力の特徴が異なることに気づいた。ウェクスラーは知能を，質的に異なる能力から構成されていると考え，全体的知的能力を測定するのみでなく，言語性尺度，動作性尺度という個別の能力を測定することを考案した。そして，ウェクスラー・ベルビュー知能尺度を1939年に作成した。また，知能の表し方に，同年齢の集団における平均値からどの程度離れているのかで示す，偏差知能指数（Deviation Intelligence Quotient）を採用した。ウェクスラーの知能観は，「自分の環境に対して，目的的に行動し，合理的に思考し，効果的に処理する個々の能力の集合的または全体的なものである」（Wechsler, 1958 茂木ら訳 1972, p.9）というものである。ウェクスラー式知能検査には，対象とする年齢により，幼児用のWPPSI（Wechsler Preschool and Primary Scale for Intelligence），児童用のWISC（Wechsler Intelligence Scale for Children），16歳以上の成人用の

WAIS（Wechsler Adult Intelligence Scale）がある。また，新しく改訂された版では，言語理解，知覚推理，ワーキングメモリー，処理速度の能力を個別に推定できるようになっている。

知能検査にはいくつかの種類があるが，知能の値はおおむね次の3種類のいずれかで算出される。

(1) 精神年齢（Mental Age；MA）

ある年齢の集団のほとんどの人が解答できる問題に答えられるかを，その精神年齢に達しているかの基準にする。

(2) 知能指数（Intelligence Quotient；IQ）

精神年齢を絶対値で用いず，実年齢である生活年齢（Chronological Age；CA）との比を出す。この比の数値は，他の年齢の人との比較が直接できる。

$$知能指数（IQ）＝\frac{精神年齢（MA）}{生活年齢（CA）}×100$$

(3) 偏差知能指数（Deviation Intelligence Quotient）

成人では，年齢に応じて知的能力が必ずしも向上し続けないため，知的能力を精神年齢で表すことには無理がある。そこで，同年代の平均値を基準として，その値との比較による，「同一の正規分布上で計算された標準得点を基に算出」する（Wechsler, 1997 日本版 WAIS-III刊行委員会訳編 2006, p.9）。

$$偏差知能指数＝100＋\frac{15（X－M）}{SD}$$

X：受検者の評価点合計
M：同一年齢集団での評価点平均得点
SD：同一年齢集団での標準偏差

2. 発達検査

発達検査（developmental test）は，知能検査では測定しづらい，年齢の低い子どもを対象に，知的能力に限定せずに発達を全体的に把握しようとする検査である。療育や教育のための資料として利用される。

(1) 新版 K 式発達検査（Kyoto scale of psychological development）

K は Kyoto（京都）の略である。さまざまな知能検査，発達検査からの問題と独自につくられた問題から構成されている。1951 年に原案がつくられ京都市児童院で使用されていた個別式の発達検査が，1980 年に 3 カ月から 10 歳ま

での子どもを対象にした新版K式発達検査として公表された。改訂版は0カ月の子どもから成人までを対象としている。姿勢・運動領域，認知・適応領域，言語・社会領域などさまざまな面から，子どもの発達を全体的に把握することができる（生澤ら編著，2002）。

(2) 遠城寺式・乳幼児分析的発達検査法（九大小児科改訂版）

0カ月から4歳7カ月までの子どもの発達を，運動（移動運動，手の運動），社会性（基本的習慣，対人関係），言語（発語，言語理解）の3領域からみていく。簡単な用具を使用して実際に幼児に大小が理解できるか，まねて線を書けるかなどを調べ，養育者から日常生活について聞いて，できることが何なのかを確認していく。B4判の大きさの紙1枚にまとめられており，養育者と検査者が共にそれを見て発達段階を確認するなど，子どもの発達の状態を俯瞰しやすい。1958年，九州大学医学部小児科において作成された（遠城寺ら，2009）。

3.2.3 パーソナリティ検査

パーソナリティ検査（personality test）は，パーソナリティの特徴を把握，理解し，受検者の現在の状態を把握し，問題の原因を推測するために役立てる。検査により，パーソナリティのどの面に焦点づけられているかは異なる。

1. 質問紙法

質問紙法（questionnaire method）は，受検者に具体的な行動例や性格特徴を提示して，自分にその特徴が当てはまるかどうかを，「はい」「いいえ」の2件法や，「どちらともいえない」を加えた3件法などで答えてもらう。そして，「はい」や「いいえ」の数を集計して，その数が母集団のなかでどの程度多いのかという観点から，その人の特徴を把握しようとする方法である。検査者の訓練は短期間で済み，質問項目の数によるが比較的短時間で施行することができる。結果の解釈は，質問に答える受検者が質問の意図を正確に理解し，正直に答えていることを前提とする。パーソナリティ検査としては，以下のような検査がある。

(1) MMPI（ミネソタ多面的人格目録；Minnesota Multiphasic Personality Inventory）

「パーソナリティ構造や病態水準の査定・診断，または予後の見通し，治療法への示唆など臨床的で現実的に有用な情報を提供」（井手，2011，p.15）することを目的として，患者群と健常者群に差がみられた質問項目を集めてつくられた質問紙である。550 項目の質問項目から構成されている。MMPI は使用頻度の高い質問紙法の一つで，ミネソタ大学の心理学者ハサウェイ（Hathaway, S. R.）と精神医学者マッキンレイ（Mckinley, J. C.）により 1943 年に作成された。妥当性尺度により，質問紙法の弱点である受検者の意図的な回答操作の有無を判断する。受検者の態度を測定する疑問，虚偽，頻度，修正の 4 つの妥当性尺度と，精神病理を測定する心気症，抑うつ，ヒステリー，精神病質的偏倚，男子性・女子性，パラノイア，精神衰弱，統合失調症，軽躁，社会的内向性の 10 の臨床尺度から成っている（MMPI 新日本版研究会編，1993，p.4）。

**(2) 矢田部ギルフォード性格検査（Yatabe-Guilford personality inventory；
ＹＧ性格検査）**

情緒の安定度や状態，人間関係の特徴，仕事への取り組み方，知的活動性の傾向を，明らかにしようとする（八木，1989）。ギルフォード（Guilford, J. P.）らの性格検査をもとに，矢田部達郎・辻岡美延・園原太郎が作成した。小学生から成人まで使用できる。特性論をもとにしてあり，12 の性格特性は，社会的外向，思考的外向，抑うつ性，回帰性傾向，のんきさ，一般的活動性，支配性，神経質，客観性の欠乏，愛想のないこと，協調性の欠乏，劣等感である。性格の全体的傾向は類型論の考えをもとにした 5 類型により解釈する。

(3) 東大式エゴグラム（Tokyo University Egogram；TEG）

アメリカの精神科医バーン（Berne, E.）により創始された交流分析（TA；Transactional Analysis）の理論をもとに，デュセイ（Dusay, J. M.）が考案したエゴグラムを質問紙として形作ったものである。「エゴグラムは，『個人のパーソナリティの各自我状態同士の関係と，外部に放出している心的エネルギーの量を評価し，それを棒グラフで表したもの』である。自我状態は，『感情および思考，さらにはそれらに関連した一連の行動様式を総合した一つのシステム』と定義されている」（東京大学医学部心療内科 TEG 研究会編，2006，p.4）。

交流分析では，行動を 5 つの自我状態に分類し，対人間の交流の特徴を把握

しようとする。5つの自我状態とは，親（Parent）の自我状態の批判的親と養育的親，成人（Adult）の客観的論理的な判断を行う自我状態，子ども（Child）の自我状態で自由な子どもと順応した子どもから成る（図3.1）。

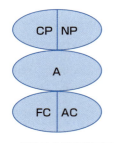

図3.1　機能的自我状態モデル（東京大学医学部心療内科 TEG 研究会編，2009）

(4) ＣＭＩ健康調査表（Cornell Medical Index-health questionnaire）

通常の医師による診察で問われるような，心身両面の不調について幅広く尋ねる男子211，女子213項目から構成されている。受検者の自覚している不調が短時間で把握できるようになっている（金久ら，2001）。コーネル大学のブロードマン（Brodman, K.）らにより，1949年に発表された。

2. 投 映 法

投映法（projective method）は，受検者に曖昧な刺激を与え，それに対する反応を検査者が一定の基準で分類解釈していく方法である。臨床場面において診断補助として使用されることが多く，受検者に意識されづらい内界を把握することができる。質問紙法よりも，受検者と検査者の関係性が検査に影響を与えるので，心理カウンセリングにより近い。そのため，検査者が適切な解釈をつくれるようになるための訓練に，ある程度期間が必要とされる。投映法としては以下のような検査がある。

(1) ロールシャッハ・テスト（Rorschach test）

ロールシャッハ（Rorschach, H.；1884-1922）により1921年に考案され，クロッパー（Klopfer, B.；1900-1971）らにより発展して，今の形に整えられた。

受検者は，インクのしみが印刷された図版を見て，それが何に見えるかを言

っていく。図版は，偶然にできた図形なので，何に見えてもよいがぴったり当てはまるものがあるわけではない。正解や適切な対処方法の見当がつかない状況になったとき，その人独自の特徴的な状況理解と対処方略が現れやすくなる（片口，1987）。ロールシャッハ・テストは，受検者がどのように見たのかの反応から，認知の仕方，感情の特徴などを検査者が追体験しつつ解釈を作成していくが，受検者の表現したものを分類，整理して，検査者の恣意的解釈を排除する作業も同時に行う。分類・整理の方法として，日本ではクロッパー法をもとにした片口法が広く用いられており，統計に基づいた包括的解釈を目指す包括システムも用いられるようになっている。対象は子どもから施行でき，病態，知的能力に関わらず，適用範囲は広い。ただし，ロールシャッハ・テストは，受検者の内界を深く刺激して揺り動かす作用もあるので，統合失調症（11.5 参照）の急性期直前に行うと症状を極度に悪化させる（大山，2004）など，施行してはいけない時期がある。

(2) ティーエーティー T A T （Thematic Apperception Test；絵画統覚検査）

　状況が曖昧な場面の描かれた図版を渡された受検者が，「絵を見て，その絵から思い浮かぶ物語を作り，話すこと」（坪内，1984，p.8）を課題とする。物語から，重要な人物について受検者がもつイメージ，一般的な対人的構え，どのようなことに価値を置くかなどを具体的に把握することが可能である（鈴木，2004）。1943 年に発行されたマーレイ（Murray, H. A.）による TAT 図版が現在使用されることが多い。ベラック（Bellak, L.）により，幼児・児童用 CAT（The Children's Apperception Test）が 1942 年に，老人用 SAT（Senior Apperception Test）が 1973 年に出された。TAT は 29 枚の絵と 1 枚の白紙図版で構成されている。検査は受検者の問題を考慮して，十数枚の図版を選択して行うことが多い。

(3) バウムテスト （tree test, 独；Baumtest）

　スイスのコッホ（Koch, K.；1906-1958）が，収集したデータと樹木の象徴的意味づけから，1949 年パーソナリティ診断の補助としての樹木画についての本を公刊したのがはじまりである。検査者に見守られながら，受検者は A4 判の画用紙に鉛筆で「実のなる木」を 1 本描く。描画は，樹木の形からの理解，

描画の際の鉛筆の動き方，樹木の空間配置の意味により，象徴的に表現された自己として評価する。

(4) HTP診断法（The House-Tree-Person Technique）

また，コッホとは別に，木も含めた家・木・人を，それぞれ1枚の用紙に鉛筆で描くバック（Buck, J. N.）考案の方法もある。バックは家・木・人の描画についての研究を行い，1948年にHTP診断法（The House-Tree-Person Technique）を公表した。HTP診断法では，樹木は「木」を描くように伝え，描画後にいくつかの質問で内容を把握する。家には家庭生活に関することが，樹木には環境との通常の基本的関係が，人には対人関係が表現されていると考える（Buck, 1948 加藤ら訳 1982）。

このように，同じ木であっても，実のなる木を描かせるバウムテストとは教示が異なり，その描画を行う文脈も異なる。描画では，教示と根拠とする理論が異なると解釈も異なるので，注意したい。

(5) 絵画欲求不満テスト（Picture Frustration Study；P-Fスタディ）

登場人物が欲求不満になる場面の描かれた24場面のイラストを見て，絵の人物がどう答えるかを記入していく。欲求不満場面における反応を，攻撃性の向かう方向と攻撃性表現の型から分類し，欲求処理の特徴を明らかにする。ローゼンツヴァイク（Rosenzweig, S.）が1945年に公刊した，欲求不満に対する反応を査定するための絵画―連想研究がはじまりであり，1948年に児童用が，1976年に青年用が出されている。

(6) 文章完成法テスト（Sentence Completion Test；SCT）

文章の最初の短い文のみが書かれているので，その文に続く言葉を自由に書きこんで文章を完成させる。受検者の情報を広く得られるという特徴がある（佐野と槇田，1972）。言語連想検査として，目的に応じたさまざまな刺激語のものがあるが，佐野と槇田により作成された精研式文章完成法テストが日本ではもっともよく使われている。精研式文章完成法テストは，60項目の文章から，知的側面，情意的側面，指向的側面，力動的側面，身体的要因，家庭的要因，社会的要因を推測していく。成人用の他に，小学生用，中学生用がある。

(7) 風景構成法（Landscape Montage Technique）

パーソナリティの特徴把握と共に，検査者の見守りと共感能力により，治療的な関わりとしての価値も高い方法である。精神科医の中井久夫（1934-）により1969年，統合失調症患者への箱庭療法導入適否のための予備検査として考案され，独自の治療的価値が見出されて発展を遂げた（中井，1984）。現在では幅広い対象に施行されている。受検者は，A4判の画用紙にサインペンで，検査者が順番に言うアイテムを書きこんでいった後，自由に書き加えて彩色をし，1つの風景画に仕上げる。絵画の印象，構成力，各アイテムの意味づけを総合して考察する。

3.2.4 作業検査法

1. 内田クレペリン精神検査

作業検査法（performance method）は，ある作業の遂行の様子からパーソナリティの特徴を把握しようとするものである。**内田クレペリン精神検査**は，クレペリン（Kraepelin, E.；1856-1926）の連続加算作業の研究をもとに，内田勇三郎（1894-1966）が心理検査として作成した。「日常の種々の行動場面で現れる比較的変化しにくいその人らしさ」（日本・精神技術研究所編，1975，p.15）を把握しようとする。用紙には1桁の数字が並んでおり，指示に従って隣り合った数字を決められた時間のなかで加算していく。作業量，作業遂行量をつなげた曲線，誤り，から判定を行う。

3.2.5 神経心理学的検査

神経心理学的検査（neuropsychological test）は，脳の損傷により起こる高次脳機能の障害を調べるための検査である。どの機能がどの程度障害を受けているのか，残存する機能は何なのかを明確にして，リハビリテーションや状態把握に役立てることを目的とする。

1. SLTA 標準失語症検査（Standard Language Test of Aphasia）

脳の言語領域の障害により生じる，言葉を聴く，話す，読む，書く能力の低下と，それにともなって起きる計算能力の低下がどの程度生じているのかを調べるための検査である。長谷川恒雄らにより1975年に手引きが出版された。

52 第3章 心理検査

「鑑別診断自体よりも失語症リハビリテーションの道具としての有効性」を重視して開発されている（日本高次脳機能障害学会編，2003，p.3）。

2. ウェクスラー記憶検査法（Wechsler Memory Scale-Revised；WMS-R）

国際的に使われることが多い検査である。記憶には，「短期記憶と長期記憶，言語性記憶と非言語性記憶，即時記憶と延滞記憶などいろいろな側面がある。記憶のこれらの側面を総合的に測定する検査」（Wechsler, 1987 杉下訳 2001, p.1）として，ウェクスラーにより発表された。記憶指標として，一般的記憶，注意／集中力，視覚性記憶，言語性記憶，遅延性記憶から構成されている。

3. ウィスコンシンカード分類検査（Wisconsin Card Sorting Test；WCST）

遂行機能は，「言語や行為，対象認知，記憶といった要素的な高次脳機能を統括・制御し，目的を持った一連の活動を有効に成し遂げるための，より高次な認知機能である」（野川，2008b，p.262）と考えられている。この検査では，遂行機能のために重要な，認知の柔軟性を評価する。色・形・数の異なるカードを提示され，色・形・数のどの分類基準でカードが示されているのかを推測していく。

4. ベンダーゲシュタルトテスト（Bender Visual Motor Gestalt Test）

9枚の図形を模写した際の，まとまりの崩れから，器質的な脳の障害，精神的疾病，子どもの成熟水準を測定する。人の外界把握は，刺激をあるまとまりとして知覚し，まとまりは簡潔で規則的な均整のとれた形をつくろうとする根本法則がある。そのため，根本法則に従えない場合は，何らかの障害が疑われると考える（高橋，2011）。ベンダー（Bender, L.；1897-1987）により1938年に報告された。ベンダーゲシュタルトテストは器質的脳障害の鑑別に有効であるが，MRIなどの画像診断機器の普及にともない，発達，パーソナリティの特徴把握で用いられるようになった（野川，2008a）。

5. コグニスタット認知機能検査（Neurobehavioral Cognitive Status Examination；COGNISTAT）

脳血管障害や頭部外傷など，器質性の脳損傷による認知障害に対する情報を多面的に得ることを目的とする。認知障害がとくにどの領域において進行しているのか，あるいは機能保持がなされているのかを把握し，援助の方針を立て

る参考とする。1995年に，北カリフォルニア神経行動学グループ（The Northern California Neurobehavioral Group）により公表された。評価は，3つの領域の一般因子（覚醒水準，見当識，注意）と5つの領域の認知機能（言語，構成能力，記憶，計算，推理）に対して行う（松田と中谷，2004）。検査時間が30分以内で，比較的簡便に行えるため，認知障害を起こしている人にも負担が軽い。

3.3 心理検査の条件

　心理検査は，次に説明する信頼性，妥当性，標準化の手続きにより，検査道具としての適切さを確認する。しかし，投映法は，臨床現場でのクライエントとの交流や心理面接から得た情報をもとに，道具としての精度を上げていくことが多い。そのため，心理検査には上記の手続きに馴染みにくい投映法も含んで考えるのが一般的である（小笠原と松本，2003）。

1. 信頼性

　信頼性（reliability）とは，誰が，どこで，いつ施行しても，心理検査の結果は同じ値を示すという，測定器具としての安定した精度を示す指標である。信頼性を確認するために，同じ心理検査を同じ対象に期間をあけて施行し前後の値の相関を求める再検査法（test-retest method），類似内容を測定している心理検査を2種類，同一受検者に試行して相関を出す平行テスト法（parallel test method），心理検査の問題を前後，もしくは偶数奇数で2つに分けて，2つの結果の相関を出す折半法（split-half method），個々の質問項目が総得点の値に寄与しているかを調べる内的整合性（internal consistency）がある。内的整合性は，クロンバック（Cronbach）のα係数で示される場合が多い。

2. 妥当性

　妥当性（validity）とは，検査項目が，測定しようとしている事象をどのくらい適切にとらえているのかを示す指標である。内容的妥当性（content validity），基準関連妥当性（criterion-related validity），構成概念妥当性（construct validity）から検討される。内容的妥当性では，検査項目の内容に焦点づけて，

測定したい対象をとらえられる項目になっているかを検討する。たとえば，複数の専門家による判断の一致度で調べる。基準関連妥当性は，受検者の反応の一致度合いに焦点づけて，他の客観的な基準への受検者の反応と比較して，適切さを調べようとする。方法として，同時期に調査して相関を求める（併存），尺度の予測性をみるために先に尺度を測定し，後に客観的基準を測定して相関をみる（予測）などがある。構成概念妥当性は，測定しようとする概念の明確な定義，因子の確認，測定しようとしているグループと一般グループとの差の検定などにより，検証を行う。2つの妥当性概念を含んだ，複数の根拠により評価しようとする各妥当性の検証が，必ずしも一致するとは限らないため，統合的な判断による。最近の考え方では，構成概念妥当性は，内的妥当性，基準関連妥当性の上位概念であるとみなされている。

3. 標 準 化

　心理検査の結果の意味づけをするためには，結果の値が集団のなかのどの位置を示すのか基準をつくる必要がある。そのための標準化（standardization）の手順は次のようになる。質問項目，実施方法・採点の仕方を定めた心理検査原案をつくり，施行する。その結果により原案を検討し修正を加え，心理検査を完成させる。その心理検査を，母集団を反映するサンプルに施行して，基準を定め評価方法を整える。検討する過程では，信頼性や妥当性の確認も行う。

4. 実 用 性

　上記の3つの項目が心理検査としての条件であるが，実際に広く使用されるためには使いやすく，実用性のある心理検査であるか否かが影響する。用具の値段，施行時間や受検者への負担，受検者の労力に見合った情報が結果として得られるかなどの要因を検討して，検査道具としてのかたちを整える。

　また，心理検査が対象としている事柄や人の基準は年代が経つと変化するため，質問内容の修正，基準の改定が行われる。心理検査はできるだけ新しい版を使用する。

3.4 臨床場面での心理検査の実際

　問題となっていることに関係している要因を推測し，そのことを調べる心理検査を複数組み合わせて，対象を統合的に理解しようとすることが多い。これを**心理検査バッテリー**（psychological test battery）という（2.2.1 参照）。心理検査の組み方は，対象とする人，理解が必要とされる程度，検査に当てられる時間がそれぞれの事例で異なるため，この方法が適切であるという標準はない。原則として，目の前の受検者の問題に対して，「どのような心理検査の組み合わせが効果的かという視点でテストバッテリーを組むとよい」（小山，2008，p.35）。たとえば，不適応に知的能力が関係していそうであれば，知能検査を中心にパーソナリティの特徴を把握する心理検査バッテリーを組むことになる。

　検査者は，施行する心理検査のマニュアルを読み，自身もその心理検査を受け，訓練のための施行練習を行ったことがあることが，最低限の条件である。受検者から，この人となら信頼して作業に向かえると思われるためには，検査者としての準備が整っていることが必要である。とくに投映法は，受検者と検査者がやり取りを行いながらデータを収集し，個々の要素を統合して心理アセスメントをするため，検査者に技能が要求される。検査者の継続的訓練と臨床場面での経験の積み重ねが必要である。当然であるが，検査施行後は速やかに採点を行い結果を出して，報告書作成を行う。個別式の際には，受検者の受検態度，施行中の発言，特徴的な行動も書き留めておき，解釈の参考資料として使用する。結果は個人資料のため，第三者が勝手に閲覧できないように管理することが求められる。

3.5 心理検査の危険性

　ビネーの作成した知能検査は，子どもが適切な教育を受けられるようになることを目的として作成された。種々のパーソナリティ検査も援助のための資料を得ることを目的としている。しかし道具は使用者により，排除，否定的なレッテル貼りの理由としても使用できる。心理検査はある特定の概念を具体化し

56 第3章 心理検査

て測定しようとしているが，人の一部分を切り取ったにすぎない。心理検査の限界を意識して道具に振り回されないようになってほしい。

コラム3.1　知能検査の練習をしたら，知的能力は上がるのか？

　知能検査は，その人の知的能力を測定するための問題で構成されている。それならば，知能検査の問題や類似問題を数多く練習すれば，知的能力が上がるのだろうか？　知能検査を施行するときには，ある程度の期間をあけないと知能指数が上がってしまい，正しく測定されないと考えられている。つまり，練習効果で知能検査の結果値は上がるのである。しかし，逆は真ならず，そのことが知的能力の上昇を表しているのかどうかは不明である。測定される知的能力は，実際の生活のなかで使用される知的能力の一部分を表すに過ぎない。記憶力がよい，ものの違いに気がつきやすい，作業が速いことは，知的作業を行う際の基礎力になっている。しかし，創造性，人への共感性など，知能検査で測定しきれない知的能力はたくさんある。

　人は自分の興味のあることを身につけていきやすい。興味や動機づけが高く，そしてそれを楽しいと感じると，難しい単語もすんなりと頭に入っていく。英語が苦手な人も，好きなアイドルの英語の歌を歌うのは苦にならない。記憶が苦手な人も，好きな外国のスポーツ選手の聞きなれない長い名前を正確に言うことができる。急がば回れで，さまざまな事柄について興味を高めることが，知的な人となる近道なのかもしれない。

●練習問題

1. 心理検査は作成される際に，信頼性，標準化，実用性の検討がなされているものだが，もう1つ検討が必要なものは何か，次のなかから選びなさい。
　　①具体性　②客観性　③妥当性

2. パーソナリティ検査の下位分類として適切ではないものを，次のなかから選びなさい。
　　①投映法　②観察法　③質問紙法

3. 知能検査の作成者ではない人を，次のなかから選びなさい。
　　①ロールシャッハ　②ウェクスラー　③ビネー

●参考図書

沼　初枝（2009）．臨床心理アセスメントの基礎　ナカニシヤ出版
　実際の質問紙の用紙や模擬図版を載せており，初心者にも検査内容がイメージしやすい。

高橋依子・津川律子（2015）．臨床心理検査バッテリーの実際　遠見書房
　多様な対象に対する臨床現場での心理検査使用の事例が書かれており，中級者向きである。

村上宣寛（2006）．心理尺度のつくり方　北大路書房
　心理尺度はどのような手順を経て作成されるのかを詳しく知ることができる。中級者向きである。

4 心理カウンセリング・心理療法

　心理臨床において面接は心理アセスメントと不可分の基本的な専門行為であり，カウンセリングまたは心理療法と称されることが多い。カウンセリングは日本のカウンセリング活動に寄与したロジャーズ（Rogers, C. R.）の流れをくみ，心理療法は精神分析の開祖フロイト（Freud, S.）を出発点としている。本章では，カウンセリングを心理臨床に特化した行為であるとして，「心理カウンセリング」と呼ぶ。まず，心理カウンセリングを面接の基本と位置づけてその要諦を概説し，ついで，心理療法の出発点である精神分析療法の概要を説明する。

4.1 心理カウンセリングとは

4.1.1 心理カウンセリングの定義

心理カウンセリング（phychological counseling）とは，「現在何らかの情緒的な問題をもっている人との間に，専門家としての訓練を受けたカウンセラーが，一定の特殊なカウンセリング関係を作り出すことによって成立するのであり，その関係を通じて，クライエントの現在もっている症状や問題の除去をはかるだけでなく，もっと根本的に，そのパーソナリティの建設的な変化改善を目的とするのである」（佐治，1966）。

この定義は，医学—病理モデルに基づくものではない。医学は基本的に自然科学に基づき，疾病の治療を行う学問である。医師が医学的知識に基づいて病理を診断し，その病因を薬物や身体的処置によって除去，管理することが医学治療の基本的な手続きとなる。それに対し心理カウンセリングは，臨床心理学モデルに基づいている。臨床心理学は，病気の治療を目的とするのではなく，広く心理的問題の解決や改善を援助するための学問である。医学的な症状を呈していなくても，心理学的な援助を必要としている人は少なからずいる。精神病理を抱えている人に対しても，その病理を抱えてどのように生きるのかという心理面での問題解決を援助することがテーマとなる。そのことが，「一定の特殊なカウンセリング関係」，すなわち専門的な対人関係によって，「症状や問題の除去をはかるだけでなく，もっと根本的に，そのパーソナリティの建設的な変化改善を目的とする」との表現に現れている。

4.1.2 心理カウンセリングの基本原理

1. 共感的コミュニケーション

さて，この心理カウンセリングの定義解説において「対人関係」と記したが，これはコミュニケーションのことである。コミュニケーションとは，相手の話すことをよく聴き，それを理解できれば理解したと返し，理解できなければ相手にわからないと伝え，さらに話を聴いていくという繰返しである。こうしたコミュニケーションは簡単なようだが，日常場面では案外みられない。互いに

4.1 心理カウンセリングとは

自分の言いたいことを言い，実は相手の言うことをあまり聴いていないというのが，実際のところだろう（篠竹，2007）。カウンセリングとは，コミュニケーションを安定した枠組みのなかでしっかりと行うということであり（松井，1997），ここにおいて，コミュニケーションを共感的関係と換言できる。

2. 母子関係と共感的理解

　この**共感**（empathy）を考えるにあたり，人間関係の出発点ともいえる乳幼児と母親との関係を取り上げてみたい。母親はまだ言葉をもたない乳幼児の何らかの行動に対して子どもの情動を察して，その状態を照らし返すことを繰り返していく。図4.1は，精神分析学の主要学派の一つ，対象関係論学派の代表的な理論家／臨床家であるビオン（Bion, W. R.：1897-1979）による母子間の交流モデルを図式化したものである（松木，1996）。この図式を借りて記述すると，たとえば母親は，泣いている子どもがなぜ泣いているのかについて，おなかが空いているのか，おむつが汚れて不快なのか，抱っこしてほしいのかなどを読みとって対応していく。これをビオンは，「**もの思い/アルファ機能**」と称した。そして，母親のなかに投げ入れられた（排出された）子どもの苦痛や不安は，母親の読みとりによって子どもにももちこたえられるほどのものとなり，適切なときに子どもに戻される。その読みとりには，言葉以前の表情，態度，声などのサインを手がかりとする。そうした子どもの発するサインを読みとり，それにふさわしい対応を返していくことを通して，子どもは人と共にある体験をし，自分が1つのまとまった存在であると実感できるようになる。

　これが共感の基本型である。しかし，まったく完全な読みとりができる母親は存在しない。実際には，試行錯誤しながら子どものサインの意味するところを探っていくことを繰り返さなければならない。その意味で，子どもが母子関係のペースを決めていくといえる。その子どもなりのやり方が母子間のコミュニケーションを通してできていくことで子どもの自己が動き出してくる。

　こうした関係性こそが，カウンセラーがクライエントに提供するコミュニケーションの理想である。ここで「理想」としたのは，実際の母親がそうであるように完全な共感というのはあり得ないからである。自分の感情と他者の感情を同じものと体験することは不可能なことである。共感は情緒的な過程であり，

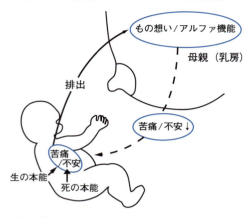

図 4.1 赤ん坊と母親についてのビオンのモデル (松木, 1996)

　そもそも情緒は意図して発生させたり操作したりできるものではない。したがって，相手の話を聴いて，わからないことを曖昧なままにせず，わからなさを大切に抱えながらその意味を探っていくこと，すなわち，共感できないことを投げ出さずに関わっていくことが心理カウンセリングにおけるコミュニケーションの基本といえる。

　なお，この共感的理解について，藤山 (2003) は，クライエントに共感していると感じているときには，得てしてクライエントの他の側面を置き去りにしている可能性が高いものであるとして，「共感が意図的に達成できない以上，治療者は自分が目指そうとしているものとして共感という言葉を用いるのをやめ，回顧的にそれが達成できたかどうかを吟味するときにのみ用いることが適切であろう」(p.156) と述べている。すなわち，共感とは意図的に狙って達成しうるものではなく，事後に回顧して検討するものということである。

3. 相手の話を聴くこと (listening) ——共同注視モデル

　もう一つ，母子関係のモデルに立って，心理カウンセリングの基本原理について述べてみる。北山 (2005) は，浮世絵の母子像を通して，母子間の言語的交流や，「共に思うこと」，そして，2人で対象について「知的に考えること」という外的対象と母子の2人からなる人間の「原象徴的三角形」を提唱した (図 4.2)。ここにおいて，母親の腕がこの状況および子どもをしっかり抱えて

いることが，まず大事となる。これは，カウンセラーが心理カウンセリングの場をクライエントによって安心できる場であることを保証し，「抱えること」に相似する。そのうえで，言語的交流と同時に，母子間では身体的交流，非言語的交流，情緒的交流も盛んに行われ，情緒的な絆が形成されている。心理カウンセリングの多くにおいて身体的交流はないが，クライエントは心理カウンセリングの場に抱えられ，カウンセラーとの間で言語的・非言語的・情緒的に交流しながら，クライエントのもつ問題や訴えにまつわる状況やそのときのクライエントの知覚体験をクライエントとカウンセラーは共に眺めるがごとく共視していこうとする。こうして双方の間に共視の対象ができ，それを共に思う関係ができあがると，心理カウンセリングのプロセスが展開していく。そこでは，表の二者間「外」交流と，その背後の二者間「内」交流が促進されている。

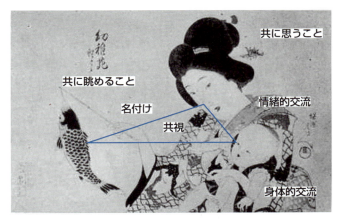

図 4.2　北山の共同注視モデル（二者間内交流と二者間外交流）
（北山，2005；絵は周延「幼稚苑」）

このように，安定した枠組みのなかで，主に言語を媒介としながら，その背後の身体感覚や情緒の動きにも目を配り，クライエントの情緒や不安―葛藤，欲求や欲求不満を共に眺めもの思う関係を促進していくこと，これが心理カウンセリングにおける相互交流であり，話を聴くこと（listening）なのである。このような関係ができてこそ，心理カウンセリングの場は，単にクライエントの言ったことばのリピートのみの平板で堂々巡りの交流ではなくなってくる。

4.1.3 心理カウンセリング・心理療法の構造

1. 治療構造

　上記したように，心理カウンセリングにおけるクライエントとカウンセラーの交流は，共同注視モデルでの子どもをしっかり抱える母親の腕に相当する「構造」のうえに成り立つ。ここでは，その心理カウンセリングおよび心理療法の構造について述べていく。以降，構造の概念が心理療法で取り上げられることが多いことから，ここではしばらく「**心理療法**（psychotherapy）」の呼称のみを用い，構造は「治療構造」と記述することにする。

　治療構造とは，クライエントとカウンセラーをとりまく外的・内的な枠組みのことである。そもそも心理カウンセリングにしても心理療法にしても，それらは一定の場所・時間・料金などの現実的な「枠」に基づいた，相互契約のもとで行われる直接の人間関係による方法である。この外的・内的枠組みはそれぞれ，外的治療構造・内的治療構造に相当し，これらがクライエントとカウンセラーの相互交流のなかで起きてくるさまざまな現象を，治療的に意味のある問題として位置づけることが可能になるものである。

2. 外的治療構造

　まず，外的治療構造としては，大きく(1) 空間的構造，(2) 時間的構造，(3) カウンセラーとクライエントの組合せに分けることができる（**表 4.1**）。(1) 空間的構造は，心理療法を行うカウンセラーとクライエントの位置関係をどのように設定しているか，あるいはどのように設定するかという点を含む。

表 4.1　外的（物理的）治療構造（小此木，1981 を参考に作成）

---

(1) 空間的構造
①カウンセラー（治療者）・クライエント（患者）の位置関係：対面か 90 度か
②面接室の特徴：広さ・調度・密室性の程度など
(2) 時間的構造
①面接時間と回数・頻度
②有期限・短期療法／無期限・長期療法
(3) カウンセラー（治療者）とクライエント（患者）の組合せ
①児童治療および並行親面接
②集団療法・家族療法
③ A–T（Administer-Therapist）スプリット
④チームアプローチ

4.1　心理カウンセリングとは

これは，面接室の広さとも関係することであるが，典型的なのは対面（face to face）で行う位置関係であろう。対面の心理療法では，現実場面や実際の対人関係におけるクライエントの振る舞い方や考え方などといった日常生活場面との対応が維持される特徴をもつ。それはまた，内的に深い連想や空想の想起が展開しにくい特徴をもつともいえる。さらに，対峙して視線を外しにくい構図でもあるため，クライエントの特性や病態，および心理療法の局面によっては，より緊張感が喚起されて間のとりにくい状況になるかもしれない。それを多少とも回避するために，側面（90 度）の位置関係を採る場合もあるだろう。

(2) 時間的構造については，まず，1 回の面接時間をどのように設定するかが挙げられる。フロイトが創始した**精神分析療法**の影響から 1 回 50 分という設定が一般的とされているが，たとえば統合失調症のクライエントのように自我機能が脆弱な者の場合，50 分では長すぎて負担が高いことがある。家族療法のように参加する人数が 2 人以上となる場合には 90 分以上と設定されることも多い。このように，病態や行われる心理療法のサイズによって 1 回の時間設定は異なるが，ひとたび設定された時間は一定にしておくことが一般的である。また，頻度についても，週 1 回とするか隔週とするか，それ以上の間隔をおくか，さまざまな形態があるが，これも多くは心理療法の目的や取り扱う内容によって選択されることになる。この頻度についても，できるだけ一定であることが望ましいが，途中で変更する場合にも，その時点での心理療法の目的に照らして，カウンセラーとクライエントの双方で十分に検討したうえで変更される必要がある。実際にはその都度次の面接日を決めていくオンデマンドによる方法もあるが，1 回の時間設定にしろ，頻度にしろ，その時々によって可変性をもたせてしまうと，心理療法におけるコミュニケーションでそのときにいったい何が起こっているのかが不明瞭になってしまう危険がある。

　心理療法の期限や回数をあらかじめ定めて行う場合と，それを定めずに行う場合とがある。前者を採る場合は，クライエントの現実的な事情（たとえば，"学校を卒業するまで"や，"休職期間中に限られる"など）で期限を定める必要がある場合などが考えられるが，この場合，心理療法の目標や取り扱うテー

マがおのずと限定されてくることを，クライエントとカウンセラーの双方が認識しておく必要がある。後者の場合は，クライエントが自ら心理療法の終結を決め，カウンセラーの合意を得て心理療法から離れていくかたちとなる。こちらのほうがより一般的であるが，それは，先に心理療法を母子関係や母子間のコミュニケーションになぞらえて述べたように，子どもが親から離れて独立していくのと同じく，クライエントも自らカウンセラーや心理療法の場から離れていくことのほうが自然であるからである。親もカウンセラーも子どもやクライエントに捨てられる寂しさを抱えもちながら，子どもやクライエントが離れていくのを見送る立場なのである。

(3) その他，カウンセラーとクライエントの組合せに関しては，たとえば，児童を対象とする場合，1人のカウンセラーが子どもとその保護者である親の双方を担当する形態と，2人のカウンセラーが子どもと親を別々に担当する形態（並行親面接）とがある。どちらを採るにしても，それぞれに長所・短所があるので（たとえば，前者の短所として，子どもがカウンセラーを通して親に伝わることを懸念して親への不満を表現しにくくなるなど，親子間の心理的な境界を保持しにくくなる），それらをふまえて取り扱いを工夫することが重要となる。

　A-T スプリットは，とくに医療領域において，一人の患者に薬物療法や身体管理の責任を負う管理医と心理療法を担当するカウンセラーが配置される形態である。管理医と心理療法担当者が相互にどのように連携していくか，その枠組みを双方で共有しておくと，たとえば，あるクライエントが管理医に厳しい父親像を重ねて反抗し，他方の心理療法担当者に管理医への不満を訴えるといった局面が生じた場合，心理療法担当者がいたずらにクライエントに動かされて管理医に態度の軟化を求めるなどということにはならず，クライエントが現す双方への態度の違いをさらなるクライエント理解として共有し，その後の治療に役立てることができる。

　以上のような外的（物理的）治療構造は，心理療法を行う施設や機関によって元々規定されている場合も多いが，そのように規定されて与えられた構造であっても，どのような構造が望ましいか否かということではなく，その構造が

4.1 心理カウンセリングとは

カウンセラーとクライエントのコミュニケーションをどのように規定しているかを認識しておくことが大切なのであり（小此木，1981），その認識をクライエント援助にさらに活かせるようにつなげていくことが望まれる。

3. 内的治療構造

次に，内的（心理的）治療構造とは，心理療法のルールやそれにまつわるさまざまな事柄のことである（**表4.2**）。

表4.2　内的（心理的）治療構造
（小此木，1981を参考に作成）

---
(1) 面接のルールと構造化（場面構成）
(2) 治 療 契 約
①料金と時間
②秘密の厳守・情報の伝達・記録の管理
③動機づけ

---

(1) 面接のルールと構造化

心理療法の場には必ず目的があり，また，その目的を達成するためには相互に協働する関係をもつことが必要でもある。そうした場や関係をつくっていくことには，面接のルールをつくってそれを共有する必要をともなう。それを共有する過程が構造化である。外的治療構造が物理的に見えるものであるのに対し，内的治療構造は概して目に見えないものということになる。したがって，カウンセラーはクライエントの問題やその形成メカニズムを見立てたうえで，「ここは何をする場なのか」，心理療法の意義と目的をクライエントに明確に伝え，クライエントの同意を得て心理療法の過程をスタートさせる。これは，**インフォームド・コンセント**（informed consent）の手続きである。

(2) 治 療 契 約

そして，**表4.2**に示したように，面接料金などについて相互に話し合い，納得して進める。その際，面接日時の変更やキャンセル時の連絡と料金の原則についても具体的に確認する。さらに，秘密保持の原則を伝えるが，あわせて，たとえば自殺の危険がある場合などを例にしながら，クライエントの生命の危険を回避する必要が判断された場合には例外もあり得ることも率直に伝える。

実際に危険が考えられる場合，また援助者に危害が及ぶ可能性が考えられる場合のために，万一緊急時の現実的な対処システムを念のために整備し確認しておくことも行う。記録の管理についても部外秘にすることや，カウンセラーに個人指導者（スーパーヴァイザー；supervisor）がつく場合には，指導者に記録を提示する許可を得ることも行う。動機づけに先立ち，心理療法にともなう利益と不利益を伝える。アセスメントや心理療法の方法にもよるが，一般に心理療法でクライエントが自身の問題解決を進める過程では，時に自身が無視していたいやな面に気づかされるといったつらい部分もあると伝えておくことが大切である。他に，大きな人生の決定を目前に控えている時期に，こころの動揺をともなう心理療法をはじめることには不利益が生じ得ることや，心理療法を受けているときには人生の大きな決断を下すことを避けておいたほうがよいことも伝えて確認しておく。さらに，面接室以外での個人的な関係をもたないなど，面接契約以外の要求には応じられない基本原則についても，よく話し合って了解し合う。そのうえで，クライエントが十分な動機をもっていることを確認し，あらためてクライエントが心理療法を求めていて，やっていける人であると見立てられたところで，心理療法の契約となる。

このように，カウンセラーとクライエントの関係は，あくまでも職業的な関係であり，このようなルールを相互に了解した契約のうえに立つ関係である。同情や憐れみで行うものではない。

4. 治療構造の機能〜治療構造論

以上のような外的・内的治療構造を設定して，心理療法は継続される。現実的にマネージメントして構造をつくることができるのがカウンセラーの資質ともいえる。そして，これを守るということも大切となる。そうすると，面接の時間，面接室という場所が，クライエントにとって独特の大切な意味をもつようになり，治療構造そのものに情緒的な色づけがなされるようになってくる。たとえば，面接の時間と空間が次第に安全な場所になってくる。毎週なら毎週，そこに行けば必ずその人がいて50分間は自分の話を聴いてくれるという約束事が成り立つ場というのは他にまずないだろう。50分を使って特別に会うということがいかに特別な場であるか，それを保持するために，カウンセラーは

4.1 心理カウンセリングとは

身体が丈夫であり，危機管理能力をもっていることが必要となる。これは母親の育児能力に相似する。安定した環境を与え，かつ守る母親の機能である。この機能によって，ほどよい信頼のうえに立つ情緒交流の連続を可能ならしめる場となる。安全感・安心感のないところに心理療法は成り立たない。これらは，母性的な機能をもった側面としての治療構造と換言できる。

　一方，一定の場所，時間でしかカウンセラーと会えないというルールは排他的でもある。治療構造は内と外を分け，欲望・衝動を堪えさせる厳しいものともなる。このようにみたとき，治療構造には外側の侵入から内側を守る父性的な機能をもった側面もあるということができる。

　このように，治療構造という枠組みには，「守る」と「縛る」の両方の意味がある。枠があるから，それを壊そうとしたり，それを守れなかったりするような行動にも意味が生じてくる。すると，治療構造は心理療法の素材として使えるものともなってくる。つまり，心理療法で起きることにはすべて意味があり，その意味を考えるための素材となり得てくる。このような認識の方法を治療構造論という（小此木，1990）。

5. 治療構造論に基づくクライエント理解の一例——ある回で語られた夢

　クライエントは20歳代後半の会社員D子さんである。職場での対人関係のストレスから，筋緊張性の頭痛や原因不明の発熱などの身体症状を発症し，医療機関から心理療法を紹介され，ある開業心理療法機関を訪れた。継続的な心理療法の記録の断片（22回目）をここに提示する。

【ある回（＃22）の面接記録抜粋】

　……この回の面接中盤でクライエントが語った夢の連想。

　「東京から，子どもの頃になじんだところに電車で向かう。駅のホームがプールになっている！　そこを泳いでみる。楽しい。——そして電車に乗った。気づくと窓の外にイルカやペンギンがいる。可愛い！　でも，ペンギンをよく見たら怖い顔をしていた。その怖いペンギンが隣のペンギンのトサカを噛みちぎったのを見て，びっくり！　——電車を降りて，懐かしい商店街の喫茶店に入った。そこで出されたのは亀の甲羅だった。夢の

なかで私はこれがさっき怖い顔をしたペンギンが噛みちぎったものだと理解した。さっきのは亀の甲羅だったんだと思った。」

クライエントは，この回の最後，失恋した友人を心配しているといった話をして，「彼女がかわいそう」と涙を流した。

この話の途中で時間となるが，カウンセラーはいつものようにカウンセリングを終われず，約5分強時間を延ばしてしまった。

カウンセラーは，まず終了予定時刻にカウンセリングを終えられなかったことについて，この回の最後に友人のことを「かわいそう」としきりに述べて涙を流すクライエントになぜか気おされていたことを自覚していた。終了後，カウンセラーは静かなる怒りを感じたのだろうと，この回の記録時に顧みた。このとき，夢の意味があらためて理解された。怖い顔をしたペンギンが噛みちぎった亀の甲羅は，他ならぬクライエント自身の怒りを象徴するものだったのだと。それまでの面接でクライエントは，職場の対人関係について語ることがほとんどで，その理不尽さの意味を考えて黙り込んでしまうことを繰り返していた。カウンセラーはこの回において，クライエントの課題は自分の内なる怒りを素朴に感じとることなのだと，それが夢のなかでは自分自身に差し出されるかたちで現されたのだと理解した。また，クライエントの怒りは子どもの頃にその発生を辿ることができるのだろうとも考えた。さらに，心理療法の経過ではじめて夢が報告されたことは，次第にクライエントが自らの内的なテーマに向かいはじめていくことを予測させるものでもあった。

このように，カウンセラーがいつも治療構造を守ることができていれば，つまり，カウンセラーの態度が基本的に常態化していれば，終了時間を守れず時間延長を余儀なくされた面接内でのアクシデントをクライエント理解やその後のカウンセリング過程を予測する素材として利用することができる。治療構造は金科玉条のように守らなければならないものというより，構造の崩れ（環境の失敗）が生じたとき，それを認識することによってその後の心理療法に利用することを可能とするものなのである。その都度終了時間がまちまちであれば，このような事後の考察ができない。

4.2 精神分析療法と精神分析的心理療法

本節では，心理療法の草分けともいわれるフロイトが創始した精神分析療法，およびそこから派生した精神分析的心理療法の概要について述べる。

4.2.1 精神分析療法（自由連想法）

精神分析療法（psychoanalysis）とは**自由連想法**のことである。クライエントが個室にある寝椅子に横になり，そこでこころに浮かんだことを自由に取捨選択なく，背後の椅子に腰掛けているカウンセラーに話すという方法である。カウンセラーはそれをじっくり聴いていく。こうした空間的構造は，クライエントの連想を促進するための工夫である。時間的構造としては1回50分，週に4〜5日行われるのを基本としており，期限は，クライエントの問題がある程度解決するまでとしてとくに定めない。その意味で，無期限の長期療法である。自由連想法の対象は主に神経症圏のクライエントである。

このような治療構造のもと，次のような治療機序が展開していく。自由に話していくうちにクライエントの側に「**抵抗**」が起こってくる。自由連想によって無意識を意識化するときに起こってくる苦痛や不安を避けるために意識しないようにする，治療とは逆方向の動きである。「抵抗」には，行動や身体の水準で顕在化される外的抵抗と，治療のなかで自由連想をすることそのものに抵抗する内的抵抗があるが（**表4.3**），この「抵抗」こそが，神経症の症状のもとにあってしこりとなった無意識の悩みや葛藤を表しているととらえ，カウンセラーが取り上げて解きほぐしていく（「**解釈**」）。その際，母親や父親などの幼少期の意味深い人物に向けられていた思いがカウンセラーに向けられていく「**転移**」と呼ばれる現象が生じるが，これも抵抗として大切に取り上げていく。その過程では，ある種の幼児返りが進んでいるようにもみえる（「**退行**」）。抵抗を取り上げてしこりをほぐしていくと，意識と無意識の間の風通しがよくなり，それまで無意識のうちにとどまり種々の症状と化していた悩みや葛藤が意識化されていく（「**洞察**」）。このようにして抵抗や転移を取り扱い，現在の症状の背景にある無意識を意識化して自我ないし理性の統制下におくことによっ

て症状を取り除いていく（松井，2004）。すると，自我の機能はより合理的な問題解決が可能となり，さらに趣味・社交・仕事などの面で自己表現は，より自由な創造性として「**昇華**」されて解放されるようになる（**図4.3**）。

表 4.3　精神分析療法（自由連想法）・精神分析的心理療法の鍵概念
（松井（1997），前田（2014）を参考に作成）

【抵　　抗】

　クライエントが気づきたくないことを気づかされてしまうことに対する内的・外的なクライエントの動き。

「外的抵抗」：行動化（面接に遅刻したり，面接日を忘れたり勘違いしたりする）や身体化（吐き気や腹痛などの症状が出る）が生じる。

「内的抵抗」：自由連想で出てくるものを抑え込もうとする，もしくは，ある特定の話に固執した連想を繰り返す。

*治療の文脈において上記はさらに，①抑圧抵抗，②転移性抵抗，③疾病利得抵抗，④エス抵抗，⑤超自我抵抗，などのいずれに該当するか明確にする。

【解　　釈】

　自分で気づいていない無意識を意識化するための作業を手伝う。「ああ，そうだったのか（a-ha experience）」という洞察（気づき）を与えることをねらう。

*解釈の基本的な技法として，リピート（クライエントの連想のある部分を繰り返す），明確化（「こういうことなんでしょうか」と，クライエントの言ったことをまとめてわかりやすく返す），直面化（クライエント自身が自覚していないことについて，「もしかしたら，こんな気持ちがおありでしょうか」などと伝えてみる）などがある。

【転　　移】

　クライエントの幼少期以来，無意識的に繰り返されている対人関係での原型（パターン）をカウンセラーに映し，向けてくること。

*幼少期に母親・父親との間につくられた陽性感情・陰性感情が原型となる。「母親転移」「父親転移」という呼び方もする。

【逆 転 移】

　カウンセラーがクライエントに対して生じる転移で，カウンセラーが無意識のうちに不自然な（不合理な）感情反応を起こすこと。

*今日，逆転移は治療を妨害するものとしてではなく，カウンセラーはそれを受け止め理解することによって，クライエントの理解に役立てるものとして利用するものとされている。

【退　　行】

　自我が現実から過去へと退いた状態で，過去のある時点での心理状態が再現してくること。

*自由連想法では退行が生じ，幼児的な思考，態度，空想，感情などが出現しやすく（治療的退行），それがカウンセラーに映し向けられてくる（転移）。

【洞　　察】

　カウンセラーに対する転移感情を語ったり，子どもの頃の出来事を思い出したり，カウンセラーの解釈を受けたりすることで，今まで気づかなかったことが意識に浮かんできて，クライエントは自分を洞察するようになる。カウンセラーは，クライエントのペースに合せて洞察を支える必要がある。

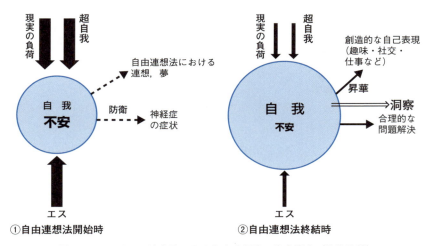

図 4.3　フロイトの適応論による自由連想法の治療機序（前後比較）

　これが精神分析の治療技法である自由連想法の概略である。この方法は，人間の行動を理解するにあたって，無意識が重要な要因となっているという基本的な考え方に基づいている。また精神分析療法では，親子関係のなかでの不快な体験や，その年齢で受け止めることのできない出来事は，無意識のなかに抑圧されると考える。そしてそれは無意識のなかに沈殿しているために本人は気づかないが，いろいろなきっかけで人を動かすということである。私たちは，体験したくない，あるいは記憶したくない体験の抑圧に非常なエネルギーを使うことがある。フロイトはこれを「抑圧」と呼び，抑圧された体験は神経症のもとになることもあると考え（図 4.4），先に述べたような自由連想法を創案した。そこでのねらいは幼児的防衛や不安の除去，ひいては幼児期から形成されてきたパーソナリティの再構成である。そのため，治療は長期間に及ぶことになる。

　フロイト以後，対象とする範囲の広がりなどにともなってこの自由連想法に対する技法的な修正が図られてきており，それには次に述べる，「精神分析的心理療法」などがある。

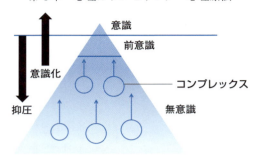

図 4.4　フロイトのこころの局所論

4.2.2　精神分析的心理療法

1.　精神分析的心理療法とは

　精神分析的心理療法（psychoanalytic psychotherapy）は，現在は狭義の精神分析療法である自由連想法よりも，広く実施されている。外的（空間的）構造としては，自由連想法のような寝椅子を使わず，対面あるいは側面（90度）で行われる。外的（時間的）構造としては週1回50分で行われることが多い。

　クライエントに自由連想法的に心に浮かんできたことを自由に取捨選択なく話してもらう方法や，こころの無意識的な領域が人間の生活に大きな影響を及ぼしているとの基本的な考えに立つ点は精神分析的心理療法も同じであるが（図 4.4），自由連想法との違いは，精神分析的心理療法ではクライエントはカウンセラーと向き合って話すので，どうしても日常会話と似たような心理状態が続く。治療的退行の度合いも浅いのが特徴である。自由連想法の場合，寝椅子に横たわって自由に話し続けるので治療的退行が深まりやすく，連想にはその人独自の空想が展開していき，無意識の願望や感情，それらにまつわる不安が意識に昇りやすくなってくる。それに対して，精神分析的心理療法では，日常生活や対人関係のなかでのクライエントのふるまい方や考え方，それに反映される防衛や適応の様式がより見えやすくなる（馬場，1999）。そのため，退行が生じたとしても浅いレベルにとどまる。上記したような抵抗，転移，退行などの鍵概念に加え（表 4.3 参照），防衛，心的外傷体験，固着などの基礎的概念を使用するにしても，洞察するのはクライエント自身が気づかなかった現

実適応のパターンやスタイルということになり，パーソナリティ全体の再構成までには及ばない。カウンセラーの態度も，日常生活における現実適応をサポートする機能を多く含むことになる。この点から，適用対象も，神経症圏からパーソナリティ障害圏にまで拡大される（第2章，表2.2参照）。

　このように，強力な自由連想法を簡便化したのが精神分析的心理療法であるが，いずれにしても，クライエント本来の願望や感情，「これが自分だ」と思えるような自己感覚に気づき，肯定できるようにしていくこと，愛と憎しみ，喜びと悲しみ，希望と絶望，出会いと別れ，生と死などの葛藤（conflict）を抱えられるようになることとが目標となる（賀陽，1999）。

2. 精神分析的心理療法の実際例

　最後に，第2章で心理アセスメント事例として紹介したN子さん（架空事例）に実施された精神分析的心理療法過程の概略を提示する。

　第2章（2.3，p.25）に記述した4回のアセスメント面接を経て，5回目以降，カウンセラーとN子さん（以下，クライエント）は原則週1回の継続面接を行うことになった。

【①＃5〜＃9〈抵抗期〉】

[＃5]

カウンセラー：それでははじめましょう。

クライエント：……どう話せばよいのか……，〈しばし沈黙〉今まで自分がやってきたことは何だったのだろう？　本当に自分のやりたいことが何なのかがわからない。転職するにしても，それに失敗してしまうと惨めだし……。プライドというか見栄があるんだと思う。

カウンセラー：プライド，見栄がある……。

クライエント：そうですね。何だか行き場のない感じ。

カウンセラー：この場でもそうでしょうか？

クライエント：もっと自分のことを表現したいのに……。

[＃6]

クライエント：人生の途中で枠から外れてしまった感じ。父だって，これ

まで嫌なこともたくさんあったはずなのに，一家の長として仕事をまっとうしている……。でも，"やっぱりこれでよかったんだ，あの職場には居たくなかったから！"という思いも強い。

カウンセラー："外れてしまったのではないか"，"でもよかったんだ"と，両方の気持ちがある。

クライエント：そうですね。でも，性分として早く決断したい。……これまで一生懸命やることはよいことという価値観があった。でも，それが自分を束縛しているのかも……。あれ？　転職するかどうかから随分話がそれてしまいましたね。

カウンセラー：自由に話すやり方だけど，それではいけないと思うのでしょうか？

クライエント：いけないとかではないんでしょうけど，今の自分がどうしてももどかしくて……。

[#7]

クライエント：言うことが尽きてきた。同じ話になってしまう。先生に「それは前も聴いた！」と思われるのではないかと……。いちおう目的を決めてここで話をしているけど，気休めなのかなって……。最後に取捨選択して決めるのは自分なんですよね。

[#8]

クライエント：母に「どうするの？」と言われて，私は相変わらず「元のところには戻りたくない！」と言いましたけど，それ以上言い募ると喧嘩になりそうだったので……。

カウンセラー：本当は誰かに決めてほしいのに，「どうするの？」と問われて腹立たしい気持ちに？

クライエント：不意に決定を迫られた感じがして……。

カウンセラー：ここでも，私に決めてほしいのに……という気持ちがあるでしょうか。

クライエント：そうかもしれない。……〈しばし沈黙〉実家に居ても，私

4.2 精神分析療法と精神分析的心理療法　77

の部屋は物置小屋になっていて、これは帰ってくるところではないなと思うと心細い。でも、やっぱりどこかで離れなきゃいけない。

[#9]〈＊10分遅刻〉

クライエント：やっぱり、元のところに戻るのは嫌。法律に関する仕事って聞くだけでワクワクするんです！　法律事務所の一般事務の募集広告を見つけて書類を送ってみようと思ったら、病欠から3カ月の休職扱いになってしまって……。

(1) 5回目～9回目の面接〈抵抗期〉

　自分の思うことを自由に表現してよい心理療法の場は、プライドがあるクライエントにとって、ことさら失敗することの怖さを刺激されていたようだが、一方で、「もっと表現したい」欲求も刺激されていたようだった。また、初期に「仕事を全うしている」父親のことが語られたことも注目された。父親像はクライエントの"かくあるべき"超自我に影響を及ぼしているようであり、また、その父親と自分を比較して「自分は外れてしまった」と述べることからは、クライエントは「一家の長」である父親を同一化の対象としている面があることが垣間みられた。ともあれ、この時期は、「決断したいのに決断できない」葛藤が堂々巡りのように現された。心理療法による解決を求めながらも心理療法に抵抗しており、カウンセラーに解決を支えてほしい欲求と支えてくれないフラストレーションをもちながら、支えられてはいけないという禁止がクライエントのなかに働いているように思われた。そこで、そのことを解釈（直面化）すると、即座に「そうかもしれない」と肯定しながら、後に「離れなきゃいけない」と、支えてほしい気持ちを否定した。翌回には遅刻し、俄然求人に応募しようとしたことを語るが、結局、現実に休職期間に入ったことで、それを果たせないまま終わってしまった。

【②#10～#16〈葛藤期〉】

[#10]

クライエント：なかなか自由になれない、まだあの職場の枠のなかで私は

動かされているんだ……。でも，退職するのは"裏切り"とか"背徳"という感じもする。

カウンセラー：自由になりたい，かといってそれには後ろめたい気持ちもあるんですね。

クライエント：就職活動すると言っても，母に"まだ病気だから"って言われ方をするのかな？　親にもわかってもらえない気がする。

[#11]

クライエント：母は「やりたいことをやれば」と言うくせに，「まだ病人なんだから」とも言う。でも，私自身親を振り払うことができず躊躇してしまう。依存性が高いのかな？　でも，親に押しとどめられている感じもする。自分を認められてもらえない苛立ちがある。

カウンセラー：（リピート：REP）

[#12]

クライエント：ここで話すことで気持ちはほぐれるのかもしれないけど，それで何かよくなるというのでもない。

カウンセラー：ここでも苛立つ感じでしょうか。

クライエント：……物事を真面目にやらなきゃいけないと教えられてきたから，そうしないと不安だった。仕事も中途半端に残すのが嫌で，よく残業していた。本当は，"今はこう，先々はこう"というのを示してほしかった。

カウンセラー：ここでも，そのように示してほしかったんですね。

クライエント：正直，心細いんです……。

[#13]

クライエント：私は，親に気持ちを伝えられなかった。その代わり，口をつぐむみたいに極端に子どものような態度をとるかしかできない。そういうことでしかコミュニケーションをとれなかった。

[#14]

クライエント：どっちにするべきなんだろう？

4.2 精神分析療法と精神分析的心理療法　　79

> カウンセラー：迷いが前より強くなっている？
>
> クライエント：そうですね……，でも，何か寂しい。……自分から踏み出すより，背中を押してもらいたい。
>
> [#15]
>
> クライエント：ここに来ている限り，動けないのかな？
>
> カウンセラー：やはり背中を押してもらいたい。
>
> クライエント：そうですね……。でも，こっちはクライエントである以上，言ってはいけないものかなと……。先生も困るのでは？
>
> カウンセラー：でも，その気持ちはお話しできてますよね。
>
> [#16]〈＊20分遅刻〉
>
> クライエント：やっぱり，まとまった考えで話せない。……おそらく"自分はこれでいい"と認められれば，復職するのにもそれほどこだわりがないんだと思う。"いいんだよ"って，自分で自分に言ってあげたい。

(2) 10回目〜16回目の面接〈葛藤期〉

　とくに母親との"依存―独立"の葛藤をより意識化して表現するようになってきた。カウンセラーはその葛藤を葛藤として受容できるように，批判なくそのまま受容的に聴くことや，クライエントの語りにおいて注目されたフレーズを繰り返して伝えること（リピート；REP）などで対応したが，同時に，カウンセラーに対しても親に対してと同様の感情を表現するようになっていた。「先生も困るのでは？」など，そのことに対する禁止も動いているようであるが，カウンセラーは，気持ちを表現できていることを「お話しできてますよね」と支持したところ，翌回は面接に遅刻した。「自分で自分に"いいんだよ"と言ってあげたい」と述べることから，カウンセラーに対してさらなる欲求や感情が高まっているのを自分で引っ込めようとしていると思われた。

> 【③#17〜#26〈洞察期〜終結〉】
>
> [#17]〈＊風邪をひいてキャンセル〉
>
> [#18]

クライエント：吐き気と嘔吐で大変だった。悲劇のヒロインになっている余裕がなかった。おかげで，あまり考えなくなった。これまで自分を否定することばかり考えていた。"～するべき"って自分を苦しめていた。

カウンセラー：すると「背中を押してほしい」は？

クライエント：何だかそれもよくわからなくなって……。

[#19]

クライエント：先週も結局，えらい目にあった，またぶり返して……。でも，たまには病気も良い。父が珍しくアイスクリームを買ってくれた。心配してくれていた。……嬉しかった。子どものとき以来。……思い出したんですけど，本当は私，兄が父と同じ仕事に就かないとしたとき，それなら私に……と言ってくれることを期待していたんです。高校生のとき。でも，弟に期待していると母から聞いて……。

カウンセラー：お父さんに背中を押してもらいたかったんですね。

クライエント：うん……〈涙〉。

[#20]〈＊髪型が変わる〉

クライエント：とりあえず，自分で生活してみることをはじめる気持ちになっている。まずは元の職場に戻るのが現実的かな？　前は"ぜーったい嫌！"っていうこだわりがあった。

[#21]〈＊復職審査の日取りが決まる〉

クライエント：変に思われるのでは？　という見栄がある。

カウンセラー：前はもっと強かったかも。

クライエント：そうですね。何か気楽になってる……。前はもっと頼るっていうか，何とかしてもらえるんじゃないかという気持ちが強かったかもしれない。

[#22]〈＊1カ月後の復職が決まる。復職まで面接を継続し，復職した後，状況点検の面接を行って問題なければ終了とすることを決める〉

クライエント：いよいよあと1カ月と思ったら，うまくやれるか不安に……
…。

カウンセラー：当然の不安。

クライエント：自分は場面の変化に順応するのが弱いんですよね。

[#23〜#25]

クライエント：考えてみると，今までは与えられたことを受身的にこなしていただけだったのに，やれていると有頂天になっていたのかも。自分のなかに出世志向があった。父を見返してやりたかったのかも。──等々

[#26]〈＊復職後1カ月〉

カウンセラー：変化に順応するのが弱いというのがあったけど？

クライエント：自分が認められたい気持ちが強かったからだと思う。

カウンセラー：予定通り，今回で一区切りとしますか。

クライエント：何とかやっていけると思います。

カウンセラー：また何かあれば，連絡を。

(3) 17回目〜26回目の面接〈洞察期〜終結〉

　カウンセラーに向けられた感情は父親に対する感情が転移されたものであったことがよりはっきりしてきた。それを意識化することの禁止が，身体化として表現されたものと考えられた。それと同期して，病に伏していたクライエントを実際に父親が心配してくれたというエピソードがあり，そこから，抑圧していた父に対する承認欲求やそれが得られなかった失望を言語化し，父への欲求を洞察するに及んだ。以後の面接では，開始当初と比べてだいぶ緊張が緩み，クライエントとカウンセラーは，それまでの自分のスタイルを振り返ると同時に，現実に復帰することの不安や面接を卒業する寂しさを自然な気持ちとして共に味わい，終結となった。

(4) 事例のまとめ

　神経症水準であるとの見立てから，おおむねN子さん自身の連想の流れに沿って受容的・支持的に応じることで，カウンセラーとしては過度に子ども返りしたり，こころのなかでもちこたえられるべき葛藤や欲求不満を直接行動で現したりすること（行動化）を心配せずに面接に臨むことができた。最初は知性化された表現が目立ち，また堂々巡りとなって1つの考えにはまってしまい

やすい硬い陳述のスタイルには，**心理アセスメント**（psychological assessment）における**ウェクスラー成人知能検査**（Wechsler Adult Intelligence Scale）で示された特徴（図 2.5 参照）が反映されていた。この面接過程は，依存欲求とそれをめぐる情緒を意識に受容し，それによって完全主義的な硬さや知性化が緩んでいった過程ととらえることができる。同時に，"物事を真面目にとらえるべき" といった超自我的な価値観から脱却し，"超自我の認める自分でなくても自分はいいのだ" という自己認知の変化がもたらされたと考えられる。また，後半風邪をひいたことにより，"頭でっかち" だった面と身体感覚を含む欲求面とがつながったという面もみられた。ただし，この過程はパーソナリティの一部分が取り扱われたにすぎず，元の適応水準に戻ったかたちで終わっている。とくに**ロールシャッハ・テスト**（Rorschach test）で示された攻撃性をめぐるテーマ（p.36 参照）は十分扱われないままであり，女性性のテーマとあわせて，N子さんの今後の課題であると考えられる。

コラム 4.1　ユングの分析心理学と心理療法

わが国で「精神分析」という場合，フロイトのみならず，ユング（Jung, C. G.；1875-1961）の理論も含めてとらえられることがあるかもしれないが，正確には，精神分析（psychoanalysis）と呼ぶ場合はフロイトの学説を指し，これに対してユングは自分の学説を**分析心理学**（analytical psychology）と呼んで区別している。これらは，人間の行動理解のために無意識という概念を使用する**深層心理学**（depth psychology）という点で共通している。

そもそも，フロイトとユングは師弟関係にあり，共に深層心理学の研究を行っていたが，次第に相互の見解に相違が生じてきて，両者は袂を分かつことになった。それは，ユングがフロイトよりもいっそうこころの内的世界へと視野を深めていったことによるとされている。その代表が，ユングの普遍的無意識に関する説である（図 4.5）。

ユングは無意識の研究を続けていくうちに，個人の無意識の背後にまだ深い層があ

図 4.5　**個人的無意識と普遍的無意識**
（河合，1967）

4.2 精神分析療法と精神分析的心理療法

ると考えるようになった。そこで、無意識を層に分けて、個人的無意識と普遍的無意識とに区別した。個人的無意識はあくまでも個人内のものであるが、それに対する普遍的無意識とは、表象（イメージ）可能性の遺産として人類に普遍的なもので、個人のこころの真の基礎とされている。神話的なモチーフや形象から成り立っており、この内容は神話やおとぎ話、夢、精神病者の妄想などに共通して認められる（河合, 1967）。そのなかの代表的な表象を元型（archetype）と呼ぶ。

また、ユングは性格（パーソナリティ）のタイプ論を提唱し、個人は基本的態度として、外向性か内向性のどちらかに類別できるとした。この2つの型は生まれつきの個人的素質に原因を求めることができるものである。ただし、この基本的態度は無意識の領域も照準に含まれており、その個人の意識的な基本的態度が外向性であれば、無意識的な態度は内向性であるということになり、ユングはこうした相補性を強調した。すなわち、意識の態度があまりに強いときには、無意識の態度が意識のコントロールを破って、未分化で強いものとして現れることがあるというものである。さらに、ユングは4つの心理機能（環境への適応の方法としての思考—感情、環境を経験する際の知覚様式としての感覚—直観）という概念を加えて、外向性—内向性の2つの基本的態度と4つの心理機能を掛け合わせて、たとえば、外向的思考型、内向的思考型などのように計8つの基本類型を提示した。

ユングのタイプ論は、単に人のパーソナリティを類型化するのでなく、基本的態度や心理機能は、それぞれ対極をなしており、その個人の意識的なタイプが外向的思考型であれば、もっとも未開発なのは無意識にある内向的感情型であり、これをその個人のコンプレックスととらえるところに特徴がある。こうした未開発な劣等機能を個人が自らの人生において徐々に発展させていくことを、ユングは個性化（individuation）の過程と呼び、パーソナリティの発展や心理療法の指標とした。つまり、ユングは類型を一面的にとらえることをせず、この個性化の過程を通して個人は全体性〜自己（self）の実現を志向するものと考えた（図4.6）。

このような枠組みのもと、ユング派の心理療法は基本的に、個人の個性化および自己（self）の実現を援助していく営みであるといえる。その鍵概念として、コンプレックス、イメージ、元型などがあり、面接の方法として夢分析や箱庭療法などを導入することがある。

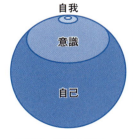

図4.6 **自我と自己**
（河合, 1967）

第4章　心理カウンセリング・心理療法

●練習問題

1. 以下の文章は正しいか誤りか？　いずれかに○をつけなさい。そして，そのように回答した理由を授業内で述べ合ってください。

(1)「『カウンセラーの共感的理解』は，どのようなカウンセリング・心理療法においても，カウンセラーの必須条件である。」……正しい・誤り

(2)「治療構造は，外的治療構造であっても内的治療構造であっても，クライエントとカウンセラーの双方の安全を守るために，厳密に守られる必要がある。」……正しい・誤り

2. 本文で紹介した架空事例N子さんの心理療法過程についての解説は，必要最小限にとどめています。過程のなかでどのような抵抗やどのような転移が現れていたかなど，授業内で意見や感想を述べ合ってください。

●参 考 図 書

河合隼雄（1985）．カウンセリングを語る（上・下）　創元社

　一般向けの講演集であるだけに，カウンセリングの聴き方の本質について，日常会話との違いを取り上げながら平易に説かれている。初学者向け。

馬場禮子（1999）．精神分析的心理療法の実践――クライエントに出会う前に――　岩崎学術出版社

　大学院授業の講義録を編集したもので，口語体でわかりやすく，精神分析的心理療法の基本的な枠組みや概念について学ぶことができる。題目通り，本格的に臨床現場で実践を行う前に読んでおきたい。初学者・中級者向け。

松木邦裕（2015）．耳の傾け方――こころの臨床家を目指す人たちへ――　岩崎学術出版社

　心理臨床の基本的営みである聴くこと（listening）の大切さについて，実例を提示しながら，きめ細かな論考がなされている。中級者向け。

佐治守夫・岡村達也・保坂　亨（2007）．カウンセリングを学ぶ［第2版］――理論・体験・実習――　東京大学出版会

　ロジャーズ派にとどまらず，読むほどにカウンセリング・心理療法の実習をまさしく実践しているような感覚に誘ってくれる良書である。中級者向け。

5

来談者中心療法，子どもを対象とした心理療法，認知行動療法

　本章では，代表的な心理療法として，来談者中心療法，主に子どもを対象とした心理療法として，遊戯療法と箱庭療法，さらに認知行動療法の4つの心理療法を紹介する。それぞれの技法には，ベースとなる理論や基本的な考え方があり，そのうえで，これまでの臨床家の実践の積み重ねによって修正され発展してきたものである。したがって，まずはその技法の基本的な考え方を中心に理解することを本章の目的とする。

5.1 来談者中心療法

5.1.1 来談者中心療法とは

来談者中心療法（client-centered therapy）とは，アメリカの臨床心理学者であるロジャーズ（Rogers, C. R.；1902-1987）が，1940〜1950 年代にかけて開発した，**心理カウンセリング**（psychological counseling）の技法である。来談者中心療法は，現在でも心理カウンセリングの基本的な技法として，わが国でも広く取り入れられている。

5.1.2 来談者中心療法が目指していること

来談者中心療法においては，**クライエント**（来談者；client）を 2 つの自己に不一致が生じている人であるととらえる（図 5.1）。ここでいう不一致とは，「現在を経験しているありのままの自分」と，「こうありたい理想の自分」，または「こうあらねばならない自分」との間にズレが生じているという意味である。たとえば，「常に優等生でいなければならない自分」なのに「テストで 0 点をとってしまった」，「かっこいい自分」でいたいのに「まったく相手にされない」。このように 2 つの自己像の不一致が大きくなると，人は不満や不安を感じるようになる。このようなズレは多かれ少なかれ，誰にでも生じているものなのであるが，クライエントはこの不一致に困っていて，これを解消したいと考えて心理カウンセリングに来談した人であるととらえることができる。

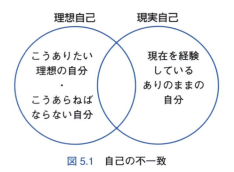

図 5.1　自己の不一致

5.1 来談者中心療法

では，このズレはどのように解消すればよいのだろうか。先ほどの「常に優等生でいなければならない自分」なのに「テストで0点をとってしまった」という不一致を例に考えてみよう。このズレを解消するためには，まず「常に優等生でいなければならない自分」に現実の自分を近づけようとする人がいるだろう。この場合は，一生懸命勉強をして，現実の自分が「優等生」になる方法が考えられる。しかし，このクライエントにとっての「優等生」はどのような人間のことを指しているのであろうか。たとえば，「常にテストは100点をとらなければならない自分」や，「常に先生から質問されたら完璧な正解を答えなければならない自分」が「優等生」であると考えているならば，これを実現することは不可能に近いであろう。そうであれば，クライエントが非現実的な自己像を抱えもっていること自体が問題ということになる。そう考えると，このクライエントは，現実離れした理想像を実現可能な範囲の理想像に修正することで，不一致の改善を行うかもしれない。このように，自己像の不一致の改善の方法は，さまざまなやり方が考えられる。そして，来談者中心療法では，自己像の不一致の改善は，誰かに押しつけられたり，決めてもらったりすることではないと考えられている。なぜなら，これは，自分の生き方の方向性に関する重要な決定であり，誰しも自分自身の人生をどう生きるかは，自分で主体的に判断し，実行することにこそ価値があると考えられるからである。

以上のことから，来談者中心療法では，クライエントのなかで生じている不一致を改善するのは，あくまでクライエント自身であり，カウンセラーの役割は，クライエントが自らの力で問題を解決することを心理カウンセリングを通じて手助けすることであるとしている（Rogers, 1957）。

5.1.3 カウンセラーとしての基本的態度

ロジャーズ（1957）は，心理カウンセリングにおける援助が成立するためには，カウンセラー（counselor）に次の3つの基本的態度が必要であるとした。

1. 自己一致

クライエントは先述のように，2つの自己像に不一致が生じている状態にあるのだが，これに対してカウンセラーは2つの自己像が一致して統合されてい

90　第5章　来談者中心療法，子どもを対象とした心理療法，認知行動療法

ることが必要である。この場合の2つの自己像とは，心理カウンセリングの場における，クライエントに対する「カウンセラーとしてのあるべき自分」と，「実際にカウンセリングをしている自分」という2つが一致しているということである。

2. 無条件の肯定的関心

カウンセラーはクライエントに対して，何ら条件をつけずに，肯定的・積極的な関心をもち話を聴くことが必要である。条件をつけるとは，たとえばカウンセラーの個人的な利益や関心によって，あるクライエントには関心をもって話を聴くが，あるクライエントにはそっけなく対応したりするというように，クライエントへの対応に差をつけてしまうことである。当然，そのようなことはあってはならない。

3. 共感的理解

共感（empathy）とはクライエントの感じていることを，カウンセラーも共に感じることである。カウンセラーは，クライエントの気持ちに沿って共感しながら，クライエントを理解していくことが必要である。カウンセラーがクライエントを理解しようとする際に，内的照合枠（準拠枠）が用いられることになる。内的照合枠とは，主観的な認識の枠組みである。カウンセラーは自身の内的照合枠を用いて，クライエントの内的照合枠を尊重し，共感的に理解していく。このような関わりの繰返しによって，クライエントは「このカウンセラーは，私のことを理解して感情を受け止めてくれている」と感じられるようになる。

5.1.4　「猫の首に鈴をつける」（机上の空論）にならないように

以上がロジャーズのいうカウンセラーとしての3つの基本的態度であるが，果たして本当にこのような「カウンセラー」になれる人がいるのだろうか。

まず，カウンセラーは自己一致し，統合されていることが必要とのことだが，「カウンセラーとしてのあるべき自分」と「実際にカウンセリングをしている自分」が100％完全に一致することなどあるのだろうか。カウンセラーも所詮人間であり，常に完璧な心理カウンセリングなどというものができるわけもな

い。しかしそれでもなお，「実際にカウンセリングをしている自分」が，「カウンセラーとしてのあるべき自分」に少しでも近づくように，真摯な姿勢で心理カウンセリングを行おうとすることは，当然ながら必要なことであろう。そのためには，「実際にカウンセリングをしている自分」の言動を客観的に観察し，絶えずチェックできているかどうかが重要なのである。

　次に，クライエントに対する無条件の肯定的関心をもつことが必要とされているが，どのような人に対しても，まったく条件をつけないで，100% 肯定的に受容することは，言うは易し行うは難しで実際はなかなか難しいものである。たとえば，来談する度に，カウンセラーに対してクレームを訴えるクライエントがいたとする。心理カウンセリングの度に，カウンセラーの言動の細かい点をいちいち指摘して，「あなたの発言が気に入らない」「あなたは私のことを理解できていない」などと不平不満を訴えるクライエントに対して，カウンセラーは無条件の肯定的な関心を一点の曇りもなく，常にもち続けることができるだろうか。カウンセラーであっても，「苦手なタイプ」がいたり，疲れて調子が出ないときもあるものである。

　それでは，どうしたらよいだろうか。まず 1 つ目として，クライエントを心理アセスメントし，理解をしていることが必要である。カウンセラーに対するクライエントの態度や振る舞いは，クライエントの抱えている不安や葛藤が影響を及ぼしている。そのため，カウンセラーはクライエントの言動について，クライエントのこころの状態との関連性や対応関係を理解できていると，クライエントに対してより相対化した視点をもつことができる。2 つ目として，先述の「実際にカウンセリングをしている自分」をモニターすることをもう一歩進め，カウンセラーの言動だけでなく，その背景にある自身のこころの動きも，客観的にモニターできているかどうかが重要となるであろう。たとえば，「今自分は動揺していて，クライエントに関心を向けにくくなっている状態だな」など，心理カウンセリングにおける自分のこころの動きや状態を，観察し，意識することができてはじめて，それを修正したり，コントロールしたりすることが可能となるのである。そのために，カウンセラーはクライエントだけでなく，自分自身についても，必ず観察し，検討し，理解していなくてはならない

92   第5章　来談者中心療法，子どもを対象とした心理療法，認知行動療法

のである。このように，カウンセラーは「自分自身を知る」ということも必須の仕事となる。そこで，自分が担当した心理カウンセリング事例のプロセスをカウンセラー同士で検討するケースカンファレンスや，先輩のカウンセラーから指導を受けるスーパーヴィジョン，自分が担当した心理カウンセリング事例について研究する事例研究が，「カウンセラーが自分自身を知る」ための有効な助けとなる。

　最後に共感的理解であるが，そもそも人は他人の気持ちをまったく同じように感じることなどできるのであろうか。クライエントの感情や体験を，まったく同一に感じたり体験したりすることは，原理的には不可能である。だからといって，所詮人と人とはわかり合えないとあきらめてしまってよいのであろうか。これをふまえてロジャーズ（1957）は，共感について「クライエントの私的な世界をあたかも自分自身のものであるかのように感じ取る」と説明している。これは，クライエントの気持ちをまったく同じように感じることが不可能だからこそ，「あたかも自分自身のものであるかのように」クライエントの気持ちや体験に寄り添って，最大限感じ取ろうと努めることが，心理カウンセリングにおける共感的理解といえるだろう。

5.2　子どもを対象とした心理療法

5.2.1　遊戯療法

1. 遊戯療法とは

　遊戯療法（play therapy）とは，子どもを対象とした，遊びを利用して行う心理療法である。

　子どもは自らの悩みや問題を，大人のようには言葉でうまく説明できないことがあるが，その一方で，言葉で表現することが恐ろしかったり受け入れがたい思いや気持ちを，子どもは遊びやおもちゃを通じて表現することができる。たとえば，クライエントである子どもが，ごっこ遊びのなかでどのような場面設定をするのか，セラピスト（治療者）にどのような役割を振り，自らがどのような役割を演ずるのか，ということのなかに，その子どもの抱えている心理

5.2 子どもを対象とした心理療法

的な問題や葛藤が，意識的のみならず無意識的にも表現されるのである。この点に注目したのが，アンナ・フロイト（Freud, A.；1895–1982）やクライン（Klein, M.；1882–1960）などが発展させた，精神分析的な立場に立つ遊戯療法である。

　遊びにはそれ自体で人の成長を促進させる発達的機能，傷ついたこころを癒す治療的機能をもつ。これをもとにアクスライン（Axline, V. M.；1911–1988）は，来談者中心療法の考え方を遊戯療法に適用し，発展させている。アクスライン（1947）によれば，以下のような遊戯療法でセラピストが行うべき8原則を指摘している。

(1) よい治療関係を成立させる。

(2) あるがままの受容を行う。

　あるがままの受容とは，クライエントである子どもに対して，たとえばこの子は従順だから受け入れる，この子は反抗的だから受け入れないなどの条件をつけずに，クライエントをそのまま受け入れるということである。

(3) 許容的な雰囲気をつくる。

(4) 適切な情緒的反射を行う。

　セラピストは，子どもがみせるさまざまな表現をキャッチして，適切なかたちで情緒的にフィードバックしていく。

(5) 子どもに自信と責任をもたせるようにする。

(6) 非指示的態度をとり，子どもの後に従うようにする。

　セラピストが主導的な立場で，子どもの遊びを決めたり，指導したりするのではなく，子どもが主体的に遊べるように心がける。

(7) 治療はゆっくり進む過程であるため，じっくり待つようにこころがける。

　セラピストはあせらず，しかし治療のプロセスが進むことをあきらめてはならない。

(8) 必要に応じて制限を与える。

　子どもが安心して安全に遊べるよう，セラピストは注意し，必要に応じて，子どもの行動に制限を与える。

　以上のように，遊戯療法では，セラピストが受容的・共感的な態度で共に遊

ぶことで信頼関係を築き，遊びのなかで子どもは自らの気持ちを表現し，不安を解消したり，現実的な問題への対処を学ぶことができるのである。

2. 遊戯療法の実際

遊戯療法は，プレイルームと呼ばれる部屋を使用する（図5.2）。プレイルームは，セラピストと子どもが1対1で遊べるような適度な広さが必要であり，人形，絵本，ままごとセット，電話，乗り物，刀や鉄砲の玩具，ボードゲーム，粘土，クレヨン，箱庭などのさまざまな遊具が用意されている。遊戯療法は，通常1回50分で実施され，クライエントである子どもとセラピストが1対1で，遊びを行う。

図5.2　プレイルーム（著者撮影）

3. 遊戯療法におけるセラピストの信条

ここでは，ランドレス（Landreth, G. L., 2012）の考え方をもとに，遊戯療法におけるセラピストがもつべき信条を以下のようにまとめた。

(1) セラピストは，子どもを大人のミニチュアであるかのようにとらえないこと。子どもはその発達段階に応じた認知や振る舞いをするものであり，そのような子どもの独自性をふまえて関わるべきである。

(2) 子どもは，深く情緒的な苦悩や歓喜を体験する能力をもっていると考えること。言葉にならなくとも，子どもの深い情緒的体験が遊びのなかでどのよう

5.2 子どもを対象とした心理療法 95

に表現されるかをみていく必要がある。

(3) セラピストは子どもをかけがえのない存在として，あるがままの人間性を尊重すること。

(4) 子どもには，生きるうえでの支障や境遇を克服するための回復力がそなわっていると考えること。このような子どもの自己治癒力を活性化させるような支援を行うことが望ましい。

(5) 子どもには生まれつき，成長と成熟に向かおうとする素質がそなわっていると考えること。遊戯療法は，上記の自己治癒力とともに，成長促進的な場となるようにセラピストは努める。

(6) 子どもには，創造性に富んだやり方で自分たちの世界に自分で対処する能力があると考えること。遊びを通じて子どもの対処能力を引き出し，子どもがさまざまな対処方法を身につけられることを目指す。

(7) 子どもの自然な言語は遊びであり，これこそが子どもがもっとも無理なく自己表現する手段なのであると考えること。そのためセラピストは，子どもが安心して遊べるように場をしつらえる必要がある。

(8) セラピストは，話そうとしない子どもの意思を尊重すること。子どもには沈黙したり秘密をもつ権利がある。

(9) 子どもは自分の抱えている問題について，自分が必要とするときに遊びのなかで表すので，セラピストは，子どもがいつ，またはどのように遊ぶべきかを決めようとしないこと。

(10) セラピストは，子どもたちの成長をせかさず，根気よく待つこと。

このように，遊戯療法を行うセラピストは，子どものもっている力を信じ，遊びのなかで活性化させ，子どもの主体性を尊重しながら，成長と回復に根気よく付き合っていく姿勢が求められるのである。

4. 遊戯療法においてセラピストは何をするのか

遊戯療法では，セラピストはただ遊んでいるだけではない。しかし，まず第1にセラピストがクライエントである子どもと，真剣に遊べることが必要である。真剣に遊ぶとは，子どもと真摯に向き合い，遊びを楽しみ，子どもとの遊びのプロセスの不思議さや面白さを感じたりできるということである。そのよ

96　第5章　来談者中心療法，子どもを対象とした心理療法，認知行動療法

うにしてセラピストと子どもが遊ぶことができれば，遊び自体がもともともっている治療的な効果を活性化することができる。

第2に，セラピストは子どもがみせる遊びや振る舞いをよく観察しておいて，その子どもの心理状態やパーソナリティを理解しようとする必要がある。なぜこの人形を選んだのか，なぜセラピストにままごとのこの役を振ってきたのか，なぜこの遊びのなかであのような発言を突然したのかなど，子どもを理解するため，面接中のすべてが検討材料になるのである。また，その表現には，子どもの抱えている不安や葛藤，こころの傷が現れることがある。したがって，セラピストは子どもの振る舞いを見逃さず，その意味を検討し続ける必要がある。

第3に，セラピストは子どもの気持ちや考えを反射する鏡となる必要がある。子どもは意識的なものだけでなく，無意識的なこころの状態も遊びのなかで表してくる。セラピストはそのような子どもの表現をきちんとキャッチして，それをフィードバックするのである。それは，言葉がけであったり，表情であったり，遊びのなかでの関わりなどを通じて行う。適切なフィードバックを繰り返すことができれば，子どもは自分の表現したものがきちんとセラピストに受け止められたことを感じることができ，情緒的な開放感や安心感を得ることができるのである。

5.2.2　箱庭療法

1．箱庭療法とは

箱庭療法（sandplay therapy）とは，砂の入った箱のなかで，さまざまな人や動物，建物などのミニチュアをクライエントが自由に配置することにより，自分のこころのなかのイメージを表現する心理療法である（図5.3）。箱庭療法は，ローエンフェルト（Lowenfeld, M.；1890-1973）が考案した技法を，カルフ（Kalff, D. M.；1904-1990）がユング（Jung, C. G.；1875-1961）の分析心理学を適用し，心理療法として確立した。日本では，河合隼雄（1928-2007）が1965年に紹介し，現在もさまざまな場所で広く実施されている。

2．箱庭療法の実際

箱庭療法で用いられる箱（72×57×7 cm）は，内側が青色に塗られたもの

図 5.3 **箱庭の例**（著者撮影）

（砂を掘ると青色が現れて「水」を表現できる）で，そこに 1〜2 cm の深さまで砂が入れられている。箱は腰の高さになるよう設置する。箱のなかに配置するためのミニチュアは，人形（現実的なものから想像上のものまで），動物，植物，怪獣，乗り物，家具，建築物などで，クライエントが選びやすいように棚に入れておく。クライエントにはまず，「ここにある玩具と砂を使って，何でもいいからつくってみてください」と伝える。クライエントが製作をしている間は，セラピストはクライエントの邪魔をしないようにしながら，クライエントと製作される箱庭を見守るようにする。

3. 箱庭に表れるもの

箱庭にはクライエントの意識的・無意識的なイメージが表れていると考えられる。セラピストはクライエントの表現するものを受け止め，クライエントのこころの世界を理解しようと努める。しかし，通常は箱庭について，セラピストの解釈をクライエントに伝えることはあまりなされず，むしろクライエント自身が箱庭をどのように体験しているかが重要であるといえる（吉村，2005）。

また，箱庭は継続的に製作されることが多い。1 回だけの箱庭ではわからなかったものが，継続的につくられることで，共通して現れるクライエントなり

98 第5章 来談者中心療法，子どもを対象とした心理療法，認知行動療法

のテーマや，内容的な変化をみることができるので，よりクライエントのこころの世界とその変化を理解できるのである。

5.3 認知行動療法

5.3.1 認知行動療法とは

認知行動療法（Cognitive Behavioral Therapy；CBT）は，行動療法，ベック（Beck, A. T.）の認知療法，そしてエリスの（Ellis, A.）論理情動療法をベースとしてつくられている。行動療法は，パブロフ（Pavlov, I. P.；1849–1936）の古典的条件づけやスキナー（Skinner, B. F.；1904–1990）のオペラント条件づけ，バンデューラ（Bandura, A.）の社会的学習理論などの学習理論をもとにして，不適切な行動は，誤って学習された結果であったり，未学習のためであるととらえ，あらためて適切な行動を学習できるようになることを目指す心理療法である。また，認知療法や論理情動療法は，主に認知面に焦点を当てて，認知の歪みを修正しようとするものである。そこで認知行動療法ではこれらを統合し，心理的な問題を，不適切な思いこみ（認知）によって不適切な行動が生じている状態ととらえることで，その不適切な認知と行動を修正しようとする心理療法となっている。認知行動療法で治療対象とする，クライエントの不適切な行動や認知は，クライエントのさまざまな学習の結果，後天的に作り上げられるものととらえられる。学習によって問題がつくられているのであれば，適切な学習を再度行うことで，適切な行動や認知を新たに身につけられると考えられるのである（Stallard, 2005）。

スタラードによれば，認知行動療法には以下のような特徴があるとしている。

1. 実証データに基づく介入であり，個々のケースに科学的で数量化可能なアプローチを行う。

2. 表れている問題の要因を分析して，問題の発現と維持に関わっている要素を見つけだす。

3. 心理教育を重視する。心理教育とは，心理的問題を認知・行動の枠組みからクライエント自身が理解できるように教育していくアプローチである。

5.3 認知行動療法　　　99

4. クライエントに表れている問題に合わせて行うアプローチである。

5. 再発の予防と，新しいスキルの一般化を目指す。

　認知行動療法は，これまで，うつ病，パニック障害，強迫性障害などに効果があるとされ，現在，欧米を中心に日本を含めて普及してきている。

5.3.2 認知行動療法の技法

　認知行動療法は，大きく分けると認知療法的技法と行動療法的技法があり，それらを組み合わせたプログラムとして実施する。

　認知療法的技法とは，クライエントの抱えている問題が，そのクライエントの認知，すなわち考え方や，価値観，信念と関連していると心理アセスメントされた場合に，クライエントの不適切な認知を修正しようとする技法である。

　ここでは，認知療法的技法の例として，セルフモニタリングを紹介する。

1. セルフモニタリング

　セルフモニタリング（self monitoring）とは，自分のなかにどのような認知の歪みがあるのか，自己記録をつけながら自分で意識できるようにしたうえで，より適切な考え方ができるように修正していく技法である（後藤，2005）。

　不適切な認知の例としては以下のようなものがある。

(1) **選択的抽象化**……自分の否定的な部分を選択的に注目し，「だから自分はダメだ」と感じる。

(2) **破局的思考**……自分の否定的なところを大げさに強調する考え方。

(3) **個人化**……否定的な出来事について，「誰にでもあること」ではなく「自分だから生じた」と考えてしまう。

(4) **否定的予測**……過去だけでなく，未来も否定的に予測してしまう。

(5) **二分法的思考**……ものごとや人を100% 良いか悪いかでとらえてしまう，両極端な考え方。

　行動療法的技法とは，クライエントの抱えている問題行動をターゲットにして，その不適切な行動を，学習理論の考え方を利用して修正しようとする技法である。

　行動療法的技法の例として，曝露反応妨害法とソーシャルスキルズ・トレー

ニング（SST）を紹介する。

1. 曝露反応妨害法

曝露反応妨害法（Exposure and Response Prevention；ERP）とは，強迫性障害に適用される認知行動療法である（後藤，2005）。強迫性障害のクライエントは，特定の行為をすることで不安や恐怖を抑えようとする。たとえば，教室のなかのものに触るとばい菌が手についてしまうのではないかという不安（強迫観念）を抑えるために，手を洗いたくなり，帰宅すると長時間に渡って手を洗ってしまう（強迫行為）ことが生じる。しかしそれは一時的な効果しかなく，また不安が高まってくると，手を洗う行為を何度も繰り返してしまい，日常生活に支障が生じるようになってしまう。

　そこで曝露反応妨害法では，不安が生じる状況に直面する練習をする（曝露法）。不安の強い場面の順にリストを作成し（不安階層表），一般的には中等度の不安場面から実際に直面する練習をして，徐々に不安の高い場面にチャレンジしていく。次に，一時的に不安を下げるために行われてきた強迫行為をやめる（反応妨害法）。上記の例であれば，教室内の机に触ったうえで，手を洗うことをしないでいるということになる。強迫行為をしないでいると，クライエントの不安（強迫観念）は次第に低下することが証明されており，クライエント自身が強迫行為は必要ないということを実感できるのである。

　このように，落ち着いて直面できるようになれば不安な状況にも耐えられるという体験，強迫行為をしなくとも不安が低下するという体験を積み重ねることで，クライエントの自信につながり，さらに不安に耐えられるようになるのである。

2. ソーシャルスキルズ・トレーニング（SST）

ソーシャルスキルズ・トレーニング（Social Skills Training；以下，**SST**）は，対人関係や問題解決を中心とする，社会生活に必要なスキルを高めるためのプログラムである（福田，2008）。現在では，医療機関や各種の社会復帰施設，矯正施設，学校などで広く実施されている。SST の基本的な考え方として，まず，社会的な行動は，さまざまなソーシャルスキルが統合されたものである。この視点で考えれば，対人場面などでの不適応の問題は，ソーシャルスキルの

不足か，スキルを誤って学習した結果生じるととらえられる。たとえば，円滑なコミュニケーションのためには，相手との適切な距離，適切なタイミングのあいづち，適切な質問をするなどの会話のキャッチボールが必要であるが，これらのスキルが身についていなければ，コミュニケーションに支障が生じてしまうだろう。このようなソーシャルスキルは学習されたものであるので，SSTでは新たに適切なスキルを学習することで，不適応行動は改善可能であると考えるのである。

コラム 5.1　SST のプログラムの一例

1. ウォーミングアップをする

メンバーの緊張をほぐし，コミュニケーションの練習になるようなゲームなどを行う。

2. 練習する課題を決める

どのような場面でどのような行動ができるようになりたいかをメンバーと話し合って決定する。

3. 場面を設定し，行動リハーサルをする

場面に合わせてロールプレイをする。

4. 正のフィードバック

ロールプレイについて，良かったところを援助者や他のメンバーがほめることにより，適切な行動を強化する。

5. 改善点を考える

より良くするための改善点を，メンバーと援助者で検討し，提案を行う。メンバーができそうだと思えるものを練習に取り入れる。

6. もう一度行動リハーサルをする

改善点をふまえながら，再度ロールプレイを行う。

7. 再度，正のフィードバック

8. ホームワーク課題を決める

練習をふまえて，実際の生活場面で挑戦する課題を決定する。

9. 実際の場面でホームワークをやってみる

10. 次回の SST のセッションでホームワークについて報告する

以上のように，自己対処能力を高め（エンパワメント），自立を援助することが SST のねらいである。

102 第5章 来談者中心療法，子どもを対象とした心理療法，認知行動療法

●練 習 問 題

1. あなたがもし，心理カウンセリングを受けようと思ったときに，どんなカウンセラーに心理カウンセリングを受けたいと考えるであろうか。

2. 子どもにとって，遊びをするとはどんな意味があるだろうか。

3. 認知行動療法は，人間の心理のどのような領域にはたらきかけようとする心理療法であるといえるか。

●参 考 図 書

岡村達也・小林孝雄・菅村玄二（2010）．カウンセリングのエチュード──反射・共感・構成主義──　遠見書房

　ロジャーズの来談者中心療法を，現代的な視点からとらえ直そうとする本である。

ランドレス，G. L.　山中康裕（監訳）江城　望・勅使川原　学（訳者代表）（2014）．新版 プレイセラピー──関係性の営み──　日本評論社

　遊戯療法の基本的な考え方，実践的な指針など，遊戯療法について充実した内容が，わかりやすく説明されている。

シェーファー，C. E.（編著）　串崎真志（監訳）畑中千紘・羽野（謝）玲糸・野口寿一・佐々木麻子（訳者代表）（2011）．プレイセラピー 14 の基本アプローチ──おさえておくべき理論から臨床の実践まで──　創元社

　各技法における遊戯療法とそのベースとなる理論とのつながりがよく理解できる。

福井　至・貝谷久宣（監修）（2012）．図解 やさしくわかる認知行動療法脱──治療の流れと活用のしかた──　ナツメ社

　豊富な図解により，非常にわかりやすい解説書である。

6

日本が発祥の心理療法

　この章では，日本発祥の独自な心理療法である，内観療法，森田療法，臨床動作法を取り上げ，それぞれの技法の特徴と，その治療機序について概観する。3つの療法とも独自の作業課題が設定されており，課題に取り組む経験を通して，こころの成長が自然に起きるように構成されているのが特徴である。日本国内にとどまらず，国外でもその独自性と価値が認められている。

6.1 日本が発祥の心理療法

　心理療法には，欧米を起源にしたものが多く，欧米から日本に紹介されて国内で広く活用されるようになり，その後独自の発展を遂げたという場合が少なくない。しかしながら，日本で生まれた療法もいくつかあり，日本で創られた後に欧米やアジアに広がった心理療法も存在する。日本発祥の心理療法として，主なものは，創始された年代順に，内観療法，森田療法，臨床動作法である。これらの療法は，他の心理療法と同様に，対象である患者やクライエントの症状や障害を軽減させようとする実践を通して洗練され，今の方法にかたちづくられていった。以下に日本発祥の心理療法のそれぞれについて，その歴史と治療機序を詳しく述べていく。なお，日本発祥の心理療法では，専門的な対人関係を必ずしも中心的治療機序としないため，本章ではカウンセラーの名称を面接者としている。

6.2 内 観 療 法

6.2.1 内観療法の歴史

　内観療法（Naikan psychotherapy）は，自己探求としての内観法を広く知らしめたいと望んだ，吉本伊信（1916–1988）という実践者によってつくられ，現在ではさまざまな対象に合わせた工夫を加えられて普及している心理療法である。吉本は22歳で，浄土真宗の一派の修行法である「身調べ」を行い，深い自己変化を体験した。吉本が体験した身調べは，信者を隔離して，断食・断水・断眠のもと，「今死んだらどうなるか」の自問自答を繰り返して，深い宗教的な体験に至ろうとするものであった。しかし，過酷な修行法のため，一般の人々が日常的に行うことが非常に困難であった。

　吉本は，自己変化を継続させ深化させるのは，実践の継続が重要であると考えた。そこで，修行法から宗教的な意味合いや苦行を除き，誰でもが可能な自己探求法として方法を改良して整え，1940年に内観と命名した（竹元，2007）。内観とは「内心の観察」という意味である（三木，2007）。自己啓発に用いる

際は内観法，治療として使用される場合には内観療法と呼ばれている。1954年から少年院や刑務所の矯正教育として導入され，1965年に心療内科の石田六郎による報告がなされた。1978年に日本内観学会が設立され，1998年には医師を中心とした内観医学会が設立された。2002年には国際内観療法学会が設立されている（竹元，2007）。

6.2.2 集中内観

　吉本が行った内観法の基本形は，**集中内観**と呼ばれている。内観を行う内観者は，研修所に宿泊して日常生活から離れ，午前5時から午後9時まで，トイレに行く以外は屏風で囲まれた場所に一人で座り，自己を見つめる作業を7日間続ける。食事も屏風のなかでとり，1〜2時間ごとに訪れる面接者に3〜5分間の内観報告をしながら，自分の重要な他者との関係で，①相手からしてもらったこと，②相手にして返したこと，③相手に迷惑をかけたこと，を具体的に想起していく。一般的には小学校1年生から3年ごとに区切って，母親もしくは自分の世話を主に担ってくれていた人との関係からみていく。母親に関する内観が現在までに到達したら，次に父親や重要な他者，今現在課題になっている人などとの関係を順番に行い，その後ふたたび母親との関係を小学1年生から焦点づけて調べる，ということを繰り返していく。繰返し過去の関係を見返していくと，事柄をより鮮明で具体的に想起できるようになっていく（三木，1976）。内観のテーマとしては他に，「養育費の計算」などがあり，生まれてから自分にかけてもらった費用を算出すると，その莫大さに驚く人が多いという（三木，2007）。

　面接者は，内観者が内観に集中できるように，環境を整え，食事を用意して運び，内観報告を傾聴して次のテーマを示し，内観から外れているときにはそれを指摘する。

6.2.3 内観療法の治療機序

　集中内観に耐えられるような，健康な人を対象としてはじまった内観法であるが，対象を心身症患者，アルコールや薬物への嗜癖者，適応障害やうつ病の

人へと，範囲を広げていった。内観は感謝する気持ちをもつように促すことを目的としているのではなく，事実に向き合うことを目的としている。そのため，自他を心理的に別の存在として把握する能力（自・他分離），そのうえで他者視点から自身を見つめる能力（自・他の視点変更），そして他者と自分が心理的に向き合って出会える能力（自・他融合）が基本的力として必要と考えられている（巽，2007）。

内観では次の3つの思考が進められるとされている（三木，1976）。

1. バランスシート的思考様式

人はしてあげたことは覚えているが，してもらったことは忘れやすい。そこで，過去から現在までの，他者からしてもらったこと，迷惑をかけたことを徹底的に思い起こす。

2. 自責的思考様式

相手の欠点を見つけ非難をする前に，自分が当然するべきことをしていなかったのではないかという観点から考える。

3. 共感的思考様式

「そのとき，相手はどのような気持ちだったか」と問いかけて，相手の気持ちなどを相手の立場になって考える。

そして次のような（図6.1）こころの在り方の変化が起こると考えられている。

他者から，今までに多くのことを世話され，関わられていたことに気がつくと，愛されていた実感を得ることができ，自己肯定感をもてるようになる。それに対して，自分がして返したことの少なさと迷惑をかけたことの多さに気がつくと，健康な罪悪感と他者への肯定感が起きる。この相互作用により，自己肯定・他者肯定の視点で世界を見ることができるようになるとみなされている。

6.2.4 日常内観

自己の成長を目指すものであるので，集中内観での変化を継続し，より深めていくために，その後も，生活のなかで短時間でも継続することに意味があると考えられている。そのため，集中内観後も日常内観といわれる時間が必要で

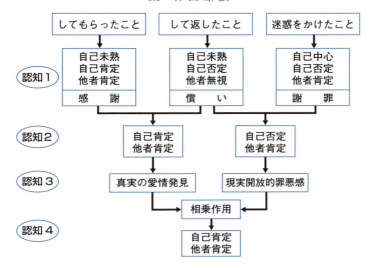

図 6.1　内観 3 項目による気づき（認知）の変化（深化）（竹元，2007）

あると考えられている。また，集中内観が時間的，経済的に難しい場合の代替物としての意味もある。日常内観では，内観をする時間の半分を 1 日の自分を振り返ること，半分を過去のことを調べることにあてる。過去の自分調べは，たとえば，今週は母との関係と決めたら今日は小学校時代の母との関係，明日は中学校時代の母との関係というように順番に行っていく（三木，1976）。

6.3　森田療法

6.3.1　森田療法の歴史

森田療法（Morita therapy）は，精神医学を修めた森田正馬（1874-1938）が，幼い頃からの自身の死への恐怖と不安障害を抱えながら，患者の不安障害の治療に取り組むなかで，自身の治癒と，治療者として関わった患者の劇的な回復から創始した治療法である。通常診察での精神療法を行っていた森田が，入院森田療法をはじめたのが，1919 年，45 歳のときである。1926 年に通信療法をはじめ，1929 年には元・現患者や学習希望者の集まりが行われるように

108 第6章 日本が発祥の心理療法

なり，参加者に対して，森田療法の基礎理論や症状の成り立ちなどについての心理教育が行われた（北西，2005a）。現在では，森田療法の治療機序をもとにして，病院における入院治療，通院治療のかたちだけでなく，学生相談室，教育現場でも森田療法的考え方をもとにした関わりがなされている。

6.3.2 森田療法の治療機序

森田療法では，症状を心身の悪循環，対人関係や社会的関係も含んだ悪循環であると理解する（北西，1999）。人が，不快，苦痛な感覚や経験が生じた際に，それは自分が適応をするためにはなくさないといけないものであるという「とらわれ」が生じやすい（ヒポコンドリー性基調）と，取り除こうとするあまりにその感覚や体験に注意が向かいやすくなり（精神交互作用），不安，恐怖，抑うつ反応が生じてしまうと考える。また，不快状況を起こした刺激や状況を回避しようとして，余計に悪循環が生じてしまうともみなしている。本来なら，不安，恐怖や心身の不快な反応は，人としての自然な反応であり，病理性のない，誰にでも起きる反応である。しかし，社会的な適応への欲望が人一倍強く，自分の弱点をとり除きたいと望む人は，それをあるものとして認めることが難しく，とらわれてしまうのである。そこで，不安から逃げず，コントロールしようとはせず，不安をもちながら作業や生活に向かい，自分にあるものとして受け入れて，自然にそった自分固有の生き方を捜し求めることを，森田療法では目的とする（北西，2005b）。

このことは「**あるがまま**」という言葉で表現される。**図6.2**は，ある刺激に対して起きた自身の反応を，消さなくてはいけないものとして対処した場合と，あるがままに受けとめた場合の，心身の経過を提示したものである。起こるべくして起きたと受け止められれば，時間経過により反応は消失していく。しかし，消すことにこだわればこだわるほど，悪循環に入り強化されてしまう。究極的には，死は怖いものであり，欲望はあきらめることができないものであるという事実を受け入れ，あるものは「ある」として認めていこうとする。

森田療法における面接では，悪循環に気がつき，抜け出すために，次のような作業を行う（北西，2005b）。①不快，不安な感覚や体験への適切ではない

6.3 森田療法

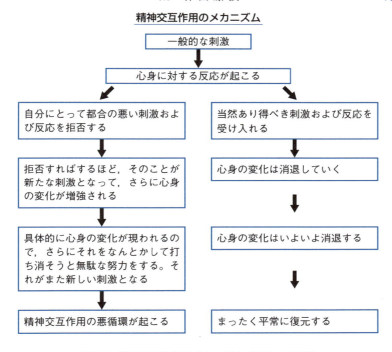

図6.2 精神交互作用のメカニズム（岩井，1986）

意味づけや解釈を取り上げ，悪循環の過程を明確にする。②悪循環と不適切な意味づけや解釈に焦点を当てた治療方針を提案し，体験をあるがままに受けとめる意味を理解する。③苦悩の元になっている感覚や体験に関連した行動を行う。④苦悩がどのように生じたのか，体験を振り返り悪循環の過程を明確にする。⑤適切ではない意味づけや解釈を自覚し，行動の修正を促進する。

森田療法面接の特徴は，不安に対する関わり方である。不安の内容や原因を探ることはせず，存在して当然の状態であるので，不安とどのように関わっていくか，どう付き合うかを考えていく。できる限り具体的に不安とそれにとらわれている対応を明らかにしていく。この過程から，不安の背後にある，よりよく生きたい願いがみえてくる。

さらに，入院森田療法では，不適切な不安への解釈を修正し，「あるがまま」の体験的習得を，実際の行動を通して身につけていけるような構造設定がなさ

6.3.3　入院森田療法

現在の森田療法は，入院よりも通院で行われることが多くなってきているが，特別な環境設定を行いそのなかで集中してこころの働き方の癖に取り組む入院のかたちが，森田療法の根幹であることに変わりはない。**入院森田療法**は，基本的に，①絶対臥褥期，②軽作業期，③重作業期，④実生活（社会復帰）期の4期からなっている（黒木，2005；舘野と中村，2005）。

1. 絶対臥褥期

食事・トイレ以外は横になり，他の患者とは会話せずに安静にしている。作業は，寝る前に日記を1時間以内で必ず書くことと，面接者との短い面接のみである。不安や不快をどうにかしようとはせずに，そのまま向かい合っていると，ふとこころが不安から離れる瞬間がくる。また，安静により疲労がとれ，対人希求も出てくる。期間は4〜10日間。

2. 軽作業期

安静から，施設内での1人で行う掃除や雑草取りなどの軽い作業に変わる。期間は1〜2週間。不安をそのまま感じながら，目の前の作業に取り組むように努める。

3. 重作業期

作業量，作業の範囲も広くなり，共同作業もある重作業に変わる。

4. 実生活（社会復帰）期

ここまでに身につけたことを，実際の社会生活のなかで試みながら，社会へ戻る準備をしていく。

6.3.4　通信療法

入院や通院時にも日記は使用されているが，**通信療法**はとくに，日記や手紙を通しての治療方法である。日記を書くことで自分との交流が行われ，面接者に見せることで面接者と交流し，日常生活での具体的な様子が面接者に理解されやすいという利点がある。原則は，眠る前に1時間以内の時間で，今日の具

体的な行動と感じたこと，考えたことを 1 ページくらいの量で書く。また，ノートの左側を少し空けておき，面接者がそこにコメントを書き込む（久保田，2005）。

6.4 臨床動作法

6.4.1 臨床動作法の歴史

臨床動作法（clinical dohsa-hou）は，人のこころと身体は分けられるものではなく，こころの緊張，不安，怒りなどのさまざまな感情と，身体の緊張は，「同根・同形」であるという視点から，症状に対応しようとする独創性の高い心理療法である。臨床動作法では，動作は，それぞれ独自のシステムをもつこころと身体が，主体により，相互に関連・調整している現れである（成瀬，2009）と考え，特定の動作を行うことで，心理的な変容を起こそうとする。成瀬悟策（1924-2019）を中心として 1960 年代半ばに開発された。成瀬は，脳性まひの子どもの動かないと思われていた腕が，催眠暗示により挙げられたという出来事に感動し，動作の不思議さに魅了されたと述べている（成瀬，2009）。

脳性まひや脳卒中の後遺症をもった人への，本人の意図したように身体が動かせるようになるための訓練として行われる場合を，動作訓練と呼ぶ。面接者の設定した動作課題を，補助を受けながら行うというかたちは同じであるが，心理療法として，動かすことよりも，動かしているときの感じや体験を重要視し，自身の主体感を強めるように働きかけていく場合を，動作療法と呼ぶ（成瀬，2004）。

6.4.2 臨床動作法の治療機序

成瀬の身体観は「誰でも，自分のからだのどんな関節部位でも，手足などのからだの部分でもが，本来的には生理的な可動領域一杯までは自分で思うように動かせるようにできている」（成瀬，2009，p.7）というものである。幼い子どもの身体は，関節の柔らかさや，動きの自由さをもっている。それが成長とともに，作業に意図的に集中する，気持ちを奮い立たせようとするなどのここ

112　　第6章　日本が発祥の心理療法

ろの動きが起きるようになり，そのときの身体は力が入り緊張がみなぎる状態になる。作業が終わればその緊張は消えるものだが，自然に消えずに残ってしまい，身体の緊張が蓄積してしまう場合がある。この，緊張が居座ってしまった状態が繰り返されると，その人特有の身体の痛みや強張りが生じることとなる。

　臨床動作法では，まずは，肩上げや腕挙げなど身体を動かして，その人の身体に居座ってしまった緊張がどこにあるのかを探す。そして可動範囲で動かそうとしても，どうしても痛みが出てきてしまう部位に対し，特定の動作を行うように援助する。たとえば，ひどい肩こり痛がある場合，ゆっくりと腕挙げを行わせる。動かしていって，痛いところに差し掛かったら，我慢できる範囲で痛くなるところまで動かして，止める。そして，身体の感じに注意を向けて，痛みを感じ，味わうように努める。痛みを受け容れて，その身体を感じようとするのである。すると痛みがゆっくりと変化して，溶けるように消えていく。痛みが消えていく感覚の後，身体がゆるんで落ち着くだけでなく，気持ちも楽になっている。同じ動作により痛みがまったく生じなくなるまで，動作を繰り返す（成瀬，2009）。

　腕挙げは，椅子に腰をおろして，真下に下ろした位置から真正面を通り，真上にまでゆっくりと腕を挙げていく。その際には，肘は伸ばし，腕以外の部位に力が入ったり，余計な動きが生じないように気をつけながら，肩関節のみを回転させるように努める（図6.3）。自分の身体の緊張や動きを感じ，身体の軸がしっかりとなるにつれて，自分への信頼感や「わたし」という感じも，安定したものになっていく。自分で課題遂行の努力をして，身体との付き合い方を身につけていくので，自分への自信が育ち，気持ちの安定，対人関係や社会的活動で積極性が認められるようになる（成瀬，2009）。動作療法では，ある動作の行いにくさや，ある動作を試みると生じる強い不安感のために動作を続けられなくなるのは，こころの葛藤や緊張の現れのためであると考える。そして，主体的にその動作を行おうと努力し続けることが，こころの葛藤や緊張に対する心身両面からの取組みになり，自身の主体感を取り戻す体験となっていくと考える。

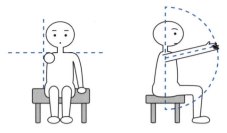

図 6.3 動作療法における腕挙げ

　動作療法の過程は，起承転結の 4 期としてみることが可能である比較的長期の場合と，数回の短期で症状が軽快する場合がある（成瀬，2000）。長期は以下の 4 期に分けられる。

1. **導　　入**：課題の動作を行うことが難しく，動かした感覚を把握することも難しい時期である。援助を受けて動作を試みるなかで，動かすためには身体をゆるめる必要があることが会得されていき，自身の身体と動き，能動的に動かす感覚を実感できるようになっていく。
2. **動作と体験の明確化**：動作課題を行う際にともなう，不必要な緊張をゆるめ，最小限必要な力で課題の動作を行えるように努めていく。その過程で，身体を微細に感じとり，動作課題の体験をしっかり感受できるようになっていく。
3. **受動から能動へ**：援助は受けつつ，本人が自身の身体の小さな緊張や動きづらさを見つけ，それをなくすような動作課題を工夫し行っていくようになる。
4. **終　　結**：身体の緊張，動きの感覚，それにともなう体験を把握することが十分可能になると，身体から発せられる情報に従って，最適の動作を選択できるようになる。

　短期の場合では，ある特定の課題を行ったことをきっかけに，自分の身体からの情報に気がつきやすくなった，身体を動かしている主体は自分であるという明確な主動感が実感をともなって体験されたということから，変容が生じることがある。

6.5 日本発祥の心理療法の独自性

　日本発祥の心理療法は，過去の対人関係を事実そのままにみていく（内観療法），あるがままのこころの状態に従う（森田療法），身体の感覚をどうにかしようとはせずにそのままに受け入れる（臨床動作法）というように，人本来の自然な状態を回復させようとすることを目的としている。ただし，受け身で今の状態を受け取るのではなく，与えられた作業，課題に取り組むという能動的活動を通して，自然に変化が生じてくるように構成されている。原因―結果の因果律による直接的な原因除去の考え方とは異なり，人がいつの間にかそうなるように状況を整えていくことが，日本発祥の心理療法独自の特徴であろう。

コラム6.1　　身体が言ってくれている言葉を聴いてみる

　言葉を使った一般的な心理療法でも，身体に関心を向けて，身体の状態をクライエントとカウンセラーで話し合うことは珍しくない。たとえば，新しい学生生活をはじめた大学生の身体不調が5月の連休頃に出てくることがある。自分は能力が足りないと思いがちな努力家は，"人並み"に行動したり作業したりするために，神経を張り詰めて新しい集団や新たな活動に参加することになる。誰でも，新たなルールや対人関係は，慣れるまで非常に疲れるものだが，その緊張感が腹痛や頭痛になる場合も少なくない。そういうときに，頑張らねばならないのに痛みで集中できない，この痛みさえなければできるのにと悔しく思い，どうしたら消せるのかを考えがちである。

　だが，少し立ち止まってみてほしい。身体は自分が思うままに支配していうことを聞かせられる機械ではない。身体はあなたが健やかに生きていくために，時には厳しい注文を突きつけてくる相棒のようなものである。「無理が続き過ぎて，睡眠が足りな過ぎですよ」「苦手なことに挑戦しようという心意気は大切ですが，少し焦り過ぎて，ペースが速くありませんか」など，必要なことを伝えようとしてくれているのである。あなたの身体があなたに何を言っているのか，耳を傾けてみてほしい。

●練習問題

1. 今までの人生で自分がしてもらったことを，小さい頃から順番に想起していく方法の心理療法は何か。次のなかから選びなさい。
　　①内観療法　　②森田療法　　③臨床動作法

2. 森田療法の「あるがまま」の概念に関連のあるものを，次のなかから選びなさい。
　　①こころの安定のための冷静な判断力
　　②よりよく生きたいという欲望の肯定
　　③不安や葛藤への自己抑制

3. 臨床動作法の考え方について，適切なものを次のなかから選びなさい。
　　①身体をリラックスさせることを目的とする
　　②身体を体操により動かしやすくする
　　③身体とこころへの主体感を強める

●参 考 図 書

岩井　寛（1986）．森田療法　講談社現代新書　講談社

　1986年に発行され読み続けられている本書は，森田療法の中心概念の「あるがまま」について多数の具体例を紹介してわかりやすく考えさせてくれる。

三木善彦（1976）．内観療法入門——日本的自己探求の世界——　創元社

　筆者自身の内観療法との出会い，基本的な概念，事例，創始者の吉本伊信氏との対談と，内観とは何かの理解援助になる内容である。

三木善彦・真栄城輝明・竹元隆洋（編著）（2007）．心理療法プリマーズ内観療法　ミネルヴァ書房

　内観療法について，治療機序から具体的な事例まで，幅広く網羅してある。

成瀬悟策（2000）．動作療法——まったく新しい心理治療の理論と方法——誠信書房

　臨床動作法の理論，実際について書かれている。実際に課題をどのように行っているのかが写真付きで解説されているのでわかりやすい。

7

家族療法，
集団心理療法，
臨床心理的地域援助

　本章では，個別ではなく集団を対象とした介入について概観する。家族や地域への介入では，その対象が 2 人以上の集団である。社会心理学の知見にみられるように，集団のなかの個人は集団の影響を重層的に受けており，生活の場では個人は多様な単位の集団の影響を受けている。そこでクライエントを生活者としてみる際には，集団を社会システムととらえてクライエントを理解するとともに，介入の際にも多職種連携が求められる。

118 第7章 家族療法，集団心理療法，臨床心理的地域援助

7.1 家族療法

7.1.1 家族療法の歴史的背景と特徴

家族療法（family therapy）は，家族を対象にした心理療法の総称であるが，その対象が「家族」という社会システムの一つであることから，地域，社会，文化，時代の影響を受けてダイナミックに変化する。そのため，家族療法が対象とする範囲は幅広く，逆に家族療法の発展の歴史のなかで生まれ，他の対象にも広がっていった理論や技法もあって，全貌を理解することが意外にも難しい。そこで，家族療法がどのように生まれ，発展してきたのかを最初に概観する。

1. 家族療法誕生の背景

吉川と東（2001）は，家族療法が生まれる社会的背景について，統合失調症の家族研究，社会精神医学の発展，抗精神病薬の発見，反精神医学，の4点を挙げている。つまり，統合失調症の病因において遺伝だけでなく環境要因である家族との関わりが研究上注目されたこと，精神医学において患者の権利が認識されるようになり，治療を患者の家族も含んだ生活システムのなかで行おうとする社会精神医学が台頭してきたこと，抗精神病薬が開発されて症状が軽快した精神病圏の患者を対象とした精神療法が求められるようになったこと，そして身体医学同様に異常性に着目してそれを排除，抑制しようとする従来の精神医学へのアンチテーゼとして生じた思想や運動の結果，これまで論じられてこなかった，クライエントの家族が関係者の一人として認識されるようになってきたこと，の4点が1950年代前後の家族療法の発展に影響をしたと考えられている。

このことからわかるように，クライエント個人に原因を求め，介入も個人を対象としたものであった従来の心理療法の考え方から，クライエントの社会的存在を重視した考え方に変化しようとしたときに，最初に注目されたのが，最小の社会システムといわれる「家族」だったといえるだろう。

2. 家族療法の特徴

家族療法の成立過程にみられるように，クライエントの内部に疾患の原因を

7.1 家族療法

求めるのではなく，クライエントを社会的存在として位置づけ，社会からの影響によって病気が成立している部分がある，という認識は，家族療法の根幹となり，以下のような家族療法の特徴を作り出してきた。

第1に，対象をクライエントではなく，IP（Identified Patient）と呼んで，症状や問題を呈している人は，社会との関係のなかで患者と見なされた人であるという意味で用いている点である。このような見方は，家族療法の最終目標が，必ずしもクライエントの人格的変容ではない，ということにも表れている。

第2に，家族の全体性を重視し，家族を社会システムの一つである家族システムととらえて，個人ではなくシステムに介入する点である。

第3に，多様な理論・方法論を内包しているという点である。家族システムは，開放システムであり，家族の定義自体も時代や社会とともにダイナミックに変化していく。そのため家族療法には家族構造に介入するアプローチ，家族機能に介入するアプローチなど多くのアプローチが存在する。家族療法のアプローチのなかには，家族以外のシステム，たとえば企業などの組織や学校コミュニティなどでも適用されたり，再度個人心理療法に取り入れられて，ブリーフ・セラピー（brief-therapy）として活用されるようになったりしているものもある。

7.1.2 家族療法の理論と介入技法

1. 家族への標準的な介入技法

個人療法に三大療法があるように，家族療法も複数の代表的な理論モデルがある。いずれも 1960 年代に開発，発展してきたものであるが，すべての家族療法に共通して用いられる技法としてジョイニング，多方向への肩入れ，リフレーミング，を紹介する。

（1）ジョイニング

カウンセラーが家族システムのなかに取り入れられなければ，システムに介入することはできない。カウンセラーが家族システムに溶け込むことをジョイニング（joining）といい，とくに面接の初期においてジョイニングは不可欠である。カウンセラーは，その家族システムのルールや慣習をまず理解し，その

第7章　家族療法，集団心理療法，臨床心理的地域援助

やり方にならって振る舞うようにする。たとえば間の取り方，声のトーンやテンポ，用いられる口調や言葉，しぐさなどを，その家族がもつものに合わせ，実際にまねながら振る舞う。こうしてカウンセラーが家族に合わせていくことによって，カウンセラーは家族システムにサブメンバーのように迎え入れられ，一定の信頼を得るようになる。

(2) 多方向への肩入れ

　家族療法は，家族のなかの個人ではなくシステムに介入するため，特定の個人だけにアプローチすることはしない。家族それぞれのメンバーの考え方や振る舞い方について公平に理解するように努め，たとえば父親には父親なりの，子どもには子どもなりの感じ方や理解の仕方があるということを認め，尊重する。面接の場において，家族メンバーの話を聴く際には，話を聴く時間が同程度になるように配慮し，誰か特定の家族メンバーの肩をもつことはしない。カウンセラーがそれぞれの家族メンバーの立場を尊重して，どのメンバーにも平等に共感的に理解しようと努め，関わることを，**多方向への肩入れ**と呼んでいる。

　家族療法の場面では，親子や夫婦などの間で，一方が他方を非難するようなコミュニケーションが起きることもある。このような場面では，それぞれの見方や感じ方を理解しようと努め，そのように思うこと自体は責められるものではないということを伝える。たとえば子どもが口うるさい母親を責めるような場面では，子どもに「今やろうとしているときに，人から何か言ってこられたら，うるさく思うものだね」と理解を示す一方で，今度はそれを受け止める母親からも話を聴き，「仕事から帰宅するといつも部屋が散らかっていて，ゲームをしているお子さんを見ると，どうしてもひとこと言いたくなるものですね」とそれも確かにそうだろうと理解しながら話を聴く。さらにそれを聞いていた父親にも「お父様はそんなとき，どうされているんですか」「今のやりとりをお聞きになっていて，お父様はいかがですか」のように，平等に配慮しながらそれぞれの語りの時間にあまり不公平がないようにする。多方向への肩入れも，ジョイニング同様，家族からの信頼を得るために不可欠である。

(3) リフレーミング

7.1 家族療法

　私たちは状況に何らかの枠組みや文脈をあてて理解している。つまりロジャーズ（Rogers, C. R.）では内的照合枠（準拠枠），精神分析では心的現実，といわれる認知の枠組みがある。家族がもっているこの枠組みに変化を起こすために，システムにジョイニングしたカウンセラーが，家族との会話のなかで，家族の枠組みとは異なる枠組みによって状況を説明することをリフレーミング（reframing）という。

　表7.1 に示したリフレーミングの7つの具体的技法（帰属はがし，スケーリ

表7.1　リフレーミングの具体的技法

---

1. **帰属はがし：原因や理由の帰属を言い換える。**
　家族「夫は子どもに対して厳しすぎます。」
　カウンセラー「嫌われても，子どもさんをきちんとしつけようとされたのですね。」
2. **スケーリング：あいまいなものを数値や順序で表す。**
　家族「妻のことはまったく理解できません。」
　カウンセラー「まったく，というのは0%ですか。それとも10%くらいですか。」
3. **問題の外在化：問題の原因を，対象の中から外にあるように言い換える。**
　家族「子どもが不登校になって，家族もみんな悩んでいます。」
　カウンセラー「子どもさんも，不登校というやっかいなヤツに取りつかれてしまって，困っているのでしょうね。」
4. **二元化：もともと1つのものを2つに分け，責任を一方だけに求め，他方の責任を軽減する。**
　家族「私は本当にダメな母親です。」
　カウンセラー「あなたがダメなのではなく，あなたの新米ママの部分が今は成長の途中ということかもしれませんね。」
5. **ノーマライズ：異常ととらえられているものを，普通の範囲の量的な問題と言い換える。**
　家族「息子の，私への攻撃の仕方は異常です。」
　カウンセラー「息子さんも反抗が少し度が過ぎてしまっているのかもしれません。」
6. **発達段階によるリフレイム**
　家族「娘が部屋に閉じこもってしまって，声をかけても返事をしないんです。」
　カウンセラー「娘さんも，自立に向けた準備の時期に入って，自分探しをしているのでしょうね。」
7. **上位世代への原因帰属**
　家族「相手に嫌われるのが怖くて，言いたいことが言えないんです。」
　カウンセラー「あなたのお母さんはそうでしたね。あなたはもう少し言えるようになるかもしれません。」

---

122 第7章 家族療法，集団心理療法，臨床心理的地域援助

ング，問題の外在化，二元化，ノーマライズ，発達段階によるリフレイム，上位世代への原因帰属）を用いるためには，十分にジョイニングができていることが必要であり，ジョイニングが不十分なうちに使うと，家族はむしろカウンセラーが無理解で自分の考えを押しつけてくるように感じられることもあり，注意が必要である。

2. さまざまな家族療法の理論

(1) 家族システム論

　数ある家族療法の理論や学派の基盤には，この**家族システム論**（family systems theory）がある。家族システム論の初期には，クライエント個人ではなく家族システムが問題を抱えていると考えられ，家族の問題性を明らかにしようとする考え方から出発した。ベイトソン（Bateson, G.；1904-1980）の**ダブルバインド**（double bind）の概念は，その代表的なものである。家族がクライエントに相反する2つのメッセージを同時に送るようなコミュニケーションをとることによってクライエントは，どちらのメッセージを信用することもできなくなり心理的な拘束状態となる。これをダブルバインドと呼び，このような家族内のコミュニケーションが，クライエントの問題を生じさせている，と考えられたのである。家族システム論は，1980年代にいたってむしろ家族の回復力や自己組織化が重視されるように変化してきた。近年では，カオス理論や複雑系などの考え方が取り入れられ，個人は，単独で自己修復していくシステムではなく，環境の変化に応じて新たに自分を作り直していく自己組織的人間システムととらえられている。

　家族療法が世界各地でほぼ同時に起こりはじめた1950年代当時，家族システムという考え方は，それまでの精神分析に基づいた人間理解とは異なっていた。精神分析では，問題の原因を過去に求めるのに対して，「今，ここ」の家族を対象にし，個人ではなく集団とそのなかの関係性に介入するのが家族療法である。その意味で，家族を家族システムとしてとらえるという家族システム論は，家族療法の基礎となっているといえる。

(2) 戦略派

　家族療法のメッカといわれるアメリカの MRI（Mental Research Institute）

では，家族のなかでの問題は，家族メンバーの間の負のフィードバック連鎖が繰り返されて生じているものと考え，その悪循環を停止させるための技法が開発されてきた。この学派は**戦略派**と呼ばれ，その前提には，家族システムのみならず生命システムをはじめあらゆるシステムの一般性を追究する一般システム理論，サイバネティクスなどがあり，そこで用いられるフィードバックやホメオスタシス（生体恒常性）の概念が用いられることが特徴である。

たとえば，夫婦の間で力関係に不均衡がある場合に，その不均衡を解消するように子どもがどちらかの味方となることで，均衡を保っている場合がある。子どもに現れた症状や問題は，子ども自身の問題ととらえるよりも，家族のなかでの均衡をとるためにホメオスタシスが働いた結果ととらえられるのである。

(3) 多世代派

家族システム論が，家族に生じている現在の問題は過去ではなく，現在の家族システムによって規定されていると考えるのに対して，**多世代派**家族療法では家族の歴史と現在の問題との関係に着目した。

ボーエン（Bowen, M.；1913-1990）は，個人が原家族（自分が出生した家族）から自己が分化しているか，また個人のなかでも理性的機能と情緒的機能が分化しているか，という**自己分化**の概念を用いて，家族のなかで生じる問題を説明し，多世代派の中心人物となっている。自己分化の程度が低いと，親世代から子世代に影響が強く引き継がれてしまい，時代やその時々の環境にそぐわない家族システムとなり，問題が生じてくる。そこで，多世代派家族療法では，個人の自己分化の程度を高めるために，個人の自立と個別化を促進することが目標になる。

(4) 構造派

構造派家族療法では，家族システムのなかにある，より小さなサブシステムが，ある程度明確な境界をもっていることが重視され，家族がよりうまく機能するために，不明瞭になってしまった境界を明確にしたり，システムの外のメンバーの関与を許さないほどの強固な境界を，柔軟ながら明確な境界に変化させる。たとえば家族のなかで，メンバーが相互に共鳴しやすく，他者からの介入や影響を受け容れにくい家族は，纏綿家族と呼ばれ，カウンセラーが介入し

てシステムに変化がもたらされそうになると，メンバーがもとに戻そうとする。これに対して，メンバー相互にほとんど影響力をもたない家族は遊離家族と呼ばれる。遊離家族では，家族のなかの一人が治療的変化を起こしても，その影響を他の家族メンバーはほとんど受けることはない。

(5) ナラティヴ学派

構成主義の考え方に基づけば，私たちの経験していることは，絶対的で客観的な現実の経験ではなく，社会によって構成され意味づけられた心理的なものであり，それが物語として説明されたときに経験となる。このように考えると，家族の問題や悩みも，客観的事実というよりも，問題や悩みとして社会的に語られたものだと理解される。そこで，家族がそれまで用いてきた，問題や悩みを引き起こすような物語（ドミナント・ストーリー）を，新たな別の物語（オータナティブ・ストーリー）に更新していくことが，家族療法の目的になる。実際の面接場面では，クライエントの語りは問題の結果ではなく，むしろそこで語ることによって，新しいストーリーが生み出されると考える。この語りをナラティヴ（narrative）と呼び，ナラティヴによって新しく生み出されたストーリーによって，家族を再生させていこうとする。

このようなストーリーの変更は，家族療法を行うカウンセラー自身にも向けられ，自分たちを「客観的に問題を見ることができ，問題の状況をコントロールしうる専門家」と位置づけてきたストーリー自体を変更することの重要性から，「無知の姿勢」（Anderson, H., & Goolishian, H. A., 1988），「リフレクティング・チーム」（Andersen, T., 1987）などの概念を提唱している。

(6) 解決志向アプローチ

解決志向アプローチは，ブリーフ・セラピーの一つと位置づけられ，白木（2014）はその基本的な姿勢を「（問題ではなく）解決に，（弱さではなく）クライエントの強さ（リソース）に，（過去よりも）未来・将来に，焦点を合わせること」と説明している。つまり，問題に向き合う際に，必ずしも過去を取り上げる必要はなく，クライエントの病理性よりも強さに着目してその解決に焦点を合わせることを強調したアプローチといえる。

解決志向アプローチでは，中心哲学として以下の3つを挙げている。

7.1 家族療法

- 壊れていないなら，直そうとしないこと。
- うまくいくことがわかったら，もっとそれをすること。
- うまくいかないなら，繰り返そうとしないで，何か違ったことをすること。

　この哲学に基づいて行われる面接では，ソリューション・トーク（**表7.2**）による会話を用い，小さな解決を積み重ねて大きな解決につなげていく。つまり，問題に焦点化せず，解決に向けた語りを引き出すことによって，クライエントの行動が変化していくことを期待するのである。ソリューション・トークのなかで用いられる質問には**表7.3**のようなものがある。

表7.2　ソリューション・トーク

1. **これから起こる解決についてのトーク**
   - 現実にはないが，「こうなったらよい」と望むような状態。
   - 問題が解決した後の状態として，想像され，期待される状態。
   - 近い将来，きっとこうなっているだろうと想像される生活状況。
2. **すでにある解決についてのトーク**
   - すでに経験した小さな成功や好ましい状況。
   - 問題が起きなかったときや軽微だった状況。うまく対処できた，なんとか切り抜けられた経験。
   - 問題とは関係ない領域で，それなりにできていること。彼らにとっての普通の生活，当たり前の活動。

表7.3　ソリューション・トークで用いられる質問

1. **例外さがし**
   「うまくいかないなかでも，うまくいったことはありませんか？」
   「ほんの小さなことでもよいのですが，これからも続いてほしいようなこととしてどんなことがありましたか？」
2. **ミラクル・クエスチョン**
   「仮に奇跡が起きて，あっという間に問題が解決してしまったら，あなたの生活はどうなりますか。」
3. **スケーリング・クエスチョン**（**表7.1**参照）
4. **コーピング・クエスチョン**
   「苦しいなかで，どうやってここまで切り抜けられてきたのでしょう。その力はどのようにして，どこからわいてきたのですか。」

126　第7章　家族療法，集団心理療法，臨床心理的地域援助

7.2 集団心理療法

7.2.1 集団のとらえ方と集団力動

1. 個人と集団

人は，一人でいるときと集団でいるときとでは行動が異なることがあることが多くの研究で示されている。心理療法も同様に，個人を対象とした心理療法と集団を対象とした心理療法では，そこで生じる個人の内的経験，クライエント間の人間関係，カウンセラーとの関係が大きく異なっている。集団だからこそ生じる体験を重視した心理療法は**集団心理療法**（group psychotherapy）と呼ばれる。集団心理療法やその背景となる集団力動に関する知見は，精神科デイケアや精神科入院患者のグループ活動の場ではもちろんのこと，クライエントの家族を対象にした家族心理教育や家族会，またパーソナリティ障害をもつクライエントに対する他の職種との連携やカンファレンスの場でも役立つ。

2. 集団力学と集団力動論

英語の group dynamics は，日本語では集団力学と集団力動という2つの意味をもっており，それぞれ異なったものを指している。

集団力学とは，レヴィン（Levin, K.；1890–1947）が用いた用語であり，集団の心理学的研究分野を指す。一方，集団力動は，精神分析の影響を受けた集団理解を指すことが多い。

集団力学は社会心理学との結びつきが強く，その知見の多くは主に産業組織領域などで活用されている。ここでは，集団の基本特性として，成立条件，システムとしての集団理解，発達過程，凝集性と集団規範，リーダーシップなどが集団を考えるうえでの要素とされている。一方の**集団力動**は，精神分析を源流とした力動的な集団理解を通して，集団に治療的に介入する場合に活用される。集団心理療法には対象や介入方法の違いによってさまざまなものがあるが，どの集団心理療法においても，集団力学や集団力動に基づいた理解が複合して用いられている。加えて，集団内メンバーの相互作用を促進するためのファシリテーションの技術や，メンバーを受け止める器としての集団を機能させるためのグループの構造の理解が必要になる。

3. 集団心理療法の基本的視点

(1) 集団を3つの側面からとらえること

集団心理療法では，全体としての集団，集団成員間の相互作用，個々の成員の心的力動，という3つの側面から集団をみることが求められる。言い換えると，集団を集団力学的にみる視点，相互コミュニケーションからみる視点，個人の経験をみる視点，の3つの視点を必要としている。

たとえば，集団成員の間でやや緊張した対立場面が生じた場合，カウンセラーも含んだ集団全体が緊張して影響を受け，その後の集団の展開にも影響を与えるだろう。次に，対立した当事者同士はもちろん，その場に居合わせた他のメンバーもそれぞれ影響を受け，コミュニケーションが変化することが考えられる。さらには，メンバーそれぞれがもつ認知的枠組みや文脈，病理性を背景にして，メンバーの個人的経験も影響を受ける。

(2) 集団を活用すること

個人の心理療法と異なり，集団心理療法では「集団」という特性を十分に活用し，またそのメリット・デメリットをよく認識する必要がある。集団心理療法による効果をヤーロム（1975）は**表 7.4** のようにまとめている。また，トーズランドとライバス（1998）は，治療を目的とした集団の機能を，支持・教育・成長・治療・社会化の5つにまとめている。このような集団ゆえの特性を最大限に引き出すためには，集団心理療法の目的を明確にして，参加基準を決めて受け入れを準備し，そして集団の発達理論をふまえて発達を促していく（**表7.5**）。つまり，個人心理療法同様に，集団心理療法の構造化が必要である。

表7.4　集団心理療法の何が治療的に働いているのか（Yalom, 1975 をもとに作成）

1. 希望の入手（他のクライエントが良くなるのをみて，自分も，という希望をもつ。）
2. 一般化（自分1人が悩んでいるのではない。）
3. 情 報 交 換
4. 利他主義（他のクライエントを助けて，自分が人の役に立つ。）
5. 家族内での経験の修正的なやり直し
6. 社会的スキルの発達
7. 他者の行動の模倣
8. 対人関係の学習
9. 集団凝集性
10. カタルシス（語ることによって重荷を下ろす。）

128　第7章　家族療法，集団心理療法，臨床心理的地域援助

表7.5　集団の発達（Toseland & Rivas, 1998をもとに作成）

発達段階	始まり	中　間	終わり
Bales（1950）	オリエンテーション	評価	意思決定
Tuckman（1963）	形成	混乱 規範形成 展開	
Northen（1969）	計画立案とオリエンテーション	探索と試行 問題解決	終結
Hartford（1971）	準備期立案 召集 グループ形成	混乱と葛藤 グループ形成と維持	終結準備 終結
Klein（1972）	オリエンテーション 抵抗	交渉 親密性	終結
Trecker（1972）	開始 グループ感情の芽生え	絆，目的，凝集の発達 強いグループ感情 グループ感情の衰退	終わり
Sarri & Galinsky（1985）	開始局面 形成の局面	中間期第1局面 改善局面 中間期第2局面 成熟局面	終結
Garland, Jones, & Kolodny（1976）	所属前 権力と統制	親密性 差異	分離
Henry（1992）	加入 召集	葛藤 維持	終結

7.2.2　集団心理療法の実際

　集団心理療法は，入院患者の集団を対象としたグループワーク，精神科デイケアから，地域住民の自助グループまでさまざまな構造で行われる。しかし同じ精神科デイケアでも，以下に示すような精神分析的集団心理療法として実施することもあれば，心理教育グループとして実施することもある。

1．精神分析的集団心理療法

　集団のなかで生じるメンバー相互の集団力動への介入を通して，参加者の人格的変化や行動変容を図る集団心理療法は，精神分析的集団心理療法あるいは力動的集団心理療法と呼ばれる。

　目的は，人格の再統合を目指す場合もあれば，クライエントがテーマとして

いる葛藤以外の，より正常に機能している自我を強化することに限定する場合もある。前者では，比較的長期に行われ，グループの発言も自由連想を基本としたうえで，「今，ここで」の集団内での関係性を扱いながら転移や抵抗の理解を進めていく。後者では，無意識や葛藤の解釈は積極的に行われず，集団の支持機能が重視される。

　個人を対象とした精神分析的心理療法と基本的には同様のプロセスが，集団を場として展開される。しかし集団ゆえに配慮が必要なこともある。たとえば契約段階の初期には，メンバー間のコミュニケーションを促進して，無意識を扱うことよりも発言の保障を行うことに配慮することがスタッフに求められる。集団が構造化・分化を繰り返す次の段階では，複数の参加者の力動が影響し合った結果が集団内人間関係に現れることから，個々のメンバーの反応に対して評価せず，発言を保障し守ることがきわめて重要になる。続いて集団内で起こっていることに対する理解が進み，大きな動揺なくそれを受容できるようになる。この受容できるようになるまでの段階では，先に示したように，集団全体，参加者間，個人内の，それぞれの力動を複眼視的に理解して，集団を守りながら理解を促す役割をスタッフが果たす。また，集団の終結時には，個人療法よりも時には強い喪失が経験されることがあり，喪失に対する処理を丁寧に行う必要がある。

2. 心理教育グループ

　心理教育は，統合失調症や自閉症，嗜癖，摂食障害，うつ病，認知症などの疾病や行動を理解するための教育的な目的をもったグループ活動である。当事者グループもあれば，親グループもある。また，入院患者に行われることもあれば，外来患者，地域住民などを対象とすることもあり，さまざまな構造で行われる。ただ，心理教育を目的としたグループはクローズド・グループで決められた回数の複数セッションを1クールとして構造化されていることが多い。決まったメンバーで構成されるクローズド・グループにすることによって，参加メンバー間の親密性が高まることや自己開示が促されるなどの特徴をもつ。

　多くのセッションは講義とディスカッションからなり，前半に主に疾患についての講義を受け，それをテーマにしたディスカッションを後半に行う。つま

130 第7章 家族療法，集団心理療法，臨床心理的地域援助

り，前半では正確な情報を得ることを，後半には同じ経験をする参加者同士の支持や情報交換などのセルフヘルプグループとしての集団活動を目的としている。

3. サイコドラマ

サイコドラマ（psychodrama）は，即興劇を用いた集団心理療法であり，創始者のモレノ（Moreno, J. L.；1892-1974）は国際集団精神療法学会の創設者でもある。

サイコドラマでは，舞台という構造のなかで，クライエントが自発性や想像性を発揮して，自分らしい役割を，ロールプレイング（第13章参照）を通して見つけ出していくことを支援する。カウンセラーは舞台をつくる監督，他の参加者は，演者となるクライエントの補助自我となり，クライエントが自分の世界をつくることに協力する。補助自我とは，主役が舞台で自分を表現できるように助け，主役の自我の一部を補っていく。

主役体験は，クライエントにとっては，多くの人々に自分が受容される経験となり，自分が自分の人生の主役であることを再認識するとともに，それを周囲が支えてくれる肯定的な社会的経験となる。また，言語，非言語のカタルシスが可能である。構造化された舞台で役割を演じ，時に役割交換することによって，自分や人間世界を少し離れた視点からみることもできる。さらにグループの率直なコミュニケーションは集団の親密性を高め，自分が補助自我として他者の役に立つ経験をすることも，クライエントの社会性を高める。このように多くの利点がある一方で，急速な自己開示が起きやすいために，監督が舞台の枠組みをしっかり守ることが重要である。

7.3 臨床心理的地域援助

7.3.1 臨床心理的地域援助の視点

臨床心理実践において，心理アセスメント，心理療法と並んで，地域援助は3つの実践の柱の一つである。このことは，心理アセスメントに基づいて，個人内で生じる心理過程への介入とともに，そのさらに背景にあるマクロレベル

の地域社会に対して介入することが，臨床心理実践に求められていることを示している。高畠（2011）は，地域援助における心理職の役割を，変革の促進者，コンサルタント，評価者，システム・オーガナイザー，参加的概念構成者，と整理している。山本（2001）によれば臨床心理学的地域援助とは，地域社会で生活を営んでいる人々のこころの問題の発生予防，こころの支援，社会的能力の向上，その人々が生活している心理的・社会的環境の整備，こころに関する情報の提供などを行う臨床心理学的行為を指している。この定義にみられるように，舞台を地域社会に求める心理学という意味で，**コミュニティアプローチ**，あるいはコミュニティ心理学として体系化が試みられてきた。

　従来の臨床心理学が個人の主観的幸福感（p.2 参照）を重視してきたのに対して，コミュニティ心理学では，生活者の視点と生態学の視点をもつことが重視されている。つまり，生じている課題や問題は，クライエント内部だけで完結して生じているものではなく，クライエントをとりまく，よりマクロな社会システム（生活）のなかで起きており，人とそのシステムとの適合が目指されるときには，介入は個人だけではなく，その生活全体，コミュニティにも及ぶ。コミュニティへの介入には，人々のエンパワメント（クライエントが自分で課題解決していくためのスキル，能力を身につけること）を目指して，ソーシャルサポートを構築したり，予防的観点から地域づくりを行う活動も含まれている。

7.3.2 臨床心理的地域援助の理論

1. 予　防

　予防（prevention）という概念は，主に予防医学や公衆衛生の領域で発達してきた。キャプラン（1964）は，精神医学における予防について，一次予防（地域社会のすべての精神障害の発生を減らす），二次予防（残った精神障害の罹患期間を短縮する），三次予防（精神障害から生じる障害を軽減する），と整理し，予防計画を立ててそれを実行しようとした。予防のためには，人を生物―心理―社会モデルで理解したうえで，生物学的，心理的，社会的なニーズを満たす必要がある。そのための取組みには，発生の危険要因を取り除くものと

保護要因を強化するものがあり，とくに後者では，各種の心理教育やSST（ソーシャルスキルズ・トレーニング）などのプログラムが含まれる。

近年では，予防活動の介入対象に基づいて，普遍的予防（全集団に対するもの），選択的予防（リスク集団に対するもの），指示的予防（対象集団に対するもの）で理解されることも増えている。

2. 危 機 介 入

地域をシステムとしてみると，そこで生じる何らかの課題や問題は，システムの危機ととらえることができ，課題や問題を同定して除去するという医学モデルによる介入によらず，これらの課題や問題が生じているシステムに働きかけて，課題や問題が生じないようなシステムに変化することを目的とした**危機介入**（crisis intervention）が目指される。多くの危機理論が提唱されており，ストレス認知理論や悲嘆過程，対象喪失などの理論モデルが複合したものが多い。しかし危機への介入を想定する場合には，およそ数週間のうちに一定の解決をみる必要があることから，ブリーフ・セラピー，とくに解決志向アプローチの視点は有効である。

3. コンサルテーション

たとえば医療や福祉の関連領域において，患者やクライエント，およびその家族の心理的理解が難しく，他の専門職である医師や看護師，ソーシャルワーカー，ケアマネジャーから，心理職としての助言を求められることは，地域援助においては頻繁に生じる。このように事例に関連して，他の専門職に対して，自分の専門職としての視点からの助言を行うことを**コンサルテーション**（consultation）という。コンサルテーションのプロセスには，最初にコンサルテーションが必要とされた状況の理解やキーパーソンを把握する出会いの時期がある。次に目的や頻度，方法，料金などの構造を契約する。そのうえで，アセスメント，問題の同定と目標設定，対処戦略の選定が続く。とくに介入前の対処方略の選定では，コンサルティ自身が戦略を慎重に選ぶプロセスをコンサルタントが支えることが重要になる。介入時は介入状況全体とコンサルティをよく把握し，成果を評価して終結する，という手順で進める。

4. 地 域 連 携

7.3　臨床心理的地域援助

　地域での活動は，心理職が単独で行うことはないといってもよく，多くの専門家，地域住民，当事者，関係，地縁団体，行政などと連携する**地域連携**が重要である。地域（社会的）連携において臨床心理士に期待される専門的活動を，藤川は**表7.6**のようにまとめている。

表7.6　社会的連携において臨床心理士に期待される専門的活動
（藤川，2009）

1. **利用者―スタッフ間のコミュニケーションの支援**
   コミュニケーションの技能を活かし，利用者と他職種のスタッフとの間のコミュニケーションが効果的に行われるように支援する。
2. **スタッフのメンタルヘルス・ケア**
   バーンアウトの予防や対応の技能によって，スタッフのメンタルヘルス・ケアに貢献する。
3. **チームワークの推進役**
   事例や組織のマネジメントに関して，心理学的見地から意見を提示する。
4. **他の専門職への心理学的知識・技能の教育**
   他の専門職が臨床現場で体験する問題に関して，心理学的な視点からその問題を理解し，対応するための知識や技術を提供する。
5. **利用者のニーズ調査，サービスの評価**
   心理学研究法を用いて，利用者のニーズ調査やサービスの評価をする。

7.3.3　地域援助の実際

1.　学校・教育領域

　2004年（平成16年）「地方教育行政の組織及び運営に関する法律」が制定され，このなかで，学校が地域とともに学校づくりを進めることが定められた。とくに地域に根差した公立小学校や中学校では，学校を地域に開かれた，地域システムのなかの学校として機能させることが求められている。また諸外国と比べて，学校教員の役割が大きく，逆に教員以外の専門職が学校においてほとんど関わらない日本の学校の課題は大きく，教員の業務負担につながっているとの指摘もある。そのため「チーム学校」として教員以外の多くの関係者が連携して学校運営にあることが必要とされている。

　1995年（平成7年）から活用がはじまったスクールカウンセラーはもちろん，2008年（平成20年）からはスクールソーシャルワーカーの配置もはじまり，学校における心理援助は地域のなかで他の専門職と協働して行われる地域

援助の一つとなっている。

児童・生徒，およびその保護者の個別相談はもちろんだが，家庭での虐待，発達障害児への教育上の配慮，時には学校教員の精神衛生まで相談内容は幅広い。そして相談という枠組みにとどまらず，PTAや学校ボランティア，民生委員，地域の警察や病院などの団体からは，子どもたちの心理的理解を図るための講義や，ワークショップのファシリテーターなどの依頼などもあり，援助の形態は多岐にわたる。また，学校のなかではチームの一員として職員会議，各種行事への参加を通して，個別事例に加えて学校集団の集団力動全体を把握することが必要である。

2. 産 業 領 域

国民の相当数が産業領域で生産活動に従事している。その数は医療や福祉で働く人口とは比較にならないほど多い。そのため，異常性の解消を目的とした従来の臨床心理学では産業領域で働く国民への心理援助は不十分であった。しかし最近では，社会に貢献する臨床心理学を目指すうえでは，産業領域は，臨床心理的地域援助の対象として今後に期待される領域となった。産業領域における援助は，メンタルヘルス不調者の支援，組織開発，人材育成と人事評価，などにおいて心理援助が可能である。

2015年（平成27年）12月より，事業者は従業員のメンタルヘルスチェックを行うことが義務化された。このストレスチェック制度は労働者の多くがメンタルヘルス不調を抱えている実情をふまえて改正労働安全衛生法によって平成26年6月に定められた制度である。個々のストレスチェックの結果は職場を通さず本人にのみ通知される。労働者は自身のメンタルヘルスを客観的に知ることができ，職場は従業員全体の結果を労働環境の改善などに役立てることが期待されている。

このような制度変更にともない，メンタルヘルス不調者への援助ニーズは一層高まることが予想されるほか，職場環境の改善に向けた組織開発への取組みやメンタルヘルスに関する管理者教育も重要な課題となるであろう。

一方，人材育成の観点からは，組織内リーダーシップ，部下の教育指導と評価，チームワークの醸成などについて，集団力学的知見に基づいたコンサルテ

7.3 臨床心理的地域援助 135

ーションが求められる。企業内研修の企画実施に携わることもあり，集団力学的知見に加えて成人教育に関する学習理論や評価理論についての知識が不可欠である。

3. 福 祉 領 域

　医療，教育とならんで，福祉領域で働いている心理職は多い。しかし，心理学に関わる国家資格がなかった従来は，行政法のなかで取扱いを規定すること自体が難しく，身分の保障をはじめ心理職の役割や位置づけも不十分で，個々の心理職がその職場での役割を模索しながら，心理援助を行ってきたのが，福祉領域である。

　福祉領域において，心理援助のニーズはきわめて高い。児童や障害者，高齢者など社会的弱者となりやすい立場にある人々は，従来は保護されると同時に権利を制限されてきたが，近年，基本的人権の保障があらためて見直され，住み慣れた環境のなかで暮らし続けていくことが目指されている。そしてそのためにも，保護以上に自立に向けた援助が求められている。たとえば従来，病院のなかで生活してきた精神障害者が，地域のなかで生活していけるように援助するためには，病気の症状を抑えたりすること以上に，地域で円滑に近所の人と付き合うことができるソーシャル・スキルを身につけ，仕事や役割を見出して充実感を感じられるようにすることが必要になる。何よりも，「地域で，自分で自立的に暮らしていく」という前向きな動機づけを障害者自身が維持して，自らも努力を続けられるような心理援助が，すべての援助の下支えになる。問題行動が起きないようにと，意欲さえ投薬で制御して医療機関や福祉施設に収容してきた医療や福祉の過去を反省し，精神障害，発達障害，高齢者などの福祉領域全体が，地域における自立援助を模索している。

　こうした福祉領域における援助のパラダイムシフトは，心理職に求められるニーズも変えている。つまり不適応の問題や原因を同定してそれを取り除くことではなく，クライエントがもつ適応的な能力や技術を開発する役割が心理職に期待されているのである。その際に必要となるのは，異常性への着目ではなく，人が本来もつ能力の開発であろう。そのように考えると，人の心理機能の一般性を追究してきた心理学のすべての知見を援助に生かすことができる。意

136 第7章　家族療法，集団心理療法，臨床心理的地域援助

欲がわかないことの異常性ではなく，障害の有無に関わらず人が意欲がわくためにはどのような関わりが求められるのか，そのような情報や援助の提供が福祉領域の心理職には求められている。

7.4　集団と地域への心理援助の展望

　本章では，家族や地域といった社会システムへの心理臨床実践を取り上げた。この領域は，従来の心理臨床実践や理論化においては，けっして中心的なものであったとはいえない。しかし心理学の成り立ちにおいて，実験室実験から生態学的妥当性が問われるような流れがあったことと同様に，臨床心理学においても面接室から社会への流れが確実に起きている。とくに，公認心理師法が成立した今，心理学の臨床実践は，否応なく社会からの評価を受ける立場になる。その意味でも，集団や地域への援助は従来以上に重要性が高まることとなろう。

　この領域の実践で求められる，関係機関や関係者との連携を，意外にも心理職があまり得意としていないことが多い。連携は，それぞれの関係者がもつ価値や文脈をすり合わせるプロセスでもあり，とくに専門職同士の連携は，同じ行為や概念を異なる専門用語で説明していることも多いため，丁寧なコミュニケーションを重ねる努力が不可欠である。最初は互いにわかり合うことが難しく，不毛な専門性争いが生じてしまうことも少なくない。しかし他の専門職との専門性争いの背景には，自分自身の専門性への不安，つまり他の専門職から自分の専門性を脅かされると感じて不安が生じていることも多い。したがって近接する専門職との連携や協働を目指すうえでは，心理職というアイデンティティが揺らがない程度の，自分自身の専門性への信頼が必要になるだろう。

●練習問題

1. 家族療法ではクライエントを何と呼ぶか。次のなかから1つ選び，その理由や背景を説明しなさい。
    ① AP ② Cl ③ IP ④ Pt

2. 家族療法家のボーエンともっとも関連の深い用語は次のうちどれか。
    ①サイバネティクス ②自己分化 ③ドミナント・ストーリー

3. 治療を目的とした集団の機能を5つ示しなさい。

4. 心理職が福祉職や教育職に対して，心理学の見地から意見を述べることを，
    (   ) という。カッコにあてはまる言葉を次のなかから1つ選びなさい。
    ①コンサルテーション ②カウンセリング ③スーパーヴィジョン

●参 考 図 書

東　豊（編）（2014）．家族療法とブリーフセラピー　こころの科学　176 号　日本評論社

　この領域に詳しくない読者でもわかりやすく，さまざまなトピックスから家族療法とブリーフセラピーを紹介している。考え方から活用の場まで概要を知るための良書。

亀口憲治（編著）（2006）．心理療法プリマーズ　家族療法　ミネルヴァ書房

　家族療法について解説編と事例編に分かれて解説されており，理論から実際の家族療法の様子までがわかる。

トーズランド，R. W.・ライバス，R. F.　野村豊子（監訳）福島喜代子・岩崎浩三・田中　尚・鈴木孝子・福田俊子（訳）（2003）．グループワーク入門——あらゆる場で役にたつアイデアと活用法——　中央法規出版

　グループを治療グループと課題グループに分けて，それぞれのグループの特徴を整理して，実際のグループ・ワークを行うためにワーカーが気をつけるべきことなども詳細に記載されており，実践に役立つ。

黒木保博・横山　穰・水野良也・岩間伸之（2001）．グループワークの専門技術——対人援助のための 77 の方法——　中央法規出版

　グループワークの実践のために書かれており，グループワークの展開に添って，実際の展開例を豊富に紹介しながら，進め方を説明している。

高畠克子（2011）．コミュニティ・アプローチ　東京大学出版会

　臨床心理学とコミュニティ心理学の接点にふれたうえで，理論から実践までを詳細に紹介している。

8

臨床心理学を
とりまく概念

　近年，臨床心理学の取り扱う範囲は広くなってきている。それは，それだけ臨床心理学に対する社会の要請が大きくなってきているということであろう。たとえば，朝日新聞の朝刊（2015年（平成27年）7月4日）に文部科学省がすべての小中学校へのスクールカウンセラーの配置を制度化することをめざしていることが報じられていた。その一方でいじめによる子どもの自殺は後を絶たない。いじめによる自殺が生じた場合，その問題を扱う第三者委員会が立ち上げられることがある。その委員の一人には臨床心理学の専門家が入ることができるようになっており，臨床心理学の専門家が委員の委嘱も受けるようになってきている。スクールカウンセラーとして現場に立ち会うばかりでなく，自殺の事後の難しい問題にも対応していかなければならなくなってきているのである。時代の流れとともに多様な課題に沿った，臨床心理学の姿がここにある。

　とはいえ，臨床心理学の基本的なところは，大きく異ならないといえよう。本章では，その辺りのテーマをエピソードを混じえながら，取り上げることとする。

8.1 臨床心理学をとりまく概念

8.1.1 適応と不適応

適応（adaptation）と不適応（maladaptation）は，日常的な用語なので，どのような状態をなすのか比較的わかりやすい。心理学では，基本的には，人間のすべての機能は適応のためにあると考える。感覚，知覚，記憶，思考，感情などのすべての心理学的機能は，人間の行動を環境に適応させるために，外界の情報を入力し，変換し，方向づけ，そして適切な行動として，外界に働きかけていく。また心理学的機能は，人間の誕生から，生が終わるまで発達するので，常に同じ機能が維持されるわけではない。したがって発達段階（developmental stage）にしたがって，環境に働きかける心理学的機能には限界が生じ，他者の援助，たとえば，新生児であれば母親の養育が必要になってくる。そのため，環境にうまく適応できない不適応状態は，発達段階にしたがって，その生じ方に違いが起こってくる。

青年期における不適応状態として，「自我同一性（ego identity）」をめぐる問題がある。青年期では，自分とは何かという問いに深くとらわれ，こころの内面に沈潜する。その際に，その問いに，うまく答えられれば自我同一性の達成が得られるが，必ずしもそれがうまくいくわけではない。それに逡巡し，決められない状態も生じる。そのような状態を「同一性拡散（identity diffusion）」と呼ぶ。

「自我同一性」の達成された状態では，今の自分は過去から一貫しており将来にも続いていくという時間的展望，自分には他の誰でもない自分自身の世界があるという自己固有の感覚，そして自分の所属する集団たとえば学校や大学に対する共感の感覚があるとされている。こうした感覚は，人間のこころを考えるときに非常に興味深い。すなわち，個人は将来に対して開かれ，しかし個人としては他者と明確に違うことが自覚され，そのうえで集団に所属している。個として独立した個人が，社会という枠のなかに所属した感覚を安定して保ち，その個人は将来に発展していくと信頼しているというわけである。

ではこうした感覚が侵されたらどうなるであろうか。今の自分が将来に開か

れていると思えなければ，過去の行いにとらわれ，「ああしなければよかった」と後悔し続け，また今のこの時間を信頼できなければ，今閉めたドアの鍵も，閉めたかどうか疑いはじめるだろう。自己と他者とが独立していると思えなければどうなるであろうか。個人に強い感情が起こったとき，目の前にいる彼氏あるいは彼女が怒ったからだと意味づけることがあろう。しかし実際のその強い感情は，自身の怒りであるのに。自分の感情が，自分のものとして，引き受けられず，他者がその感情をもっていると感じてしまう。これではこころは大いに混乱し，安定できない。自分が社会に所属していると思えなければどうなるであろうか。社会が自分にとって脅威に満ちており，自分に危害を加えると感じ，結果的に自室に閉じこもり，社会との関係を遮断することになる。こうした振る舞いは，いずれも社会での活動を妨げ，社会でうまく機能できなくする。

　ただ適応と不適応は，明確に分けられないものでもある。私たちの振る舞いは，かならず個人の意志や決断をともなう。それが社会には一面では適応的ではあろうが，別の面からみると不適応的であることもあろう。現代社会には，美味しい食べ物がたくさんある。食欲あるいは味覚に魅かれてそうした食べ物を摂取すると，生命を維持するという一面では適応的であろうが，甘いものをとりすぎて太ってしまうということであれば身体的健康を将来的に阻害するようなことも生じる。これでは不適応的である。私たちの生活は，この適応と不適応のなかで，より適応的に振る舞うような選択を続けることで，適応的に行動できていると考えるべきなのであろう。

8.1.2　正常と異常

　正常（normal）と**異常**（abnormal）という概念は，一見わかりやすいようにみえる。正常とは異常でないことであろうが，では両者はどのように分けられるのであろうか。両者を分ける考え方にはいくつかある。こころの健康を考えるときに，最初に登場するのがこの「正常と異常」の分け方についてである（たとえば，佐藤，1996）。それらには統計的基準，病理的基準，価値的基準がある。

1. 統計的基準

　身長や体重のような計測できる身体の側面は，多くの個人のデータを集めて棒グラフを作成すると，釣鐘型の分布（正規分布）を構成する。その中心（平均値）の人数が多く，中心から離れれば離れるほど人数が少なくなる。この中心に近いものの人数が多いのであるからこれを正常と考えるという決定の仕方が統計的基準によるものである。身体や体重のように，計測できるこころの側面があるのか，というのが次の問題になろう。実は知能（intelligence）や性格（personality）は，正規分布を仮定して，中心からの偏りの程度を測ることで，知能指数（Intelligence Quotient；IQ）や知能偏差値（intelligence standard score）が算出され，性格傾向が判断されているのである。それを実際に行うのが，知能検査や性格検査である。これらの検査で，標準化の手続きを経ることで，平均と平均からのずれについての分布のデータが公表されている。したがって，統計的基準を知能や性格に当てはめているのは，心理学の基本的な方略の一つである。

　ではこの基準で「正常と異常」の判別が問題なくうまくできるのであろうか。少し想像してみよう。知能検査で中心からのずれの方向は，低い方向と高い方向の2つが考えられる。低い方向では，たとえば，知能指数が60と判定され，高い方向の同じ程度のずれであれば平均が100であるので，高い知能指数は140ということになる。平均からのずれが問題であれば，このどちらも異常ということになる。しかし通常知能指数が140の者は天才として，問題にされることはない。このことの意味は，中心からのずれの程度で「正常と異常」を判別するには無理があるということである。一部は，その判断が可能ではあるが，全体に当てはめることはできないのである。

　また逆に考えてみよう。たとえば，平均が正常であるという考えに問題はないであろうか。8.1.1で述べたように，適応と不適応は相対的な概念である。これと同じで平均的という言葉にも，無色透明，個性に欠ける，といった形容詞が付いて語られそうなのが現代社会である。社会に適応している人は，総じて「生き生き」とみえるのではなかろうか。それは個性を発揮しているということである。とすると無個性的な平均人は，適応していないとはいえないにし

ても，不適応的な側面を内在しているようにもみえる。

もう一つ考えなければいけないのは，標準化の手続きが，上記のように，知能検査や性格検査をつくるのに，必要であったのであるが，その標準化を行ったのはある特定の年代の特定の集団に対してである。社会が変動し，時代が変われば，参照している標準化を行った集団と，同じと仮定することができなくなるかもしれない。こうした問題も潜在していることはよく理解しておく必要があろう。

2. 病理的基準

これは病気かそうでないかの判断にしたがって，病気であれば異常，病気でなければ正常とする考えである。この考えも，常識的に考えて，わかりやすいもののように思える。この考えの基本は，病気がカテゴリー概念で，カテゴリーに当てはまるか否かは，0か1かで決定できるというものである。つまり，これとこれとこれといった症候があれば，これこれであると疾患の診断ができる，とする。身体疾患であれば，身体的なデータを集めることで，疾患の存在を決定できる可能性が高い。しかしこころの問題はどうであろうか。

たとえば，気分が沈むという抑うつを考えてみよう。私たちも，日常的に気分が沈むことがあるだろう。それはやろうとしていたことがうまくいかなかったときに起こりやすい。こうした抑うつは，反応的なものであろうから，比較的わかりやすい。しかし，気分が沈む状態が，慢性的に出現したらどうなるのであろうか。どの程度になったら，疾患として，診断されるようになるのであろうか。その基準が設定され，臨床場面では利用されている（たとえば，『DSM-5 精神疾患の診断・統計マニュアル（*Diagnostic and Statistical Manual of Mental Disorders*)』（2013））。しかしこのマニュアルも，最新版のDSM-5ではカテゴリーに当てはめて診断する方法以外に，ディメンションアプローチも採用している。ディメンションアプローチでは，抑うつ症状の程度を，5段階（0〜4）で評価するように設定し，その段階の0が症状なしの状態で，4がその症状が重度と設定している。つまりこのディメンションアプローチにしたがえば，0が正常，1〜4が症状ありで異常，しかも数字が上がれば上がるほど重症とされる。ディメンションアプローチにはカテゴリーへの当てはめが，症

状なしについては適用されるが，症状ありについては程度にしたがって重症度が判定されるという折衷アプローチになっている。これは，それまでの DSM において，主要カテゴリーに当てはまらない境界的な者が多くなり，使用に不便が生じたための改訂であった。このように異常でない者を正常というカテゴリーに当てはめるという際に，その両者の境がなかなか決められないという問題が生じ，その問題を解決するために，最新の DSM ではディメンションという，心理学で馴染みの評定尺度に相当する5段階を採用し，症状なしの0レベルを正常としたのであった。

　もう少し先に論を進めてみよう。個人は病気をもっていても社会生活を送ることができる場合もある。こころの問題においても同様である。妄想をもっていても，それが社会のなかで，うまく支えられ，家族からの援助もあり，医療からの適切な治療が進めば，適応的な社会生活を送ることができないわけではない。その場合には，精神を病んだことを，むしろポジティブにとらえ，生き方を豊かにしたと個人的に自覚する場合もある（藤田，1989）。こうした場合に，妄想という症状があるから異常であると簡単に決められるであろうか。むしろ，その個人の生き方は，集団のなかで信頼される教祖であることも起こり得るのであるから，異常とはいえなくなってしまうだろう。

3. 価値的基準

　価値的基準では，望ましい姿を想定し，その望ましい姿に合っているかどうかで「正常と異常」を判断しようとする。この価値的基準による判断は，私たちはごく日常的に行っている。この衣服は今年の流行に合っているので欲しいとか，このバッグがどこの製品なので欲しいといったことは，ありふれた事態である。ここでの流行やどの会社の製品であるかが問題になるというあり方は，流行という価値的基準，製品の質を保証してくれる個人あるいは会社であるという価値的基準にしたがっての選択である。同様なことがこころの問題にも起こってこよう。たとえば，精神障害者の社会復帰施設をつくろうとするときに，施設がつくられる近隣地域の住民から，そんな施設はつくってくれるなとの反対運動が起こることがある。それは精神障害者が何をするかわからない，殺人事件の報道でよく精神障害者であることが書かれている，といった根拠によっ

8.1 臨床心理学をとりまく概念   145

ている。しかし，そうした判断の根拠は，漠然としたものであり，精神障害者
は怖いといった思い込みによっていることが多い。この思い込みは，上記の，
ある特定の会社の製品は良いと思うこととそれほど大きな違いはない。なぜな
ら，どうして良いのかということを他の会社の製品と比較して判断しているわ
けではないからである。漠然とした価値的基準が，ここの製品は良い，といっ
たものがあって決定されている。同様に，精神障害者は怖いという価値的基準
が，彼らを拒否することにつながる。実は，怖い，ということの判断根拠は薄
い。むしろ暴力の犠牲者となっているのは精神障害者のほうである（Ameri-
can Psychiatric Association, 2013）。

　このように価値的判断による決定は，物事を決めつけてしまうことになりか
ねない。それはその価値に合致しているかどうかが問題だからである。価値が
理想であり，誰でもが納得するものであるならば，それに合致しているかどう
かの判断で，正常と異常の判断も可能であろうが，そのような価値が存在し得
るものだろうか。

　価値判断による正常と異常の判別は，価値的判断をめぐる問題を鑑みるに，
実用的なものとはいえないであろう。

8.1.3　臨床心理学モデルと医学モデル

　先に述べたように，何が正常で何が異常なのかを決める基準は，いくつか想
定されるにしても，どれにも長所短所があり決定的なものとはなり得ない。人
間のこころを扱う以上当然といえよう。

　そこで次に臨床心理学モデルと医学モデルといった学問の立場からこころの
問題をみてみたい。

　臨床心理学モデルについて考えるためには，『心理臨床大事典』（培風館,
1992）を参照するのが便利であろう。一丸（1992）は同書のなかで，心理臨
床家と一般の精神科医を比較している。それによれば心理臨床家では，患者理
解の方法は臨床心理学的不適応論の立場に立ち，診断はインテーク面接（in-
take interview；内的生活史：主観的（2.3.1 参照））と心理テスト（客観的）
によって行い，治療関係は患者中心的立場（共感的・非指示的傾向）にあり，

技法上の特色はカウンセリング的面接が多いとしている。これに対し一般の精神科医では，患者理解の方法は精神医学的疾病論の立場に立ち，診断は病歴（外的生活史：客観的）と直感的診断（主観的）によって行い，治療関係は管理的立場（社会的責任が重い）にあり，技法上の特色は薬物・医学的な諸技法の利用にあるとしている。こうした対比は，臨床心理学と医学を領域として比較し理解するのに便利であろう。

　では一応こうした枠組みを頭において，心理学モデルについてまずみてみよう。藤原（1992）は臨床心理学モデルとして「事例研究法（case study）」を挙げている。このことの意味は，臨床心理学が「事例」となった対象を扱うということである。その基本的な方法は面接であり，生活者としての個人のこころを扱うということである。藤原が対照として挙げている医学モデルは，「身体・疾患モデル」で因果論的な方法論にしたがっている，とする。つまりこの対比の示していることは，臨床心理学モデルではこころは身体・疾患が暗示するような物レベルで，因果的に説明可能なものではなく，もっと全体的で，流動的な現象を扱うということである。そしてその流動的な現象においては，患者の無意識と心理臨床家の無意識が相互に関わり，全体としての患者理解のために，心理臨床家は全体として関与する必要があるとされる（氏原, 1992）。氏原は，こうした全体的な関与は医学モデルとは決定的に異なると断言する。

　それは，事例性ということである。藤原（1992）によれば，事例性における個別性とは「生活者としてのなま身の人間そのもの」（p.16）ということになり，診断法に使用される心理検査が，疾病性に限定して個別の事例を評価するのと異なるとみなされる。しかし事例性と疾病性がそもそもそれほど明確に分けられるものであろうか。精神科医の加藤（1993）は『新版 精神医学事典』の「事例性」（pp.378-379）の項で，両者の関係を表裏の関係にあると述べている。事例性は，加藤によれば，「誰によって，いつ，どこで患者またはクライエントになったかという諸要因によって」決定されるのであり，この定義は，臨床心理学で採用されているものと異ならない。さらに加藤は「精神障害は身体疾患よりも事例性によって疾病か否かが決められやすいが（中略），疾病か否かを決める医学的判断にもとづく"疾病性"（illness）とは次元を異にする」

8.1 臨床心理学をとりまく概念 147

と続ける。しかしながら「精神障害における病院による診断治療は限られており，その多くが症候学的記述診断とそれにもとづく治療であることは，事例性の要素を強めている」とまとめている。事例性と疾病性が異なるとの認識は精神科医も共通してもち，それらの関係は表裏の関係にあるとするのは，精神障害が現在のところ症候学的記述診断にもとづく以上，当然のことであろう。臨床心理学サイドで，医学モデルとの対比を強調し，医学モデルが因果モデルにしたがうとするが，当の精神医学では，疾病性にしたがえる余地はあまりなく，症候学にしたがうと述べている。つまり臨床心理学と精神医学では事例性ということにおいてはかなり共通するところがあるといえる。事例として挙がってくるのが，精神医療現場であれば，患者ということになるのではあるが。

　事例性そのものが，臨床心理学と精神医学を分ける特質ではないとするならば，臨床心理学が強調する「生活者としてのなま身の人間そのもの」はどうであろうか。精神医学でも，たとえば，統合失調症患者との付き合いは生涯にわたることがあり，そうした対応を重ねる精神科医にとって，患者は，人生の同伴者に近くなる。そうした関係性は，こころの奥底を扱うわけではないが，生活者としての患者に向き合うということであれば，まさにそれは「生活者としてのなま身の人間そのもの」であるといえよう。

　しかし，こうした比較を通して明らかになるのは，結局氏原（1992）の指摘している，患者と心理臨床家が相互に無意識に交流し，そのために全体的に関わる必要が生じるという点ではなかろうか。松原（2002）は臨床心理学の解説書で臨床心理学と精神医学の違いを簡便に「臨床心理学はクライエントに心理療法で援助する比較的新しい学問，精神医学は精神障害の患者を治療する学問である」（p.38）と述べているが，ここでは対象の違いによって両者を分けており，比較的軽いこころの問題を援助するのが臨床心理学で，こころの問題が重い精神障害を治療するのが精神医学であるとする。つまり比較的軽いこころの問題を扱う，それは無意識を扱うだけの自我の強さがあるということであり，そこで問題になるのは自我の強さの程度であろうが，「自我の中心がない」とされる統合失調症（木村，1972）のような精神障害には，無意識を扱うこと自体が，きわめて危険なことになる。そのため精神医学的な診断が，精神障害の

148　　　第8章　臨床心理学をとりまく概念

治療のために，どうしても必要となってくる。

8.1.4　障害と疾患

　保崎（1993）は『新版 精神医学事典』の「疾患単位」の項で，クレペリン（Kraepelin, E.）の疾患単位を紹介している。それによれば疾患単位は「同一の原因，同一の病状，同一の転帰，同一の病理組織変化をもつ病態」である。井村と木戸（1965）は，精神科の診断においてはこの疾患単位の存在を想定していると述べ，「理想的には，同一の原因，同一の心理学的基本型，同一の発展と経過，同一の転帰と同一の脳所見を持ち，したがって全体像として一つとなる疾患像を呈する疾患単位がすでに知られていれば，個々の患者の診断は比較的容易である。しかし，精神医学の現状では，理想的な疾患単位による分類は未だ見出されていない」（pp.1-2）と続けている。そして「現状では未完成であるとしても，精神症状の種類とその経過から疾患単位と見做して分類されている一定の診断基準ないし診断図式にしたがって，患者の診断をおこなう方法がとられている」（p.2）と述べている。この井村と木戸の考えは，基本的には今も異ならない。この診断の前提としている疾患単位が，上記の心理臨床家が医学モデルとして，非難していたものである。つまり疾患を物レベルでとらえ，それにしたがって，一定の治療が行われる，とするものである。しかし，精神科医が述べていることは，そうした医学モデルが，精神障害には，適用しがたいという指摘であった。

　そこでどうしたのかというと，疾患という代わりに障害という言葉を使用するようになった。しかしその前に，症状と徴候を区別しておかなければならない。症状は，異常に関する個人の主観的な報告のことであり，徴候は異常に関する客観的な所見のことである（Nussbaum, 2013 髙橋監訳 2015）。一丸（1992）は上記のように，病歴聴取は，外的生活史であるので客観的であるとしているが，しかしそれは患者の報告であるので，外的生活史のなかから浮き上がってくる患者の苦悩は症状としてとらえられる，つまり精神医学の立場からすれば，それはやはり主観的な報告なのである。それはともかくとして，ヌスバウムの強調することは，精神医学的徴候と症状は，特定の精神疾患に特有

であるとしても，ほとんどが非特異的であり，それらをもつほとんどの人は精神疾患をもたないということである。ではどこが違うのかといえば，精神疾患では「考え，感じ，そして行為する能力を損なう」（p.4）のであり，「精神疾患はより大きな実存的な脅威としてしばしば経験される」（p.4）のである。つまり症状と徴候が，精神疾患をもつ人の，全体を震撼させ，社会での振る舞いを大きく損なうことがあるということである。

　症状の有無によって精神障害の診断をはじめたのはDSM-IIIからであった。DSM-IIIについて紹介した藤田（1989）は，**精神障害**（mental disorder）を「臨床的に著名な行動上の症状群または心理上の症状群または心理的様式で，それは個人に起こるものであって，典型的には（主観的な）悩みや苦痛の訴え，または（客観的な）重要な生活領域での機能障害に関係を持っている」（p.31）と紹介した。つまりDSM-IIIは，症状と，実存的な脅威の代わりに，その表れである行為する能力が損なわれることを機能障害として取り出し，両者を結びつけて精神障害を定義したのである。正常な機能の不全を表す用語には障害の他には**疾患**（disease）と**病気**（illness）がある。医師は，身体機能の病理的な異常をとらえて疾患を使用し，患者は自身の身体的心理的不調の体験として病気を発症する。これに対しDSM-5では，個人が体験する精神的な苦痛が，「生物学的，社会的，文化的，心理的要因の複雑な相互作用」（Nussbaum, 2013 髙橋監訳 2015, p.6）によって生じると考え，障害という用語を使用している。ヌスバウム（2015）の告白にしたがえば，精神的苦痛に対して障害という用語を使用するのは，その原因（疾患単位）に対する知識の乏しさを自覚し，その解明のための研究を促進したいがためであるとのことである。

8.2　臨床心理学の研究法

　臨床心理学の研究法は基本的には他の心理学の領域の研究法と同じである。ただ，8.1.3で述べたように「**事例研究法**」が，臨床心理学の独自性を示すものであろう。杉村（1992）は事例研究を『心理臨床大事典』のなかで「ある一つの特殊事例について，クライエントの抱える問題の診断と治療に寄与すると

第 8 章　臨床心理学をとりまく概念

思われる種々の資料を収集し，これを系統的，総合的，力動的に把握することによって，特定個人の問題の所在や原因，発生条件，心理的機序などを明確にし，当面する問題を解決するための処遇や対策を立案実行しようとする心理学的技法である」（p.162）と定義している。この方法は，心理学の他の研究法が，一般法則や原理の探求を目指したものであるのと異なり，むしろ実践活動のための技術的なものであるとしている。しかし，杉村のように実践活動に限定して考えるのは「事例研究法」をあまりにも狭くしているように思える。たとえば，遠藤（1999）は『心理学辞典』（有斐閣）の「事例研究法」の項で，杉村の挙げるようなものを一つに含めながらそれ以外に特殊事例を検討することで従来のパラダイムの見直しを図ろうとするもの，少数事例を対象に彼らに密着した分析を行うことで法則性を発見しようとする仮説発想的なもの，一事例において効果を吟味する行動主義の伝統にしたがって定量的なものを挙げている。

8.2.1　事例研究の実例

そこで事例研究の実例として筆者たちの行った事例研究を紹介しよう。

筆者たちはこれまで統合失調症患者の長期経過を，描画を通して検討してきた。そのなかの一つで，増悪過程を調べた事例があるのでそれについて述べてみたい（横田ら，2009）。筆者たちの方法は，病歴を診療録と看護記録によって検討しながら，その時々の症状と，描画を関係づけ，症状の悪化に対応した描画特徴を明らかにしようとするものである。そうした対応が明らかになれば，増悪指標としての描画特徴が明らかとなり，他の症例の増悪の予測に使えるのではないかと考えてのことである。その意味では，遠藤（1999）の挙げている従来のパラダイムを見直そうとするものの例であろう。とはいうものの，統合失調症の長期経過の研究は，症状変化を中心にし，客観的指標による追跡は少ない。ここでは描画といった客観的な指標を導入することで，状態の変化をとらえやすくしている。

検討する描画の主なものは樹木画と草むらテストである。樹木画は，サインペンで「実のなる木」の描画を求めた後で，クレヨンによる彩色を求めるものであり，草むらテストは「草むらに落とした 500 円を探している自分」を描か

8.2 臨床心理学の研究法

せるものであり，やはりサインペンでの描画後，クレヨンによって彩色を求める。ただ，それ以外の方法も，場合によって導入された。

統合失調症は代表的な精神障害であり，上述のように，精神症状と経過によって診断される。ここで報告する女性症例Ａは，統合失調症の診断を24歳のときに受けた。まずは経過をみてみよう。

受診の訴えは「電気が来る」というものであった。外来通院が続けられ，結婚をするが，状態が悪化し短期の入退院を繰り返す。2回目の入院中には離婚が成立した。35歳のときに3回目の入院となった。この3回目の入院が長期入院となった。

36歳のとき，父親が癌で亡くなった。葬儀はＡに知らされずに終わったが，外泊については母親から許可が下り，ニコニコして外泊に出かけた。Ａは退院を希望するが，母親は1年ぐらい入院しているようにとＡに向かって言った。Ａは母親の言葉を覚えており，1年経過したころに退院要求が強くなった。母親はさらに「6カ月後に退院してよい」と伝え，外泊が定期的に行われた。しかし母親は退院の話を避けるようになった。Ａは身体的不調を訴えるようになり，退院の話をめぐって母親と喧嘩するようになった。

39歳のとき，母親は「1年6カ月ぐらいたってから退院」とＡに言った。しかしＡが退院の話を出すたびに母親は曖昧な返事を続けるようになった。「一人前にならないとダメだ」とか「自立しないとダメだ」というのが母親の返事であった。やがてＡは「アパートに住んで自立しないとダメみたい」と言うようになり，「私は退院したら働かなければならない」と言うようになった。このように退院については進展がないまま41歳のとき，旧姓に戻りたいと言い出した。3カ月後旧姓に戻る手続きが完了した。

42歳になって，「あと5万円貯めたら退院」と言うようになった。しかしそれまで続けていた外勤には徐々に行かなくなった。ついには外勤を辞めたいと言うようになり，外勤は中止となった。この頃から他の患者との金銭トラブルが増えたので，個室に収容されることになった。そのため外泊も中止された。母親は一貫してＡの退院に反対を続けた。

44歳のとき，母親の身体的状態が悪くなった。夜になって，「母親が迎えに

来る」と荷物をまとめ看護室の前に来るようになった。45歳のとき，階段から落ちて足を骨折し，治療のために転院となった。骨折の治療が終わって再入院となるが，Aはその間の事情を「何の治療だったんですかね」と言って笑顔を示した。その後，徐々に記銘力の低下が目立ち，無為となり，47歳のとき乳癌で亡くなった。

以上のように35歳で3回目の入院をし，以後は退院できず，そのまま12年経過し亡くなった。状態の悪化は，42歳の頃，外勤を辞めたいと言うようになったのがそのはじまりで，45歳で，階段から落ちて骨折して以降は，周囲への無関心が進み，記銘力低下が起こってきていた。しかし描画上では，その前にすでに，混乱が起こっている様子が示されている。

まずは36歳のときの描画を見てみよう（図8.1）。この描画は彩色樹木画のものである。幹はでこぼこしており，枝は曲がりくねっている。木が歪んでいるが，少なくとも木の形態は残されている。幹がでこぼこで，枝が曲がりくねっているところに，Aの状態の不安定さが示されている。

図8.1　樹木画（36歳）

しかし，40歳のときの樹木画は，地面の下のダイコンとジャガイモを描いているように見える（図8.2）。この描画が得られた後の41歳のときに，旧姓に戻りたいとの訴えが出るのである。彼女のこのときの姓は田畑に関連したものであった。描画が，改姓の訴えに先行して現れていた。この頃，母親の言葉を引き受けて，「アパートに住んで自立しないとダメみたい」と言いはじめて

おり,「私退院したら働かなければいけない」とも語っていた。その働いた結果がダイコン,ジャガイモに表されていたとも思える。

図 8.2　樹木画（40 歳）

姓が元に戻ってから描かれたのが 41 歳時の樹木画（図 8.3）であった。樹木画の樹木の幹は先端が鋭く切れている。この頃 A は「あと 5 万円貯めたら退院」と言い出したのであり,しかしその後では外勤を辞めたいと言い出し,外勤が中止となり,金銭をめぐるトラブルが多くなってしまうのであった。幹の先端が鋭く切れているのは,そうした外界との安心した関係が失われ,敵対する様子に対応しているように見える。

図 8.3　樹木画（41 歳）

一方,同じときに描かれた草むらテストの人物は後ろ向きである（図 8.4）。統合失調症の描画で,後ろ向きを描くのは稀である。多くは正面向きで直立し,草むらや 500 円が,相互に独立し,無関係に羅列される（横田ら,1986）。その点 A の描画は,地平線があり,その手前に 500 円があり,一番手前に人物が立っている。人物は輝く太陽に向き合っているように見える。描画テストに

おいて太陽の出現は，多くは権威者を表すとされ，ボーランダー（Bolander, 1977 高橋訳 1999）は右側に現れる太陽を父親，英雄，賢人を表すことがあるとしているが，Aの場合，人物と太陽が地平線によって二分されていることから，太陽は母親であり，母親との関係が切れているといった象徴として理解することもできる。Aにとって母親は，退院を認めてくれない，けっして近寄ることのできない，空の上の，光り輝くものであった。

図 8.4　草むらテスト（41 歳）

44 歳のときの草むらテスト（図 8.5）では，太陽はすでになく，人物はやはり後ろ向きで，地面の上で足を前に突き出している。立っている姿を描いていたAが，座っている姿を描いたのは，母親の身体が悪くなり，電話にも出られなくなったことと対応しているように見える。A自身の身体の不具合ではなく，母親の身体の不具合が，Aの描画に現れてきてしまったのである。

図 8.5　草むらテスト（44 歳）

そうした母親の身体の不具合に続いて，自身も階段から落ちて足を骨折してしまう。足を地面の前に投げ出している姿が，Aの骨折事故を暗示しているようである。

46歳の描画（図8.6）では，人物の手，足，腰は独立した向きに描かれ，全体に歪みが大きくなっている。この頃には記銘力低下が明らかになり，理解力も低下してきていた。

図8.6　草むらテスト（46歳）

以上のように病歴と描画を対比してみると，描画における歪みが，症状の悪化に対応して，より顕著になっていることが明らかである。こうした長期経過を追跡することで，描画テストによる統合失調症患者の予後予測性が示せよう。

こうした症例の報告は，通常の心理学的なパラダイムでは実行できないが，臨床心理学の事例研究法には則っており，そこからは臨床的に応用可能な有益な情報を引き出すことができるのである。

8.3　こころの健康

以上臨床心理学をとりまく概念を語ってきたが，これらを読み解いても「こころの健康」とは何かについては，なかなかわかりづらかったと思う。実際に，それを真正面から定義することは難しい。通常は，箇条書きに，いくつかの状態を併記することで，こころの健康を定義する。そうした試みを先に行ったことがあるので（横田，1996），それをもとに以下にこころの健康について考え

たところを簡単に記してみたい。

こころの健康に対しては，一般的に，身体的健康よりは意識しづらいもので
あろう。それは身体であれば痛みのような身体的な不具合で，不健康が切実に
感じられるからである。しかしこころの健康に関しては，その不具合は，気分
が沈むといったものであったり，やる気が出ないといったものであったりし，
そのうち元気になるだろうと思い，ともするとこころの問題が身体の問題とし
て現れてきてしまうこともあって，こころの問題を見過ごしてしまう。またこ
とさらこころを鍛えようとするとかえってこころの健康から遠ざかってしまう
といった矛盾にも出会う。たとえば，鉄のように強靭なこころを求めても，些
細なことでこころは揺れ動き，とてもではないが鉄のような強靭さは得られな
いことに絶望的になる。そして「強靭に」と，こだわればこだわるほどこころ
の平安からは遠ざかることになる。これではやぶへびである。

そこで立ち現れてくる方法が，型から入るというものである。精神科医師の
神田橋 條治（1984）は，患者に共感する工夫として同じ姿勢をとってみると
いう。同じ姿勢をとってみると患者の身体のどこが緊張しているかがよくわか
るというのである。これは患者に共感する工夫であるが，この試みを，治療技
法のなかに入れているのが森田療法であろう。森田療法では，気持ちにとらわ
れているのはそのままにしておき，日常の行動を熱心に行うように勧める。日
常の行動を習慣化してしまえば，こころが素直になるのであり，ここにこころ
の健康が得られると考える。このことを一般的なものに置き換えれば，こころ
の健康を求めるこころを脇に置いて，日常の行動を習慣化して行っていけば，
そこにこころの健康な状態がともなわれてくるということである。かたちを整
えることで，それに合ったこころがそこに現れるというのは日本の芸道の伝統
であり，仏教などでの日常勤行にそれをみることができようが，芸道や勤行
にこころの健康についての深い洞察が含まれていたとみるのは読みすぎであろ
うか。

8.3 こころの健康

| コラム 8.1 | 絶対的価値による異常判断は可能であろうか？ |

　このような問いに対しては，絶対的価値を「想定する」ことは，可能であろう，と答えることができる。たとえば，物語世界でそのような「絶対」的価値が描かれることがある。アニメーションで近頃ヒットした『PSYCHO-PASS サイコパス』では，個人の罪を犯す程度が犯罪指数として計測され，ある程度以上になるとカウンセリングを受けなければならず，限度を超えると無条件に取締りの対象になってしまうという社会が描かれていた。犯罪指数という考え方は，知能検査で測定される知能指数と類似性があると考えられるが，知能指数は知能を測定すると考えられるいくつかの要因の総合として考えられており，一面的な指標ということではない。それに対し，犯罪指数は，1つの数字として提示される。それは絶対的価値であり，価値判断の，理想的な基準とみなすことができよう。しかし，これは怖い。1つの価値だけで測られ，それ以外の価値はない，とすると，管理はしやすいかもしれないが，人間としては息苦しい。物語で面白いところは，犯罪指数を計測できない者が存在するということである。例外者が存在する。犯罪指数という価値的基準が，適用できない個人の存在である。

　この物語の事態を，現在の日本の状況に当てはめて考えてみよう。たとえば，「開運！なんでも鑑定団」というテレビ番組がある。長年この番組を楽しんでいるが，この番組の面白いところは，すべてのお宝を，金額という1つの次元で記述するということである。金額が，お宝のすべての価値を決める。偽物や人気のないものは安く評価され，たとえ元が安価なおもちゃであっても希少性や人気の高さゆえに思わぬ高額評価がなされる。こうした金額による一次元的な評価は，非常にわかりやすく，明確であり，見ていて楽しい。しかし，すべてが金額のみによって査定されるということに，疑問を感じることがある。というのは，評価するのが個人であり，その個人の鑑定眼を信じてしまっているのであり，必ずしも客観的な根拠があるわけではないと思えるからである。しかし，これは番組を批判しているわけではなく，むしろ楽しみの一つなので，問題にはならない。ただ，同様の一次元的な判断が，日本社会には蔓延しているようにみえる。学校を対象にした「いじめ」問題への対応は，「いじめはなくならなければいけない」といった1つの価値にしたがっているようにみえることがあるというのもその一つである。

　絶対的な価値を想定し，それを厳密に，そして硬直したかたちで当てはめようとすると，それにしたがった判断は，かえってこころの問題を大きくするように思える。

第8章　臨床心理学をとりまく概念

●練 習 問 題

1. 学校における不適応にはどのようなものがあるか考えてみよう。

2. 事例性となりやすい状況について考えてみよう。

3. 価値基準は時代とともに変化し，そのために異常とみなされるものが変化するが，その具体例を考えてみよう。

●参 考 図 書

津川律子・遠藤裕乃（2011）．初心者のための臨床心理学研究実践マニュアル　［第2版］　金剛出版

　臨床心理学の研究法から研究の具体的な例が示され，臨床研究の実際がどのようなものかをイメージしやすい。

中安信夫（2007）．精神科臨床を始める人のために――精神科臨床診断の方法―― 星和書店

　精神科医師がどのように診断していくのかが平易に紹介され，医学モデルについての理解が得られやすい。

子どもをとりまく問題

9

　本章では，子どもをとりまく問題として，発達障害，不登校，いじめ，児童虐待について説明する。それぞれの問題について学習を進めるなかで，乳幼児期と児童期という発達段階において，どのような要因が複雑に関連して発生しているか，さらにその対応や援助についての考え方と難しさについても理解を深めてほしい。

160 第9章 子どもをとりまく問題

9.1 乳幼児期と児童期

本章では，子どもをとりまく問題として，発達障害，不登校，いじめ，児童虐待を取り上げる。まず，これらの問題を発達的な視点からみてみよう。

乳幼児期（0〜6歳）では，保護者からの養育によって，相手との間で安心感をもつことができるような関係である愛着関係を育み，他者に対する基本的な信頼感をもてるようになることが，発達課題の一つとなる。そのような時期に，子どもの心身に深刻なダメージを与える行為が児童虐待である。そのため，親から虐待を受けた子どもは，親との間で愛着関係を築くことができなくなってしまうため，その後も対人関係の問題を抱えてしまうことがある。

次に，**児童期**（6，7〜12歳）では，子どもは家庭だけでなく学校へと生活の場をひろげ，他の子どもたちと集団生活を経験するようになる。そのような経験の積み重ねのなかで，十分な教育を受け，さまざまな人間関係のスキルを身につけるのである。すなわち児童期は，子どもが将来社会で生きていくために必要な，知識や**ソーシャルスキル**を習得する時期であるといえる。そのため，不登校やいじめは，子どもの将来のために必要な，学習やスキル習得の機会を奪ってしまう問題ともとらえられるだろう。また，発達障害をもつ子どもも，もともともっているハンディキャップによって，学校での授業につまずいてしまい，学習の積み重ねができなかったり，良好な対人関係をつくり維持することに困難さを抱えている。そのため，年齢相応の仲間関係を体験できなかったり，ソーシャルスキルを身につけるチャンスを失ってしまうのである。このような適応に問題をもつ子どもたちにこそ，十分な教育が受けられ，必要なソーシャルスキルを習得できるように，援助する必要があるのである。

9.2 発 達 障 害

9.2.1 発達障害とは

発達障害（developmental disorders）とは，脳機能に障害があり，その症状が通常低年齢において発現するものである（発達障害者支援法（2005年（平

成17年）施行））。どのような能力に問題があり，また，どの程度の問題が生じているかによって，分類がなされている。発達障害は脳の機能の障害が原因であることが推測されているが，現在のところ原因が特定されていないものがほとんどである。そのため，滝川（2011）が指摘しているように，発達障害であるかどうかは，身体的な疾病のように生物学的な指標で診断されるものではなく，あくまで本人の行動を他者が評価することで決まる，主観的・社会的な概念であることに注意が必要である。具体的な評価方法としては，本人の属している社会の同年齢の人々の平均的な精神発達と比べて，どの程度遅れているかという枠組みで判断される。本章では，アメリカ精神医学会で作成された『DSM-5 精神疾患の診断・統計マニュアル（*Diagnostic and Statistical Manual of Mental Disorders*）』（2013）をもとに説明する。

9.2.2 知的能力障害

知的能力障害（intellectual disability）は，論理的思考，問題解決，計画，抽象的思考，判断，学校での学習など，知的機能に全般的な遅れがみられるものである。具体的には，標準化された知能検査において確かめられるものである。さらに，家庭，学校，大人になれば職場などで，コミュニケーション，社会参加，身辺自立といった日常生活上の適応機能に遅れがみられる。

9.2.3 限局性学習症

限局性学習症（specific learning disorder）とは，知的能力障害とは異なり，特定の知的機能に遅れがみられるものである。学齢期にはじまる学習や学業的スキルの使用の困難さがみられる。以下の3タイプが挙げられている。

1. 読字の障害

字を読むことが不正確であったり，速度が遅い（例：単語をゆっくりためらいがちに間違えて読む，あてずっぽうに言葉を言う）。読んでいるものの意味を理解することの困難さがある（例：文章を正確に読めても，内容的なつながりを理解できていない）。

2. 書字表出の困難さ

綴字の困難（例：単語の母音や子音を書き忘れる），句読点や文法的な間違い，文章の明確さや構成力の乏しさがある（例：要約がうまくできない）。

3. 算数の困難さ

数字の概念や計算，数学的推論の困難さがある（例：暗算ができずに，指を使って足し算をする）。

9.2.4 コミュニケーション症

コミュニケーション症（commnication disorders）とは，言葉と発音に関わる障害である。主に以下の3種類が挙げられる。

1. 言語症（language disorder）

年齢に比べて，話し言葉，書き言葉，サイン言語（手話など）といった言語の習得と使用における持続的困難さがある。

2. 語音症（speech sound disorder）

言葉の発音が年齢相応に正確にできない（例：ジテンシャ→イテンタ）。

3. 小児期発症流暢症（吃音）(childhood-onset fluency disorder (stuttering))

単語の単音節を反復して言う（例：ぼ，ぼ，ぼ，ぼくは），子音と母音を引き延ばして言う，単語が途切れるなど，吃音の症状が現れるものである。この障害は，発達期早期にはじまり，話すこと，コミュニケーション，社会生活や学業などの日常生活での困難さによる不安が関係しているとされる。

9.2.5 自閉スペクトラム症

自閉スペクトラム症（Autism Spectrum Disorder；ASD）のスペクトラムとは連続体という意味であり，自閉症の傾向をもっている人が，比較的軽度の人から重度の人まで，さまざまに存在していることを表している。自閉症の傾向としては，発達早期からみられる以下の特徴がある。

1. 社会生活において，以下の3つの点について，コミュニケーションに関する発達に遅れがあり，持続的な困難が生じている。

（1）社会的，情緒的な対人関係をつくることの困難がある（例：日常会話や，興味関心や気持ちを共有することに乏しい）。

（2）他者と交流する際の，言葉以外の面でのコミュニケーションの困難がある（例：視線を合わせる，適切な身振り手振りや表情がうまくできない）。

（3）年齢相応の人間関係を維持し，発展させることの困難がある（例：状況に合わせた行動を調整できない。友達をつくり，友情を深めることがうまくできない）。

2. 社会生活において，以下の4つの点で，行動や興味関心が限定され，反復される。

（1）常同的で反復的な動作，ものの使用，話し方がみられる（例：繰返しおもちゃをならべるような単調で同じ動作，相手が言ったことを繰り返すオウム返し（反響言語），独特の言い回しがみられる）。

（2）日常生活での習慣へのこだわり，儀式的な行動様式がみられる（例：日常生活での小さな変化でも苦痛を感じる，柔軟性に欠ける考え方，道順を必ず同じにする）。

（3）異常なほど特定のものに執着するような興味関心がみられる（例：ある特定のものや趣味に非常に強い興味を感じて没頭する）。

（4）感覚刺激に対する過敏さ，または鈍感さ，環境における感覚的な刺激に対する強い興味関心がみられる（例：触覚，聴覚，視覚，痛覚などの感覚の過敏や鈍感さがみられる）（コラム9.1参照）。

9.2.6 注意欠如・多動症

注意欠如・多動症（Attention-Deficit/Hyperactivity Disorder：AD/HD）とは，不注意，多動性，衝動性の高さを特徴とする発達障害である。以下のような特徴が，12歳までにみられるとされる。

1. 不 注 意

ケアレスミスが多く，細部を見逃したり忘れてしまったりして，作業が不正確になってしまう。また，読書や授業に集中できなくなったり，会話のときに，相手の話を上の空で聞いていないことがあるなど，注意の持続ができない。その結果，教師からの指示を忘れてしまったり，他のことに気をとられて指示に従えない。また，宿題や持ち物の忘れ物が多い。

課題や活動を，順序立てて計画的に行うことができない。スケジュール管理ができず，作業の段取りが混乱したり，締切りを守れない。

自分の持ち物を整理整頓することができず，自分の部屋や机のなかが常に乱雑な状態で，ものをよくなくしてしまう。

2. 多動性および衝動性の高さ

何かに突き動かされるように，じっとしていられない。授業中など座っていなければならないときに，立ち上がって動き回る。静かに過ごすことが苦手で，座っていても手足を動かす。

自分の発言を止められず，相手の質問が終わる前に話し出したり，授業中に指名されないのに発言してしまう。

自分のやりたいことを優先して，他の人の行動を邪魔してしまう。たとえば，順番を待つことが苦手で順番抜かしをしたり，他の人のものを黙って横取りしたり，周囲と合わせずに先に食べはじめてしまったりする。

9.2.7　発達性協調運動症

発達性協調運動症（developmental coordination disorder）とは，発達早期にはじまる，協調運動のスキルに遅れがみられるものである。実際には以下の困難さがみられる。

不器用で，ものをよく落としたり，ハサミや刃物がうまく使えない，歩いていると，ものにぶつかってしまったりする。

身体を適切に動かすことの困難さがあり，うまく走れない，自転車に乗れなかったり，球技などのスポーツがうまくできなかったりする。

9.2.8　発達障害の子どもへの支援

発達障害をもつ子どもは，生まれつきもっているハンディキャップ（**一次障害**）によって，学校生活のなかで失敗やトラブルを起こしてしまう（**二次障害**）ことがある。そのようなときに，発達障害についての無理解により，教師や保護者に叱責されたり，同級生たちにからかいやいじめを受けてしまうようなことが繰り返されると，発達障害をもつ子どもは「自分はダメな人間なの

だ」というように，**自己肯定感**が低下してしまう。そうなると，「どうせ自分はダメな人間だから，また失敗するだろう」と**自己効力感**も低下して，学校の勉強や友人関係に意欲をなくしてしまい，ますます日常生活がうまくいかなくなってしまう危険性がある。このような悪循環を防ぐためには，本人が自分の力を発揮し，それを周囲から認めてもらえるような機会を提供すること，問題への対処スキルを身につけさせることが有効であろう。さらに，本人が思春期・青年期になれば，自分の障害についてどのように理解し，受け止めるかということも大きな課題となる。このような課題に取り組むためには，心理カウンセリングなどの心理療法も有効となるだろう。

さらに，保護者，教師，友人といった周囲の人々をはじめとして，私たちの社会全体が発達障害について正確に理解し，たとえば，聴覚過敏のある子どもが，学校での苦手な場面では耳栓を使えるようにするなど，本人のハンディキャップに合ったバリアフリーな環境づくりをすることも非常に重要である。

9.3 不登校

9.3.1 不登校とは

不登校（non-attendance at school）とは，病気や経済的問題などの明確な理由がないにも関わらず，学校に行かない，あるいは行けない行動のことである。不登校については，1941年（昭和16年）のアメリカのジョンソン（Johnson, A. M.）らの学校恐怖症（school phobia）が最初の報告とされ，日本では，鷲見らが1959年にはじめて学校恐怖症の研究を行っている。日本ではその後，1970年代から80年代にかけて，不登校の児童生徒数が増加し，そのなかでも「学校に行かなければならないと感じつつも学校に行けない」葛藤をもつケースを中核的なタイプであるとして，登校拒否（school refusal）という名称が用いられた。その後，1990年代以降から学校に行かない児童生徒数は急増し，状態像はさらに多様化したため，従来のような中核的なモデルを想定せず，前述のような「学校に行かない行動」全体を不登校と呼ぶようになっている。また，日本のように不登校が社会問題となるほど増加している現象は世界的には

明らかになっておらず，日本という社会の特異性の現れであるとも考えられる。さらに近年では成人でも，教育も受けず就労もしていないというニートや引きこもりが社会問題となっており，これらの状態のなかには，不登校が解決しないまま社会に適応できなくなってしまっているケースがあることが推測される。

9.3.2　不登校の発生率

以下のグラフ（図9.1）は，文部科学省（2013）が調査・作成したもので，病気や経済的な理由がなく年間30日以上の欠席をした児童生徒を「不登校」として集計し，1,000人中何人いるかという割合を示したものである。2012年度（平成24年度）では，不登校の発生率は，小学生で0.31％，中学生で2.56％となっており，2000年度（平成12年度）以降，中学生では1クラスに1名程度は不登校の生徒がいることになる。

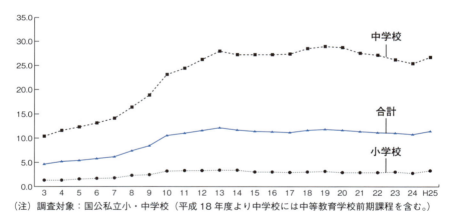

(注) 調査対象：国公私立小・中学校（平成18年度より中学校には中等教育学校前期課程を含む。）

図9.1　不登校児童生徒数の割合の推移（1,000人あたりの不登校児童生徒数）
（文部科学省，2013）

9.3.3　不登校発生のメカニズムと増加の要因

不登校にはどのような要因が関連しているのであろうか。不登校は子どもと学校との間の関係の表れととらえ，ここでは不登校を①「子どもの側の要因によって，子どもが学校に合わなくなった」という視点と，②「社会・学校側の

9.3 不 登 校

要因によって，学校が子どもに合わなくなった」という視点に分けて検討していくこととする。

1. 子どもの側の要因

不登校が生じる子どもの側の要因として，子どもが「学校に行きたくない」という状態に陥るような心理的ストレスの発生が考えられる。不登校につながる心理的ストレスとしては，友人関係ストレス，対教師ストレス，学習ストレス，家族ストレスなどが指摘されている（菊島，1999）。これらの心理的ストレスが生じたときに，たとえば親・教師・友人といったストレス解消を手助けするサポート資源が不足しているなどによって，ストレス解消に失敗すれば，ストレスからの回避行動が生じ，子どもが引きこもるかたちで，不登校が発生すると考えられる。

この点について頼藤（1994）は，子どもにとってその場にいることに多くのエネルギーが必要な場として，まず教室を頂点とし，次に自宅，もっとも低い位置に自室があるとする不登校の発生に関わる居場所モデルを提案している。何らかのストレスによってエネルギーが枯渇した子どもは，もっとも高い位置にある教室に居続けることができなくなると，転がるボールのように，次に低い位置にある自宅を居場所とするようになる。しかし，自宅でも親の叱責などのストレスが生じれば，最後はもっとも低い位置にある自分の部屋に閉じこもるしかなくなるのである。その後，学校を休みはじめた子どもは，「登校しなければならないのにできない」という葛藤を常に抱えることになる。不登校期間が長引くにつれて，登校できない自分はもうだめだという**自己肯定感**の低下が生じ，ますます登校できなくなってしまう状態に陥りやすい。木村（2002）は，このような不登校の発生を一次症状，続いて不登校状態が維持されてしまう状態を二次症状と指摘しているが，不登校はこのような2段階によって発生し，長期化してしまうと考えられる。

2. 現代の日本における社会・学校側の要因

次に，現代の社会において，学校側が子どもに合わなくなっているのではないかという点を検討したい。森田（1991）は，社会学の視点から不登校について1989年に調査を行い，「この1年間で学校に行くのが嫌になったことがあ

る」と答えた中学生が 70.8% いたことを明らかにした。この調査によって，不登校現象の背景には，登校はしているものの学校に行くのが嫌だと感じている生徒や，遅刻早退を繰り返したり，断続的に欠席をする生徒というような，不登校のグレーゾーンにあたる子どもたちが当時から多数存在していることが見出された。その後も不登校の数は増加していることから，このグレーゾーンが多数存在するという傾向は現在まで続いていると推測される。このことから，不登校現象はごく一部の特別な子どもたちに生じているというよりも，現代の日本の子どもたちに共通する社会的な要因が存在しているのではないだろうか。

　この点について，滝川（1994）は日本の社会の変化に沿って不登校の数が変動していることを見出している。1950 年代の戦後の復興から高度経済成長が実現した 1970 年代まで，日本が経済的に発展し，社会が安定することで，学校に行く子どもが増加した。そのような時代においては，よい学校に入ってがんばって勉強をすれば，その後よい会社にも入ることができ，一生安定した生活を送ることができるというイメージを，当時の人々は共有していた。そのため，学校に行くことは自分にとって役に立つことであると，素朴に信じることができたのではないだろうか。その後，1980 年代以降，日本は豊かで安定した社会を実現したのであるが，不登校は増加し続ける。生まれたときから豊かで安定した社会がすでに存在していれば，それが当たり前となり，「自分が大人になったら豊かになりたい」というイメージはもちにくくなる。同様に，毎日学校へ行くことも当たり前のこととなり，学校に通うことが，自分にとって役に立つことであると実感することが難しくなる。すなわち，子どもにとって，徐々に「学校」というものが，「何のために行くのかがよくわからない」のに「行かねばならない」という場所になっていったと考えられる。もちろん，子どもたちは普段，何のために学校に行くのか常に意識して生活しているわけではない。「友達や部活が楽しい」「なんとなく行っている」といったような感覚で学校に行く子どもたちが大部分であろう。

　しかし，子どもが学校に行くことに大きなストレスを感じたとき，なぜ自分が学校に行かなくてはならないのか，考えざるを得なくなるのではないだろうか。たとえば，いじめられてしまった，クラスメイトとなじめず友達ができな

い，勉強で失敗ばかりして親や先生にいつも叱られてしまうというように，子どもが「学校に行くのがいやだな」と感じたときに，それでも「学校に行くことは自分にとって有益である」ということを実感できていれば，ストレスに耐えつつ，自ら問題解決に向けて動くことができるかもしれない。しかし，「学校に行くのがいやだな」と思うと同時に，「学校に行く意味なんてない」と感じてしまえば，もはや登校する動機はなくなってしまう。誰しも，自分にとってやる意義のあることであれば，多少のストレスでも我慢はできるものだが，「やる意義がわからないのにやらされていること」は，少しでも不快なことがあれば我慢などできなくなる。このように，1980年代以降，学校に行く意義を子どもたちが見失っていくことで，学校に行かない子どもたちが増えていったと推察される。

　その後，1990年代に入ると，不登校はさらに急激に増加する。この年代の日本社会はバブルの発生と崩壊が生じ，永久に続くと思われた日本の経済発展が破綻した。大規模なリストラによる退職や大企業といわれるような会社が倒産したり，大学を卒業しても就職することに苦労する様をみれば，「がんばって勉強し，よい学校に行き，よい会社に入れば，一生安定した生活を送ることができる」というかつてあった価値観は，ますます信頼性を失ってしまった。この状態のまま，2000年代には不登校の発生率はいわば高止まりするような状況が続いている。このことから，1990年代以降は，もはや特別な場所ではなくなった学校に対して，「全員にとっての学校へ行くことの意義」はますます見出しにくくなってしまったといえる。

9.3.4　不登校児童・生徒への援助

　現代においても，子どもたちが学校に行くことは，本人の将来と社会にとって変わらず重要で有意義なことである。とくに現代は，コンピュータやインターネット，英語など，職業につくために必要な知識やスキルの量は増大しており，学校教育は重要性を増している。また現代の職業は，対人サービスの仕事をはじめとして，他者と関わり，集団で行う仕事の割合が高くなってきている。そのため，学校で集団生活の体験を重ねることで，社会で他者とともに生活し

ていくためのさまざまな**ソーシャルスキル**（social skill）を習得する意義がある。

　それでは，不登校の子どもたちにどのような援助ができるだろうか。先に検討したように，本人の日常生活でのストレスの発生と，学校に行くことをどのように意味づけるかが，さまざまな濃淡で組み合わさって不登校が生じていると考えられる。そこで，第1に子どもが学校で直面するストレスを，自分でうまく解消できることを目標とした支援が必要であろう。具体的には，いざというときにいつでもスクールカウンセラーや教師に相談を受けられるようにして，子どもが直面しているストレスへの対処法を一緒に考えていく，というようなアプローチが考えられる。第2に，子どもが学校に行く意義を空疎な建前ではなく，実感としてもってもらうことが有効であろう。具体的には，子ども一人ひとりの興味や関心に沿って，子どもが学校生活のなかで自分の能力を発揮して認められることといった，学校において充実感を感じられる体験を重ねることが，本人なりの学校に行く理由となるのである。そして何よりも，子ども一人ひとりが自分の力を発揮できるように，そして，失敗しても何度でもやり直せるように，もっと多様な形態の学校や，多様な子ども時代のキャリアパスを提供し，子どもの選択肢を広げることが必要である。

9.4　いじめ

9.4.1　いじめとは

　2013年（平成25年）に施行された**いじめ防止対策推進法**では，**いじめ**とは「児童等に対して，当該児童等が在籍する学校に在籍している等当該児童等と一定の人的関係にある他の児童等が行う心理的又は物理的な影響を与える行為（インターネットを通じて行われるものを含む。）であって，当該行為の対象となった児童等が心身の苦痛を感じているものをいう。」と定義されている。この定義に関連して文部科学省では，いじめられた子どもの立場に立つことが必要であること，いじめられていても，本人がそれを否定する場合も多々あるため，子どもの表情や様子をきめ細かく観察するなどして確認する必要があると

注意を喚起している。このことから，いじめが起きたかどうかという認定には，被害者の体験がもっとも尊重されるべきであること，さらに子どもがいじめ被害を否定したとしても，子どもの様子や状況を詳細に検討することが必要であるといえる。

9.4.2 現代のいじめ

現代の日本のいじめの特徴として，滝川（2004）は以下のように指摘している。

1. 古典的ないじめでは，「いじめっ子」と「いじめられっ子」が周囲にも特定されていたが，現代のいじめでは，いじめる首謀者がはっきりしないまま，いじめが発生する色彩が強い。

2. いわゆる「よそもの」をターゲットにするのではなく，「仲良しグループ」のなかでいじめが発生する。

3. いじめの加害者と被害者が流動的で，いじめの被害者が他の誰かをいじめるようになったり，いじめの加害者がいつの間にかいじめの被害者になったりする。

4. いじめといじめではない境界が曖昧で流動的になっている。友だち同士の悪ふざけやゲームといったものが，いじめと連続的につながっている。

5. 恐喝や脅迫など非行とも連続性をはらんでおり，犯罪にエスカレートする場合がある。

以上をふまえると，現代の日本のいじめは，単なるふざけから犯罪にあたる行為まで，連続性があり，その境界がはっきりしていないこと，また，学級や友だちグループという閉ざされた集団のなかで生じやすく，加害者と被害者が流動的であったり，加害者の罪悪感に乏しかったりすることから，周囲から見えにくい，気づかれにくいという特徴があるといえるであろう。

9.4.3 集団内で起きるいじめの理解

現代のいじめの特徴といえる，同一集団内でのいじめについて，検討したい。集団内でいじめが発生するとき，いじめの加害者，被害者という二者関係だけ

でなく，いじめをはやしたて面白がったりする観衆の存在，いじめを黙って見て見ぬふりをすることで暗黙の了解を与えてしまう傍観者の存在にも注意が必要である。このような観衆や傍観者の存在が，いじめが行われることを維持したり，エスカレートさせたりする要因となることが指摘されている（正高，1998）。

　ではなぜ，観衆や傍観者が生まれてしまうのであろうか。仲良しグループのなかでの友人へのいじめは，「あなたも一緒にいじめに加わらないと，仲良しグループのメンバーとして認めてやらないぞ」という圧力を（多くの場合無自覚に）メンバーにかけているのである。「不登校」の節（9.3）で検討したように，学校を「何のためなのかよくわからないが，行かなければならない場所」であると考えている子どもは多いと思われる。そのような感覚にある子どもは学校に対して，「どんな教育を受けられるか」よりも，「いやな思いをしないで安心して学校で生活する」ことを優先するだろう。集団生活の場である学校において，いじめられたり，孤立してしまうといった対人関係上のトラブルは「いやなこと」の代表格であろう。その意味で，仲良しグループは，対人関係上のトラブルに遭遇せずに済むために必要な，自分と学校をつなぎとめている心理的・物理的に重要な居場所となる。そのため，なんとか仲良しグループから外れないように，外されないように必死になる子もいるだろう。そのような子どもにとっては，「あなたも一緒にいじめに加わらないと仲良しグループのメンバーとして認めてやらないぞ」という圧力をかけられれば，自分が次のターゲットにされないためにも，その圧力に従わざるを得ないと考えるのだろう。このようなかたちで，仲良しグループ内のいじめが維持・エスカレートされてしまうと考えられる。

　また，「いじめは，いじめられるほうにも責任がある」という認識がマスコミでも語られることがある。これは，前述の観衆の態度と同様に，いじめられている者をさらに傷つけ，いじめをしている者の罪悪感をなくし，いじめをエスカレートさせる危険性があるので改めなければならない。被害者側にいかなる事情や特性があったとしても，被害者に心身の苦痛が強いられてもよいという理由にはならない。当然のことながら，いじめを受けてもよい人などいない

のである。

9.4.4 いじめへの対処

いじめへの対処について，いじめ防止対策推進法をもとに説明する。同法では，学校および教職員は学校全体でいじめの防止およびその早期発見に取り組むとともに，子どもがいじめを受けていると思われるときは，適切かつ迅速にこれに対処する責務を有するとされている。いじめの存在が明らかとなった際には，被害者である子どもが，それ以上被害を受けないように守ること，傷ついたこころをケアすることが必要である。同時に，加害者である子どもに対して，ふたたびいじめをしないような指導をするのであるが，さらに，観衆や傍観者となっていた子どもに対しても，いじめをエスカレートさせてしまうことを認識させ，具体的にどのような行動をとればよいのか，教育をしていくことが必要である。このような対処をするために，関係する教師，スクールカウンセラー，保護者が連携し，協力しながら対処を行うことが望ましい。

これは誰しも思いあたることではあるが，「所属集団におけるいじめ」は子どもだけの問題ではなく，大人の世界にも起きていることである。しかしだからこそ，子ども時代を通じて，いじめに対して強くなってほしいと考える。そのためには，自分の価値を肯定的に認められること，他者の個性を肯定的に受け入れられること，人々の多様性のおかげでこの社会が成り立っていると知ること，自分の生きる世界とは所属グループ内の狭い人間関係がすべてではないと実感すること，このような感覚を自分のなかで育めるように，周囲の大人が援助していくことが必要である。

9.5 児童虐待

9.5.1 児童虐待とは

児童虐待（child abuse）とは，子どもを子どもとして適切に扱わないことである。児童虐待によって，子どもは身体的に外傷を受け，それが生命の危機に及ぶ状態になる危険性がある。また心理的にも深刻なダメージ（トラウマ）

第 9 章　子どもをとりまく問題

を子どもに及ぼし，その後の成長に悪影響を与えることが明らかとなっている。
具体的には，子どもに対する以下の行為である。

1.　身体的虐待

　身体的虐待とは，子どもの生命に危機を生じさせたり，外傷を生じさせたり
するような行為のことである（例：暴力をふるう，激しく揺さぶる，戸外に締
め出す，意図的に子どもを病気にする）。

2.　ネグレクト

　ネグレクトとは，子どもの健康と安全な生活に必要な世話を放棄することで
ある（例：衣食住を十分に提供しない，適切な医療や教育を受けさせない，別
の大人による虐待を止めない，子どもを室内や自動車内に放置する）。

3.　性的虐待

　性的虐待とは，子どもを性的に搾取することである（例：子どもへの性交・
性的行為をする，性的な行為や画像・映像を子どもに見せる）。

4.　心理的虐待

　心理的虐待とは，子どもにネガティブな態度をとることにより，心理的なダ
メージを与えることである（例：脅かし，罵倒などの暴言，無視するなど拒絶
的な態度をとること）。

9.5.2　児童相談所における児童虐待の対応件数

　児童相談所で相談などの対応をした児童虐待の件数は，2013 年（平成 25 年）
では 7 万 3,802 件となり，統計調査をはじめてから年々増加し，1990 年（平成
2 年）の 1,101 件の実に 70 倍近くとなっている（図 9.2）。内訳として，2012
年（平成 24 年）では，身体的虐待が 35.3％，心理的虐待が 33.6％，ネグレク
トは 28.9％，性的虐待は 2.2％ となっている。また，児童虐待による死亡事件
は，たとえば 2013 年（平成 25 年）には 58 名の児童が死亡し，内訳として 0
歳児が 4 割強であった。厚生労働省（2011）は，このような増加の背景には，
地域のつながりの希薄化や核家族化といった家庭・地域の養育力の低下や，児
童虐待が社会問題となり，人々が関心をもったことによる児童虐待の認識の広
まりがあると指摘している。

9.5 児童虐待

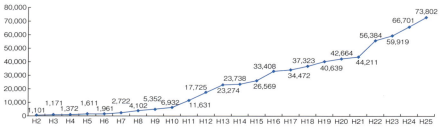

(注) 平成22年度は，東日本大震災の影響により，福島県を除いて集計した数値

図9.2 児童相談所での児童虐待相談対応件数（厚生労働省，2014）

9.5.3 児童虐待への対応

このような児童虐待に対して，虐待が行われる前の段階での予防的な援助，虐待が深刻化する前の早期発見・早期対応，子どもの安全を確保し，親子再統合に向けた保護者支援，児童養護施設など，社会的養護体制における子どもの心のケアが必要となる。ここでは，児童虐待に関わる公的機関として，児童相談所，子ども家庭支援センター，学校，児童養護施設での取組みを紹介する。

1. 児童相談所での対応

児童相談所では，各都道府県および政令指定都市が管轄する，児童虐待対応の中心的な機関として，以下のような対応を行っている。

(1) 保護者，児童本人，地域住民，学校関係者，医療関係者，警察関係者などから，虐待に関する通告・相談を受付・受理する。

(2) 虐待に関する事実関係の調査を行う。法的措置としては，出頭要求，立入調査，臨検（強制的な立ち入り検査），捜索がある。

(3) 虐待者である保護者などへの指導と相談を行う。

(4) 必要に応じて，法的措置として一時保護や，児童養護施設，児童自立支援施設，乳児院，情緒障害児短期治療施設等の施設入所措置や，里親の委託などを行う。

2. 児童家庭支援センター，子ども家庭支援センターでの対応

2004年度（平成16年度）より，市区町村における子どもと家庭に関する総合相談窓口として，児童家庭支援センターの設立が児童福祉法の改正により定

められた（東京都は子ども家庭支援センター）。児童家庭支援センターは，18歳未満の子どもや子育て家庭に関するあらゆる相談に応じるほか，ショートステイなどの子ども家庭在宅サービスなど，子育て支援活動を行っている。

　児童家庭支援センターは，要保護児童対策調整機関として，児童虐待に関しては児童相談所と連携して取り組んでいる。たとえば，児童虐待が認められるものの，在宅での援助が適当と判断されるケースや，児童虐待により施設入所した子どもが家庭復帰した後の援助を児童家庭支援センターが担当し，専門性の高い援助が必要な困難事例，出頭要求や一時保護，施設入所措置などの市区町村では対応できない法的措置を必要とするケースは児童相談所が担当するというように，連携して援助を行っている。

3. 学校での対応

　学校において虐待が発見された場合に，校内でどのような対応をするべきか，一例を説明する。

　まず，教職員が，前述のような子どもに関するさまざまなサインから，虐待の発見，または虐待が疑われる状況に気づくことが起きる。気づいた教職員は，まず管理職に相談・報告を行う。次に，管理職は校内での協議の必要があると判断した場合には，校内組織会議を開催する。メンバー構成員として，校長，教頭，教務主任，学年主任，担任，養護教諭，生徒指導主事，教育相談主任，特別支援コーディネーター，進路指導主事，その他必要に応じて，学校医，スクールカウンセラーなどの専門家も加わることになる。そこでは，問題の把握，情報収集，事実関係や緊急性の検討を行い，虐待の疑いありと判断された場合は，児童相談所への通告を行う。そのうえで，関係機関との連絡調整役や，校内の援助体制の窓口となる役割を誰が担当するか決定する。さらに，子どもへの援助，保護者への対応をどのように行うか決定し，必要に応じて，地域の関係機関，民生委員，児童委員との連携を行う。

4. 児童養護施設での対応

　児童養護施設とは，児童福祉法に定める厚生労働省が管轄する児童福祉施設である。養護を必要とする子どもを入所させ，自立のための援助を行うことを目的とする施設であり，虐待を受けた子どもも多数入所している。虐待を受け

た子どもは，基本的な生活習慣が身についていなかったり，虐待によるトラウマを抱えているケースが多いため，児童養護施設では，児童指導員などによる日常的な生活指導と，臨床心理士による遊戯療法や心理カウンセリングが実施されている。

コラム 9.1　　自閉スペクトラム症の感覚過敏

1. 触 覚 過 敏

　触覚の過敏としては，他者から触れられることを極端にいやがる。歯磨き，爪切りや耳かきをしようとしない。衣服の肌触りに不快感をもちやすく，真冬でも，Tシャツや素足にサンダルを履くなど，肌触りが気に入ったものしか身につけない。また，気温（暑い・寒い）や湿度の高さを極端にいやがったり，体調が悪くなったりする。

2. 聴 覚 過 敏

　聴覚の過敏としては，たとえば教室にいるときに，教師の声だけでなく，他の生徒の話し声や，机や椅子が動く音，ノートをとる鉛筆の音，外から聞こえてくる体育の授業の音，飛んでいる飛行機の音，さらにそれらの音が建物内で反響する音が，渾然一体となって耳に飛びこんできて，教師の話が聴きとれないだけでなく，不快感でパニックに陥ったり，気分が悪くなってしまったりする。また，自分の周囲のあらゆる音が同等に聞こえてしまうので，相手の話す声や自分の話す声がよく聴こえない。

3. 視 覚 過 敏

　昼間の太陽光をひどくまぶしがったり，夜の車のヘッドライトや，室内の蛍光灯の光がチカチカと点滅して見えてしまうためにいやがることがある。

●練 習 問 題

1. 自閉スペクトラム症の子どもが小学校の通常学級にいるとすると，その子どもはどのような困難を体験すると推測できるだろうか。

2. 学校に行ったほうがよいという根拠を，子どもたちが実感できるようになるためには，どのような方法があるだろうか。

3. 1990年代以降，児童虐待の相談件数が増加している理由は何だろうか。

●参 考 図 書

阿部利彦（2006）．発達障がいを持つ子の「いいところ」応援計画　ぶどう社

　発達障害をもつ子どもをどのように理解するか，学校と家庭で，どのような援助が効果的か，平易な言葉で非常にわかりやすく説いてくれる本である。

阿部利彦（編著）（2009）．クラスで気になる子の支援 ズバッと解決ファイル
**　　──達人と学ぶ！特別支援教育・教育相談のコツ──　金子書房**

　発達障害をもつ子どもに対して，どのような援助が考えられるのか，各方面の「達人」たちがアイデアを提供する。

滝川一廣（2004）．「こころ」の本質とは何か──統合失調症・自閉症・不登
**　　校のふしぎ──　ちくま新書　筑摩書房**

　統合失調症，自閉症，不登校を取り上げ，正常と異常というレッテルを貼って判断を止めてしまわずに，それぞれがどのようにかたちづくられていくのか理解を深めることができる。

西澤　哲（2010）．子ども虐待　講談社現代新書　講談社

　児童虐待について，その発生に関わる要因や，被害にあった子どもの回復についてなど，総合的にわかりやすく理解できる。

10

思春期・青年期を
とりまく問題

思春期・青年期は，周囲との関係のなかで発達的に大きな変化が訪れる時期である。思春期・青年期をとりまく問題として，摂食障害，非行，自傷・自死を取り上げるが，これらの問題が，思春期・青年期という発達段階にどのように関連しながら現れてくるのか，さらにその対応について理解を深めることを本章の目的とする。

10.1 思春期・青年期の発達課題

思春期（13〜18歳）および**青年期**（19歳〜二十代後半）になると，身体の成長，知的発達，性的成熟という大きな変化が生じる。その変化にともない，自分自身や周囲との関係において，それまでの「子どもとしての自分」がフィットしなくなり，「大人としての自分」をつくりはじめるのである。

この「大人としての自分」という自己像が完成されることを，**自我同一性**（ego identity）の確立と呼ぶ。自我同一性とは，エリクソン（Erikson, E. H., 1950 仁科訳 1977）によれば，自分とは他の誰でもない独自の存在であるという主体的な感覚，時間が流れても，状況が変化しても自分は自分であるという，連続性と一貫性の感覚，さらに周囲に人々から認められた自分であるという，社会的に認められた存在であるという感覚，の3つの感覚が含まれている。

今までの「自分」がいったん壊され，新たな「自分」をつくる思春期・青年期は，「こうありたい自分」と現実の自分とのギャップや，「こうありたい自分」と周囲から規定される自分とのギャップの間を揺れ動き，苦悩する時期である。また，新たな自己像を確立することにともない，親子関係や友人関係において，新たな対人関係のスタイルを構築しなければならなくなる。そのため，思春期・青年期は，心身の不適応状態が出現しやすい時期であるといえる。

本章では，思春期・青年期をとりまく問題として，摂食障害，非行，自傷・自死を取り上げる。思春期・青年期の発達的な視点からみると，摂食障害は自己の身体と自己像をめぐる葛藤の問題，非行は反社会的な方向に自己像がかたちづくられてしまう問題，自傷・自死は自己像をめぐる葛藤が自分自身に対する攻撃となって現れてしまう問題であるととらえられるであろう。

10.2 摂食障害

10.2.1 摂食障害とは

摂食障害（eating disorder）とは，身体的な疾病がないにも関わらず，食行動に異常がみられる状態である。摂食障害は，大別すると，神経性やせ症，神

経性過食症，過食性障害というタイプがある。それぞれのタイプについて，以下アメリカ精神医学会で作成された『DSM-5 精神疾患の診断・統計マニュアル（*Diagnostic and Statistical Manual of Mental Disorders*）』（2013）をもとに説明する。

10.2.2 神経性やせ症

神経性やせ症（anorexia nervosa）とは，以下の3つの特徴からなる状態である。

1. 食べること，すなわち必要なカロリーをとることを制限し，体重が同年齢の人の正常域に比べて低くなっている。
2. 低体重にも関わらず，体重が増えることに対する強い恐怖感がある，または体重が増加しないように持続的に過剰な運動などをしている。
3. 自分の体重や体型に対して，太っているという歪んだとらえ方をしており，体重・体型と自己評価が直結していることから，「太っている＝自分はだめな人間」と考えたりする。また，自分の低体重に対する深刻さの欠如がみられる。

なお，神経性やせ症は，ダイエット，断食や過剰な運動のみをするタイプ（摂食制限型）と，それらに加えて過食や排出行動を行うタイプ（過食・排出型）の2つのタイプがあるとされる。排出行動とは，体重の増加を防ぐために，自分で吐いてしまう（自己誘発性嘔吐），下剤・利尿薬・浣腸を乱用するというような行動のことである。

10.2.3 神経性過食症

神経性過食症（bulimia nervosa）とは，以下の4つの特徴からなる状態である。

1. 通常に比べて大量の食物を食べること（過食）を繰返し行う。過食を行っている間は，食べることを抑えられないという感覚が生じている。
2. 体重の増加を防ぐために，不適切な代償行動を繰り返す。たとえば，自己誘発性嘔吐，下剤・利尿薬・浣腸を乱用するといった排出行動や，絶食する，過剰な運動をするなどである。

182 　第 10 章　思春期・青年期をとりまく問題

3. 過食と不適切な代償行動が，ともに 3 カ月以上にわたって，少なくとも週 1 回は生じている。

4.「太っている＝自分はダメな人間」というように，自分の体重や体型が，自己評価に過度に影響を及ぼしている。

10.2.4　過食性障害

過食性障害（binge eating disorder）とは，神経性過食症とは異なり，過食のみを行い，代償行動はともなわないタイプである。以下の 5 つの特徴がみられる。

1. 通常に比べて大量の食物を食べること（過食）を繰返し行う。過食を行っている間は，食べることを抑えられないという感覚が生じている。

2. 過食には，以下のことが 3 つ以上関連している。

(1) 通常よりもかなり早く食べる。

(2) 苦しいほど満腹になるまで食べる。

(3) 空腹を感じていないときに過食をする。

(4) 過食することを恥ずかしいと感じて一人で過食を行う。

(5) 過食後に，自己嫌悪，抑うつ気分，または強い罪悪感を感じる。

3. 過食をすることに明らかな苦痛を感じている。

4. 過食と不適切な代償行動が，ともに 3 カ月以上にわたって，少なくとも週 1 回は生じている。

5. 不適切な代償行動の反復はみられない。

10.2.5　摂食障害に至る心理

　ダイエットを行うことで体重が減少すると，周囲から「やせたね」と言われてうれしかったり，理想的な自分に近づいた気持ちになるということがあるだろう。神経性やせ症は，このようなダイエットをきっかけとして生じることが多いのであるが，なぜ適切なダイエットにとどまらずにエスカレートしてしまうのだろうか。摂食障害の特徴をふまえれば，それには自己評価という要因が存在していると考えられる。ダイエットをすることでやせることができたとい

う体験は，自分が努力することで，外見とそれに関連する自己像をコントロールできるのだという意味をもつ。自己像が揺らぎやすい思春期・青年期において，とくに自分に自信のない，**自己肯定感**の低い若者であれば，この体験は大きな達成感や満足感をもたらしてくれるものとなるだろう。そのため，過剰なダイエット（絶食や過剰な運動）にのめりこんでしまうことが生じると考えられる。

　また，摂食障害は親子関係における葛藤との関連が指摘されている。たとえば，滝川（2004）は，神経性やせ症が家庭において親のつくった食事を拒否する，すなわち家族を受け入れられないという意味があることを指摘している。これは，思春期・青年期において，親に対してどのような自己像をつくり上げ，親との間でどのような関係を新たに構築するのかという問題と関わっているといえる。摂食障害は，自己像をめぐる多様な要因が影響していると考えられるが，そのような親との関係において葛藤を抱えもった場合においても，摂食障害が生じうるということであろう。

　一方，過食には「やけ食い」という言葉があるように，もともとは本人が抱える何らかのストレスを解消しようとする対処行動（コーピング）の一つであったと考えられる。また，過剰なダイエットによる飢餓状態に対する，身体的な反応として過食が生じるという場合もあるだろう。そのようにしてはじまった過食は繰り返されるごとに，やめようと思ってもやめられない，自分ではコントロールできないもの（**嗜癖**：addiction）として体験されるために，自己嫌悪や罪悪感が生じる。神経性過食症では，それでも無理にコントロールしようと，太らないように不適切な代償行動を行うのだと考えられる。このため，心身の状態はさらに悪化し，悪循環となって強迫的に繰り返してしまうということであろう。

10.2.6　摂食障害の背景にある要因

　神経性やせ症は，ダイエットをきっかけとして生じやすいことが知られており，過剰に自分を太っていると思いこんだり，太ることに対して強い恐怖を感じる。これには，やせていることは良いこと，太っていることは悪いこととい

う価値判断が深く関わっていると思われる。このような価値判断の背景には，やせていることを美しいとする文化的な影響があるだろう。神経性過食症にみられる体重の増加を防ぐための代償行動や，過食性障害であっても過食をすることに対する自己嫌悪や罪悪感の存在から，同様にやせていることに価値をおくという文化的な影響を受けていると考えられる。

10.2.7　摂食障害の治療

摂食障害は，自己像や自己評価という心理的要因が大きく関わっており，心理カウンセリングなどの心理療法や，自助グループが有効であるとされている（コラム10.1参照）。また，生命の維持に必要な「食べること」の異常は，身体的にも悪影響を及ぼす。とくに神経性やせ症では，栄養不足により，身体的な成長が阻害され，無月経や，体重低下が著しくなれば臓器不全や脳の萎縮も生じるなど，やがては生命の危険に及ぶことも稀ではない。そのため，身体的な治療も必要となることがある場合は，医学的な治療と心理療法との連携が重要となろう。

10.3　非　行

10.3.1　非 行 と は

非行とは，少年法（1949年（昭和24年）施行）によると，以下の3つの行為をした少年（未成年の男女）と定義されている。

1. 犯罪少年：14歳以上20歳未満で刑罰法令に触れる行為をした場合。
2. 触法少年：14歳に満たないで刑罰法令に触れる行為をした場合。
3. ぐ犯少年：性格または環境に照らして，将来，罪を犯し，または刑罰法令に触れる行為をするおそれのある場合。

「刑罰法令に触れる行為をするおそれ」とは，次に掲げる事由である。

（1）保護者の正当な監督に服しない性癖がある。

（2）正当の理由がなく家庭に寄りつかない。

（3）犯罪性のある人若しくは不道徳な人と交際し，又はいかがわしい場所に出

入りする（例：暴力団員との交際や，深夜に仲間のいるたまり場への出入りをする）。

(4) 自己又は他人を害する行為をする性癖がある（例：繁華街を徘徊しながら少女等を誘って不純異性交遊を繰り返す）。

なお，非行にはあたらないが，少年が飲酒・喫煙・夜間徘徊を繰り返すことを「不良行為」という。

10.3.2　非行少年の心理

森（1996）は，青年期の主な課題を「一人前の大人になること」として，そのために「性役割の獲得」「親離れ」「仲間入り」「生き方の方向づけを見つける」という副課題が必要であるとしている。この森の考え方をもとに，非行少年の心理を検討する。

1. 性役割の獲得

思春期・青年期では，「男らしさ」「女らしさ」についての自身の信念を，さまざまなモデルを参照しながら，自分なりにかたちづくっていく。すなわち，自らの性同一性（gender identity）をもとに，モデルを取り入れながら，大人としての性役割を獲得していく時期である。その際に，不適切なモデルを取り入れてしまうと，その結果，たとえば，「攻撃的・暴力的になることが大人の男らさしさである」「性的にアピールすることが大人の女らしさである」というような信念を形成してしまう危険性がある。とくにその他の面では自信がなかったり，充実感をもつことができない若者にとってみると，「（暴力の面で）強くなる」「（性的に）魅力的になる」ことに憧れを抱いてしまい，実際に暴力や性非行をしてしまうことが起こり得るのである。

2. 親離れと仲間入り

思春期・青年期の重要な課題の一つとして，親離れがあるが，これは単に親から物理的・心理的に離れるということではない。児童期までの親子関係は，「子どもである自分」と親との関係であったわけであるが，思春期・青年期になると，「これから大人になる自分」と親との関係を新たに構築していくことになる。そのため，今までのように親から一方的に何かを決められることを，

押しつけと感じて反発したり，距離を置こうとする。また，自分自身の考えや意見を認めてほしいと積極的に自己主張するようにもなる。このように，思春期・青年期の親子関係は一時的に不安定なものになりやすい。

　以上のことから，思春期・青年期の若者は，親からの心理的自立を求めて離れようとする一方で，信頼する仲間集団をつくり，そこでの交流によって自己像も非常に大きな影響を受けることになる。そのため，若者のなかには，不良グループや暴力団などの反社会的な集団に仲間を見つけ，そこに属してしまう者も出てくるであろう。

3. 生き方の方向づけを見つける

　思春期・青年期では，将来大人としてどのように生きていくかという，自分自身の生き方を方向づけることをはじめる。ここでも，周囲の大人や仲間から大きな影響を受けることになる。そのため，不良グループに入っている若者は，反社会的な生き方の方向づけをしてしまう危険性があるだろう。また，自分の将来に希望がもてない若者は，生き方の方向づけ自体を放棄して，その場かぎりの楽しさや快楽を求めて非行をしてしまうことが起こり得る。

4. さまざまな危機の影響

　森（1996）は，非行などの問題行動の発生には，さまざまなレベルの危機が重なりあって生じることを指摘している。たとえば，家庭において問題のある養育を受けてきたために，他者とよい関係を構築することに困難を抱えている子どもが，思春期・青年期になり，家庭や学校にもなじめず，周囲の大人からは「おまえはダメだ」と繰返し叱責を受けてしまう。そのため，「自分はダメな人間だ」「どうせ何をやっても無駄だ」というように，自己肯定感をもてず，現在にも将来にも希望がもてないままに毎日を過ごすことになる。そこで，唯一自分を受け入れてくれた集団が不良グループであったとすれば，ここまで検討したように，本人の自我同一性も反社会的な方向でかたちづくられてしまう危険性があるだろう。非行の発生にこれらのさまざまなレベルの危機が影響しているのである。

10.3.3 非行少年の処遇

非行少年が補導，検挙された場合に，どのような処遇を受けることになるのか，犯罪少年，触法少年，ぐ犯少年，さらに不良行為少年に分けて，説明を行う（法務省，2015）。

1. 犯罪少年の場合

警察が犯罪少年を検挙した場合，事件が罰金以下の刑にあたる犯罪であれば事件を直接家庭裁判所に送致し，それ以外は検察官に送致する。事件の送致を受けた検察官は，捜査を行ったうえ，犯罪の嫌疑があればその事件を**家庭裁判所**に送致する。

家庭裁判所では，送致を受けた事件について，犯罪事実の有無，また，少年や保護者の環境について，家庭裁判所調査官が心理学などの専門的知識を活用して調査を行う。調査の結果により，審判開始，審判不開始，検察官送致などの決定がなされ，審判が開始された場合は，保護観察，少年院送致などの保護処分や不処分が決定される。検察官送致とは，家庭裁判所により刑事処分が相当と判断した場合の措置で，送致を受けた検察官により刑事裁判手続に移行されるが，これを「逆送」という。

2. 触法少年の場合

14歳未満の少年については，児童福祉法による措置が少年法による措置に優先して行われる。警察が触法少年を補導した場合，その少年に保護者がいないときや，保護者の監護が不適当と認められるときは，福祉事務所または児童相談所に通告しなければならない。また，通告の必要がない場合には，警察において少年およびその保護者に指導や注意，助言を与えるなどの措置をとっている。

3. ぐ犯少年の場合

警察において14歳未満のぐ犯少年を補導した場合には，触法少年と同様の措置をとることとなる。14歳以上18歳未満のぐ犯少年を補導した場合には，福祉事務所または児童相談所に通告するか，家庭裁判所に送致する。18歳以上のぐ犯少年を補導した場合には，家庭裁判所に送致する。

4. 不良行為少年

188　第10章　思春期・青年期をとりまく問題

警察では，関係機関・団体，ボランティアなどとの連携による積極的な街頭補導などを通じて，不良行為少年やその家庭への指導，助言に努めている。

10.3.4　非行に対応する関係機関

1.　少　年　警　察

少年警察とは，少年の健全な育成を期する精神をもってあたるとともに，その規範意識の向上および立ち直りに資するよう配意すること，また，少年の心理，生理その他の特性に関する深い理解をもってあたること，さらに，少年の性行および環境を深く洞察し，非行の原因の究明や犯罪被害等の状況の把握に努め，その非行の防止および保護をするうえでもっとも適切な処遇の方法を講ずるようにすることを主な業務とする警察の一部門である（少年警察活動規則，2002）。

全国の都道府県警察本部の生活安全部に少年担当課（室）が設置され，警察署には生活安全課などに少年担当係が置かれている。少年警察には，少年警察担当警察官の他に，少年相談，被害少年の保護，街頭補導，有害環境の浄化などの活動に従事する，少年補導職員がいる。さらに，心理学，教育学，社会学などの少年相談に関する専門的知識を有する，少年相談専門職員が，複雑な少年相談事案の処理や，少年相談を担当する職員に対する指導などの活動を行っている。

警察本部少年担当課に，少年サポートセンターが設置されており，警察官，少年警察補導員，少年心理専門官（臨床心理士）が配置され，非行少年の立ち直り援助のための少年相談や，居場所づくり活動，非行防止教室などを行っている。

また，少年警察では，子どもの非行を防止し，その健全育成を図るため，さまざまなボランティアを委嘱している。少年補導員は，街頭補導活動，環境浄化活動をはじめとする幅広い非行防止活動，少年警察協助員は，暴走族集団などの非行集団の解体補導活動，少年指導委員は，子どもを有害な風俗環境の影響から守るための活動を，それぞれ実施している。

2.　児童相談所

児童相談所は，各都道府県および政令指定都市が管轄し，児童心理司や児童福祉司が，子どもの問題について，家庭その他からの相談に応じるとともに，子どもおよびその家庭に必要な調査や，子どもの一時保護等の業務を行っている。非行に関しては，14歳未満の触法少年やぐ犯少年への対応を行っている。

3. 児童自立支援施設

児童自立支援施設は，厚生労働省が管轄し，不良行為をする子ども，家庭環境などの事情により生活指導を必要とする子どもを入所させ，または保護者のもとから通わせて，個々の子どもに応じた指導を行い，自立を援助することを目的とする福祉施設である。

4. 児童養護施設

児童養護施設とは，厚生労働省が管轄し，保護者がいなかったり，虐待されているなど，環境上養護を必要とする子ども（1歳未満の乳児を除く）を入所させて養護し，あわせて自立を援助することを目的とする施設である。

5. 少年鑑別所

少年鑑別所は，法務省の管轄により，少年法の規定により送致された非行少年を収容し，鑑別を行う施設である。鑑別とは，医学，心理学，教育学，社会学などの専門的知識や技術に基づき，法務技官（心理）や法務教官が，鑑別対象者について，その非行に影響を及ぼした本人の資質や，人間関係や家庭環境など環境上問題となる事情を面接や心理検査で調査したうえで，非行に至った事情の改善に寄与するため，適切な指針を示すことである。また，少年鑑別所は，「法務少年支援センター」として，地域住民から子どもの非行についての心理相談を受けたり，児童福祉機関，学校・教育機関などと連携しながら，地域における非行の防止に関する活動や，健全育成に関する活動の援助などに取り組んでいる。

6. 少 年 院

少年院とは，法務省の管轄により，家庭裁判所から送致された非行少年を収容し，矯正教育を行う施設である。矯正教育としては，法務教官や法務技官（心理）が，面接，読書，作文，日記等の個別指導や，役割活動，集団討議，グループワーク，各種行事等の集団指導を通して，在院者に対し，その年齢に

190 第 10 章　思春期・青年期をとりまく問題

ふさわしい経験をさせ，適切なものの見方・考え方，行動の仕方を身につけさせるための指導を実施している。さらに，仮退院後の保護観察や関係機関との連携を行っている。

7. 少年刑務所

少年刑務所とは，法務省の管轄により，いわゆる逆送による刑事裁判において，懲役または禁錮の刑の言渡しを受けた非行少年（男性のみ）を収容して刑を執行する施設である。ここでも法務技官（心理）や法務教官が改善指導プログラムなどを実施している。

8. 保護観察所

保護観察は，法務省の管轄により，犯罪をした成人と非行少年が，社会のなかで更生していけるように，保護観察官と保護司によって，生活実態の把握や，指導と援助を行うものである。刑務所等の矯正施設で行われる施設内での処遇に対し，社会のなかで処遇を行うものであることから，「社会内処遇」といわれている。

10.4 自傷・自死

10.4.1 自傷行為とは

自傷行為とは，「社会的に認められておらず，心理的苦痛を軽減する目的で行われる，致死性の低い直接的な身体損傷」である（松本，2009）。すなわち，「イライラを抑えるため」「つらい気分をすっきりさせたい」というように，何らかの耐え難いこころの痛みを鎮めようとしたり，見ないようにするために手首を切るなどの自らの身体を傷つける行為である。このこころの痛みを抑える効果のために，自傷行為は繰り返され，次第にやめられなくなってしまうのである。

自傷行為について「誰かの気を引こうとして行っている」と言われることがある。しかし，多くの自傷行為は一人きりの状況で行われ，誰かに告白したり，助けを求めたりすることはないため，むしろ他者に対する根深い不信感のなかで行われる「孤独な対処行動」（松本，2012）であるといえる。しかし，この

10.4 自傷・自死

対処行動は，けっして根本的な解決とはならず，一時しのぎにしかならないため，何度も繰り返すことになるし，耐性がつくので次第にエスカレートしてしまうという危険性がある。そして，問題の本質は，単に自分を傷つけるということではなく，自分のなかの苦しみに対して，きちんと言葉にして向き合うこともできず，他者に助けを求めることもできず，ひたすら自己虐待を繰り返してしまうという，その在り様なのである。

また，自傷行為の定義には「致死性の低い直接的な身体損傷」とあるように，自傷行為は自ら死のうとして行う行為（自殺企図）とは異なるものである。しかし，十代において自傷を行った経験のある者は，そうでない者に比べて，10年後に自殺既遂によって死亡するリスクが数百倍高まることが知られており（Owens et al., 2002），「自傷行為をしている者は自死することはない」とはいえず，むしろ自死につながり得る深刻な問題であると認識すべきである。

10.4.2 自傷行為に関連する要因

自傷行為についての海外と国内の先行研究を概観した浅野（2015）は，そこでの一致した結果として，自傷行為を行う人は，**自己肯定感**が低いこと，他者に対する不信感があること，高い攻撃性と衝動性があることを指摘している。また，自傷行為と関連のある精神障害としては，解離症群，摂食障害，境界性パーソナリティ障害（11.3.1 参照）などが挙げられる。解離症とは，本来1つにまとまっているはずの記憶や意識，知覚などの感覚をまとめる能力が一時的に失われた状態である。その原因としては，強いストレスによって生じていると考えられている。

10.4.3 自傷行為への対応

それでは，このような自傷行為をする若者に対して，どのような対応をすべきなのか，松本（2012）の指摘をもとに紹介する。

1. 告白は回復のはじまりであると認識する

自傷行為をする若者は，他者に対する不信感をもつことが多く，他者に助けを求めようとしない傾向がある。そのため，もし本人から自傷行為を告白して

きた場合は,「正直に話してくれてありがとう」と本人の勇気を認め,本人の苦しみに耳を傾け,きちんと受け止めたい。そのうえで,適切な援助につなげることが必要である。

2. 頭ごなしに禁止をしない

本人にとって自傷行為は,自分をなんとかコントロールするため,安定させるために必要な対処方法なのである。そのため,強引に禁止すると,「自傷行為ができなくなることで自分はコントロールを失い,発狂するのではないか」という強い不安や恐怖を感じさせることになる。そのため,安全性を考えた制限や禁止をするにしても,本人の不安を受け止めたうえで,「あなたを守りたい」から制限や禁止をするのだ,ということを丁寧に伝える。

3. 肯定的側面を認める

「こころの痛みに耐えようとしたんだね」「生きるために必要だったんだね」というように,自傷行為が本人にとっての対処方法になっていることを認める。そのうえで,「だんだんと自傷の効き目が弱くなって,ますますエスカレートしてしまうことが心配」なのだということを伝える。

4. 「自傷をしないという約束」を求めない

自傷行為が明らかになると,周囲の大人は心配のあまり「自傷をしないと約束して」と迫ったり,本人から「もう二度と自傷をしない」という申し出が出たりする。しかし,このような約束は守ることは難しく,「約束を破ってしまった」「裏切ってしまった」と自分をさらに責めてしまったり,「もう顔向けできない」と関係を断ち切ってしまうことになる。そのため,本人から約束をもち出しても,そのような約束は必要ないこと,「それよりも自傷をしたくなったら,その前か後にまた相談においで」と伝える。

5. 専門機関での支援を罰にしない

「今度やったらカウンセリングに行かせるよ」「今度やったら精神科に入院だよ」など,専門機関で援助を受けることを,罰のように本人に体験させないように注意する。

10.4.4 若者の自死

　小中高校生の自死者数は，内閣府・警察庁の統計によれば例年，300件前後にも上る。若者の年齢別死因からみると，2012年（平成24年）では，10～14歳で第3位，15～19歳，20～24歳の死因の第1位となっている。このことから，若者の自死を防ぐための方策を開発し，実施することは，私たちの社会でも大きな課題であるといえる。

10.4.5 若者が自死に至る心理

　ここでは，文部科学省（2009）による「教師が知っておきたい子どもの自殺予防」をもとに，若者が自死に至る心理を説明する。

　自死に追いつめられる若者の心理状態としては，以下の5つが挙げられる。

1. 深刻な孤立感

　「誰も自分のことなど助けてくれるはずがない」「自分には安心できる居場所がない」「自分がいても皆に迷惑をかけるだけだ」など，現実には助けようとする人がいるにも関わらず，そのような考えにとらわれてしまっている。

2. 無価値観

　自己肯定感が低下しており，「私なんかいないほうがいい」「生きていても仕方がない」という考えから離れられなくなる。

3. 強い怒り

　自分の苦しみやつらい状況に向き合うことができないために，やり場のない気持ちが，他者への激しい怒りとなって表れる場合がある。そのような怒りが自分自身に向けられると，自死の危険性が高まるといえる。

4. 苦しみが永遠に続くという思い込み

　自分の抱えている苦しみは，どんなことをしても解決できないから永遠に続くのだという思い込みに囚われ，未来に対しても絶望してしまう。

5. 心理的視野狭窄

　今の自分の状況に対して，自死以外の解決方法がまったく思い浮かばなくなり，追いつめられた心理状態に至る。

　自死の危険因子としては，ミラーとテイラー（2005）によれば，①自傷行為，

②摂食障害，③性非行，④暴力・危険行為，⑤薬物乱用を挙げ，これらの要因が，1つで2.3倍，2つで8.8倍，3つで18.3倍，4つで30.1倍，5つで50.0倍，6つで277.3倍と，組合せが増えるごとに，これらの要因がない人に比べて自死の危険性が増大するとしている。また，思春期・青年期は精神障害の好発年齢となるので，前述の摂食障害だけでなく，統合失調症，うつ病の発症でも自死の危険性は高まるといえる。

10.4.6　自死の危険性のある若者への関わり

　それでは，自死の危険性のある若者にどのように関わればよいだろうか。文部科学省では，以下のような関わりを推奨している。

1.　本人の絶望的な気持ちに耳を傾ける

　まずは，本人の話を邪魔することなくじっくり聴き，本人の考えや気持ちを受け止める。そして，勇気を出して話してくれたことをほめて，一緒に考えていこうと伝える。

2.　「死にたい気持ち（希死念慮）」について率直に尋ねる

　たとえば「どんなときに死にたいと思ってしまうの？」など，相談のなかで「死にたい」気持ちを本人がもっていることをきちんと扱い，受け止める。ただし，「なぜ」と原因を問いつめたり，希死念慮があることを善悪で判断したりしないようにする。

3.　心配していることを伝える

　そのうえで，気にかけている，心配してくれている人がいることをわかってもらう。

4.　安全を確保する

　自死の危険性をきちんと心理アセスメントして，援助者として対応できる部分と，他の援助者に協力を求める部分を明確にして，本人の安全を確保するように努める。

5.　援助者も一人で抱え込まない

　自傷行為や自死のように，生死の関わる重く困難な問題を一人の援助者だけで支えることは，物理的にも精神的にも無理があるだろう。そのため，学校，

10.4 自傷・自死

家庭，相談機関，医療機関といった本人を支えるリソースを明らかにして，援助者同士が連携して本人を支えるようにするべきである。

6. 安定した援助者になる

自死の危険性のある若者は，ひどい孤立感を抱えているため，援助者にしがみつくような言動をしたり，さまざまな要求をしたりと，関係の取り方が難しい場合がある。そのようなときに，同情して無理をして本人の要求に付き合ってしまったり，反対に援助することに疲れきってしまって，急に援助を打ち切ったりしないように気をつける。けっして自分一人で抱え込むような無理はせず，他の援助者と協力しながら，できる範囲の援助を安定して長く続けられるように実施することが大切である。

7. 「秘密にしてほしい」という若者への対応

希死念慮や自傷行為について，本人から「他の人には言わないでほしい」という要望が出ることも多い。しかし，生死に関わる危険性のある問題に対して，本人の安全性を確保し，適切な援助を実現するために，他の援助者との協力は必要である。そこで，「あなたを支えるために，あなたに関係する人たちにも理解をしてもらう必要がある」のだということを伝え，連携して援助することの了承を得るべきである。

また，保護者も本人を援助するチームに入ってもらうことが大切であるため，希死念慮や自傷行為を親に秘密にすることは望ましくない。しかし，気をつけなければならないのは，「自分が自傷という悪いことをしているので，親に言いつけられた」という体験にならないようにする必要がある。本人が心配しているのは，「自分が自傷をしていることを知ったときに，親がどんな反応をするのか」ということである。

そのため，本人との間で，希死念慮や自傷行為を親に伝えなければならない理由を伝え理解してもらったうえで，どのような内容を親に伝えればよいかを本人と相談する。また，親はそれを知ってどのような反応をしそうか話し合う。

そのうえで，親に対しては，希死念慮や自傷の事実を伝え，どのような危険性があり，どのようなことに気をつけるべきか説明する。また，希死念慮を告白してきたり，自傷が生じたときに，どのような言葉がけや対応が適切なのか，

第 10 章　思春期・青年期をとりまく問題

アドバイスを行う。最後に，保護者が何か困ったり迷うことがあれば，相談してほしいことを伝え，今後も，保護者と援助者とが一緒に協力して本人を支えていくことを確認する。

コラム 10.1　摂食障害に対する自助グループ

　摂食障害の回復について有効な援助の一つが，**自助グループ**である（野村，2013）。自助グループとは，同じ障害や問題をもつ人々が集まって語り合うことで，当事者同士で問題に立ち向かい，相互にケアを行うグループ活動である。もともと自助グループは，アルコール依存や薬物依存などの問題に対して実施されてきた。自助グループの活動において，自分の抱えている葛藤や苦悩を語り，仲間に受容される体験や，グループの他のメンバーの語りに耳を傾けることで，自分自身を振り返り，客観的にとらえられるようになることは，摂食障害からの回復にとって非常に重要であると考えられる。

●練習問題

1. 太りたくないという心理には，どのような要因が影響しているだろうか。

2. 非行少年に対して，日本ではどのような機関が，それぞれどのような対応を行っているだろうか。

3. 若者の自死を予防するために，どのような対策が必要だろうか。

●参考図書

滝川一廣（2004）．新しい思春期像と精神療法　金剛出版

摂食障害などの若者が抱える問題をわかりやすく理解することができる。

藤岡淳子（編）（2007）．犯罪・非行の心理学　有斐閣

犯罪と非行について，心理学を中心とした視点から基本的な事柄を知ることができる。

文部科学省（2009）．教師が知っておきたい子どもの自殺予防

子どもの自殺予防について，教師が知っておくべき点がまとめられている。具体的な説明でわかりやすい。（文部科学省のホームページからダウンロード可能，巻末の引用文献にある URL を参照。）

成人期をとりまく問題

11

成人期は，発達の完成形であると以前はみられていた。今日では，社会のなかで多様な役割を担い，もう若くないことへの自覚がはじまる年代であり，独自の課題があるという見方になってきている。青年期が自分の社会のなかでの居場所づくりに努力する時期だとすると，成人期は自分と他者のために，居場所を安定して維持することに取り組まねばならない時期である。この成人期におけるこころの問題について理解を深め，自身のこころの不調にいずれ気づけるようになることをその目的とする。

11.1 成人期とは

教育期間の長期化などによって青年期として過ごす期間が長くなるに従い，**成人期**のはじまりも遅くなっている。一般的には二十代から三十代前後に成人期がはじまると考えられている（図 11.1）。または，年齢での区分ではなく，エリクソン（Erikson, E. H.；1902-1994）の述べる心理社会的発達（図 2.4 参照）から，自我同一性（ego identity）を確立した時期からが，成人期という見方もある。エリクソンは，初期成人期に他者との間で親密な関係をつくり，次の世代を育てていくことが成人期の課題になると述べている（Erikson, 1950 仁科訳 1977）。成人期は，社会のなかで自分の居場所をつくり，親密な関係の他者をもち，養育者から独立して，次の世代のための活動を行う時期である。周囲から期待され求められる役割や行動が増え，社会のなかで果たす役割が多様になり，その責任が重くなる。そして 40 歳を過ぎる頃から身体機能の低下や自分に残された時間の有限性への気づきがはじまる。さらに，自分の変化や成長する力が弱くなっている自覚も生じる。高橋（2000）は，自分にしかできないことを見出したいと望みつつ，どうしても得られないこともあるという現実を受け入れることが成人期後半（中年期）の課題であると述べている。

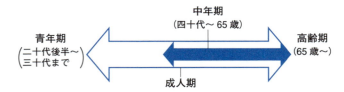

図 11.1 青年期・成人期・中年期・高齢期の年代区分

しかしながら，そのような課題にうまく対処できず，こころにさまざまな不調を来す人が近年増えている。本章の目的は，さまざまな**精神障害**（mental disorder）の特徴と治療について概要を理解し，成人期のこころの不調に気がつけるようになることである。こころに不調を来しているかどうかを判断する目安として，原因が特定できない身体の不調，意味づけがいつもの本人の考えからは推測できない，普段の本人の行動とは異なる行動がみられる，ことがあ

る（山登，2011b）。まずは心身の違和感に気がつき，援助を求める行動を起こすことが肝要である。治療の基本は薬物療法で，投薬は症状を軽減するのに役立つ。それとともに職場や家庭における環境を調整して本人にかかる負担を軽減すること，本人自身も対人関係や自身の価値観についての変化に取り組むことが求められる。このため治療では，周囲の人の協力やカウンセラーからの心理的な援助も大きな力を発揮する。

　近年，精神障害の診断は原因による分類から，具体的な症状によって分類していく流れになっている。WHO（世界保健機関）によりつくられた国際疾病分類であるICD（International Classification of Diseases）と，アメリカ精神医学会によりつくられた『DSM-5 精神疾患の診断・統計マニュアル（*Diagnostic and Statistical Manual of Mental Disorders*）』が使用されている。2015年現在，それぞれ第10版（ICD-10）と第5版（DSM-5）となっている。ただし，2つの分類の間で概念が必ずしも一致していない（石丸，2010）。以下に成人期のこころの不調がどのような精神障害として現れるのかを概観していく。

11.2　不安障害（不安症群／不安障害群）

　不安感は，動悸，胸痛，めまいなどの身体症状をともない，対象は漠然としていてコントロールするのは不可能である。ある特定の不安対象が存在すると恐怖症になる。**不安障害**（anxiety disorders）になると，現実の危険性と比べて過剰な不安や恐怖が自分のなかで強まり，特定の行動ができなくなる。あるいは，行動に制限がかかる状態になる。そのため，学業や職業の遂行，日常生活に問題が生じる。不安や恐怖が生じる場面に遭遇するのではないかという予期不安のために，行動する前であっても不安感は高く，日常生活での疲労感は大きい。明らかな身体的原因はなく発症し，不安に関する事柄以外の現実検討力は保たれる。以下に不安障害の個々の特徴についてみていく。

11.2.1 不安障害の種類

不安障害は，不安や恐怖の対象内容により，次のように分類される。

1. 限局性恐怖症 （specific phobia）

恐怖症のなかでもっとも多く，ヘビ，クモ，雷，血液などの特定の対象，高所などの特定の状況に対して強い恐怖を感じ，その対象や状況に出会う可能性を避けるために，行動や社会活動が制限される。万が一，回避していた恐怖対象や状況に出会ってしまうと，パニック発作が起きることがある。多くの場合10歳前に発症し，なぜその対象が恐怖になったのか不明なことが多い（American Psychiatric Association, 2013 高橋と大野監訳 2014）。

2. 社交恐怖 （social phobia） （社交不安症／社交不安障害；social anxiety disorder）

「比較的少人数の集団内で注目されることに対する恐れが中核症状」（石丸，2010, p.92）の障害である。たとえば，誰かと一緒に食事をする際に食事が飲み込めなくなる，人と話をするときに頭が混乱して話ができなくなる，そして自分が変な態度をとってしまったことに強い自己嫌悪が生じる，といった状態になる。ある特定の社交場面が苦痛であり，否定的な評価や拒絶を怖がり避けようとするが，よく知っている人や慣れた場面では親密な交流をもつことができる。

3. パニック症／パニック障害 （panic disorder）

数分から数十分続く恐怖や強烈な不安感と，身体に生じる強い動悸や息苦しさにより，自己コントロールの喪失や死の恐怖が起きる。パニック発作であるこの状態がまた起きるのではという恐怖から，常に高不安状態で過ごし，疲労感と行動の制限が生じてくる。

4. 広場恐怖症 （agoraphobia）

電車や何かに囲まれている場所にいること，列に並ぶ，混雑した人中にいることなどの，自由に抜け出せない場所や状況で何か恐ろしいことが起きるのではないかという考えが頭から離れず，その場所や状況に対する恐怖が生じてしまう。青年期後期と成人期早期に発症しやすく，さらに40歳過ぎにも発症の危険期があることが見出されている（American Psychiatric Association, 2013

高橋ら監訳 2014)。

5. 全般不安症／全般性不安障害 (generalized anxiety disorder)

特定の恐怖や不安対象はないが，常にどの場面においても過剰な不安を感じている。高不安，高緊張状態が続くので，疲れがたまり，集中力が下がり，イライラ感や怒りやすさ，情緒の不安定，睡眠障害の状態に陥りやすい。

11.2.2 不安障害の治療

上記のような症状が起きたら，症状が反復されて根づく前に早期に手当てをはじめるほうがよい。現実生活の困難さだけでなく，強烈な不安感はそれだけでぐったりするくらい心身の活力を奪うものである。まずは，抗不安薬や睡眠薬などにより不安感をやわらげ，睡眠を整えて疲労感を低下させる。本人は，多くの人が平気で行っている事柄ができないことに劣等感や情けなさを感じ，自己評価が低くなっていることが多い。高不安状態で生活を送る辛さや苦労に共感しつつ，少し頑張れば対処可能だが無理をし過ぎない程度の不安状況を設定し，少しずつ，不安を抱えながら行動できる量と範囲を増やしていく。

11.3 パーソナリティ障害

11.3.1 境界性パーソナリティ障害

パーソナリティ障害 (personality disorder) はいくつかの下位分類がつくられているが，特徴を端的に示している境界性パーソナリティ障害について述べる。境界性パーソナリティ障害 (borderline personality disorder) は，対人関係のもち方，本人の感情，物の見方，行動の仕方，すべての面において非常に不安定で落ち着かないことが特徴である（斎藤, 2011）。そして，「『人中毒』といってもいいくらい人間関係を求めてやまない」（斎藤, 2011, p.157）ところがある。それは，自身の空虚さ，満たされなさを，他人により埋めようとするためである。また，不安や抑うつ感をもつことができないので，他人に自分の負の感情を抱えさせて処理してもらおうとする。そのため，世話をしてくれる人を必要とし，もしその人が離れていこうとしたときには，強烈な見捨てられ

204 第 11 章 成人期をとりまく問題

る感情と怒りが生じる。その結果，衝動的な自傷行為や暴力などの問題行動を
呈する。青年期に顕在化することが多く，40 歳頃になると問題行動や対人関
係がある程度落ち着いてくる傾向がある。しかし，中高年の 40，50 歳代にな
ってはじめて顕在化する場合もある。その場合は，強いつながりをもっていた
対象との絆が緩んでしまったことが発症契機となっているため，本人をとりま
く対人関係がどのようになっているかを知ることが重要となる（丸田，1996）。

11.3.2　境界性パーソナリティ障害の治療

　境界性パーソナリティ障害は周囲の人々を巻き込み，家族や身近な人たちに
対する密着と攻撃の強さが特徴である。このため，本人のみでなく家族や職場
の人々の援助も必要となる。巻き込まれた人は当初，「この人をわかってあげ
られるのは自分だけ」という気持ちが起きる，しかしながら，次第に本人から
の要求や感情の不安定さに疲労して，どうしたらいいのかわからない無力感や
怒りがわいてきやすい。そのため，現実的にできること，できないことを明確
にし，一人で抱え込まないように心掛けることが大切である。本人は，治療に
よりこの苦しい状況を何とかしてほしいと期待している。その一方で，現実を
直視して抑うつ感を感じるという嫌なことをさせられたくないとも思っている。
このため，治療関係も不安定になりやすい。巻き込まれた周囲の人々が，本人
に代わって医師やカウンセラーに対しての不信や不満を感じるように仕向けら
れることがある。しかし，治療法に関わらず自分の進路を決めるのは本人であ
る。周囲は，本人がどのように決定するのか，自身で決定の責を引き受けてい
く過程を見守るようにしたい。どのように生きていくのかを模索し決めていけ
るようになることが，パーソナリティの発達を促すことになるのである。

11.4　気 分 障 害

　気分障害（mood disorder）は，気持ちの落ち込みである憂うつな状態と，
高揚した躁状態の，片方あるいは両方が極端な強さで現れる。気持ちの変化は
誰でも経験するが，その程度が個人や周囲の人々に強い苦痛や困難を引き起こ

すくらいに強く，本人にはコントロールが難しく，期間が長いときには注意を
要する。大切な人の死のような強い抑うつ感が当然生じる場合でも，長期間続
く際には専門的な手当てが必要なことがある。気分障害が生じるのは，遺伝的
要因と環境からの影響の両方が関係していると考えられている。気分障害の状
態像として，うつ状態のみの単極性うつ病は50～60％，躁とうつの2極をも
っている双極性障害は20～30％，躁だけの単極性躁病は非常に少ない（山登，
2011a）。「うつの存在の登場は，紀元前5世紀，Hippocratesが記載した『メラ
ンコリー』であることは論を待たない」（白川と辻井，2014，p.127）とあるよ
うに，気分障害は古くから認められているこころの状態である。「気分や感情
の面だけではなく，思考，行動，そして身体のさまざまな面にも症状が現れ
る」（髙橋，2000，p.54）ため，身体の病気を疑っての受診から，気分障害に
気づく場合もある。

11.4.1　気分障害のときの状態

1.　単極性うつ病（抑うつ障害；depressive disorder）の状態

　単極性うつ病は従来はうつ病として診断されてきた。山登（2011a）はうつ
病について，「心身両方のエネルギーが枯渇して，全体の機能が低下して動け
なくなる病気」であると端的に表現している。心理的には次のような状態にな
りやすい。①今まで楽しかった事柄が楽しめなくなり，悪いことばかりが浮か
びやすくなる抑うつ気分，②やらなくてはいけないとはわかっているがやる気
が起きない意欲低下，③思考や行動が動きづらくなり簡単な決断も難しくなる
精神運動抑制，④非常に強い不安感で落ち着けなくなる不安焦燥感，などであ
る。

　身体症状も多様である。①食欲がないための体重減少，食べはじめると止ま
らないための過食，②布団に入ってもなかなか寝つけない，夜中や早朝に目覚
めて眠れなくなる，長時間寝てもだるい，③便秘・下痢，頭痛や腹痛などの痛
みが続くという自律神経症状があり，すっきりしない状態が続く。また重症に
なると，死にたいという気持ちである希死念慮，自分や周囲の出来事を悲観的
に意味づけて修正がきかなくなる妄想が生じる場合がある。女性は出産後，気

分の落ち込み（マタニティ・ブルー）を経験しやすく，半年はうつ病を発症しやすい。年配者は，身体疾患や身体疾患治療のための薬の副作用でうつ病類似状態になっていることがある。また，うつ病による機能低下を，認知症と間違われる場合もある。

2. 双極性障害（bipolar disorder）の状態

躁状態とうつ状態の両方が起きる場合を，双極性障害という。うつ状態のときとは対照的に，躁状態ではエネルギーが過剰に高まり，感情，思考，行動，身体というすべての領域が過活動状態になる。気持ちが高揚して気分が大きくなり，何でもできそうな気がして，何にでも興味を強く惹かれ，新しい考えが次々と浮かんでくる。寝なくても眠くならずに活動し続けることができ，作業が通常よりも多く行える。一見，積極的で活発なよい状態のようだが問題は多い。問題行動としては次のようなものがある。①注意力が散漫になる，②怒りやすくなる，③経済的に問題が生じるくらい買い物をするなどの普段ならしないような行動を行う，対人関係で配慮ができなくなり喧嘩が起きる，④考え方が極端になり自分はすごい人なのだと誇大的になる，周囲が嫉妬していると被害的になる，などである。人は眠らずに過剰な活動をし続けることはできないため，時間が経つと躁状態は落ち着いたり，うつ状態に反転したりする。躁状態は本人にとってはエネルギーに満ちた気分がよい体験とみなされるため，困った状態であるとは自覚されづらい。

11.4.2　気分障害の治療

うつ病の治療は，こころと身体の休養と薬物療法が基本である。しかし，身体が横になっていても，頭のなかでは否定的な思考が渦巻いており，休養になっていない場合がある。そのため，職場，家庭の環境調整を行い本人が安心して休める状況をつくることが大切である。抗うつ薬は十分な効果を得るまで数週間の服薬が必要である。双極性障害や躁病も薬物療法が主になる。薬物療法と併用して，ものの考え方や感じ方を変える認知行動療法や，感情に共感し生活援助を行う支持的な心理カウンセリングが行われることが多い。加えて，うつや躁状態になる前に，どのような心身のサインが出るのかの気づきや，躁状

態の際に問題行動や過活動に気がつきコントロールできるようになるための自
己理解が必要である。うつ状態の間は，自分は無価値であり，周囲に迷惑をか
けているという思いが浮かびやすいので，仕事を辞めるなどの人生の大きな決
断は，原則として行わないようにする。環境調整は重要で，再発防止，職場や
学校への復帰のためには準備が必要となる。負担の軽い時間設定，作業設定を
行い，徐々に慣らしていく。

11.5 統合失調症

統合失調症（schizophrenia）の中核は認知機能の障害で，これまで当然のこ
ととして疑いもしなかったいろいろなことが「よくわからなくなる」（山登，
2011b）状態になってしまう。当たり前と思っていたこと，周囲の世界の様子
やそれまで何年も接してきた人々の性格や考え，さらには，自分は何者で，今
ここに本当にいるのかという感覚さえもが不確かなものになってしまう。発病
率は人口の1% 近くとされている。発症年齢の第1のピークは，男性は二十代
前半から半ば，女性は二十代後半で中年期に第2のピークがある。発症に関わ
る要因は，遺伝と環境の両方であるが，「ただし，統合失調症と診断されてい
る人の大多数には精神病の家族歴が無い」（American Psychiatric Association,
2013 髙橋ら監訳 2014, p.103）。また，強いストレスや不適切な養育は症状悪
化に関係するが，そのことにより発症するわけではない（岩波，2010）。統合
失調症は複数の要因が関与して，発症するのだろうと推測されている。遺伝的
な脆弱性をもつ人が，体質としての統合失調症のかかりやすさに他の要因が重
なって，発症の危険が生じてくるのである（図 11.2）。

　日本精神神経学会の見解・提言では，統合失調症とは，①脳の神経伝達系の
障害により起こる治療可能な病気である。②幻覚，妄想などの現実を適切に把
握する能力が弱くなるという特徴をもつ。③薬の進歩により，薬物療法と心理
社会的な支援を組み合わせることで，統合失調症をはじめて患った人の過半数
は回復する。④しかし再発しやすいため，服薬を継続し生活を整えるといった
再発予防のための継続的努力は大切である。⑤治療目標は，社会のなかで普通

に生活できることである，と述べている。2002年（平成14年）8月に日本精神神経学会が精神分裂病からの名称変更を提言し，それ以降，統合失調症が正式名称となっているが，古い文献では旧名称が使用されていることがあるので注意してほしい。

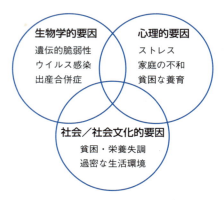

図11.2　統合失調症の多因子モデル（Multifactorial Model of Schizophrenia）
（Rathus, 2008より一部省略して作成）

11.5.1　統合失調症の症状

症状は，通常の人にはみられない精神活動が出現する陽性症状と，通常存在する精神機能が弱まる，またはなくなる陰性症状とがある。陽性症状とは幻覚，妄想，まとまりのない思考とそのため何を伝えたいのかわからなくなっている発語，ひどくまとまりのない行動，同じ姿勢を何時間も続けるなどの運動行動である。幻覚は，外界に感覚を起こさせる刺激がないのに五感に生じる知覚で，たとえば，人がいないのに悪口を言っている声が聞こえる幻聴，物がないのに見える幻視などであり，症状としては幻聴が多い。本人は声を明確に聞いているので，その存在を疑っていない。妄想は，その考えを否定する客観的証拠があってももち続けられる強い思い込みの信念である。たとえば，大きな権力のある組織から狙われている被害関係妄想などが出現する。まとまりのない思考とは，話していて何を伝えたいのか見当がつかないほど話の内容がつながらなくなる状態である。まとまりのない行動は，ある目的に向かうという動きがで

きなくなる，周囲からはなぜなのか理解が難しい急な興奮がみられる。陰性症状では，感情が動かなくなり平板になる，自分から能動的に活動することが極端になくなる，人と話すことが少なくなり，社会的な活動から身を引いてしまうなどが認められる。そして，これらの症状のため社会的な能力が以前よりも落ちてしまう。

11.5.2 統合失調症の治療

発症前の性格として，自分から主張したり，不満を訴えることの少ない，受け身で行動する特徴がみられるという（岡田，2010）。一言でいうと，大人しくて，優しい性格である。発症前から徐々に，身体の不調，意欲の低下，身なりに構わなくなる，周囲の人たちとの関わりを避ける，質のよい睡眠がとれなくなるなどの問題が生じている。本人はどこか以前と変わってきていて何かおかしいと感じてはいるが，なぜなのかを説明できないため，なんでもないと否定したり，周囲の問題と考えている場合がある。また，病的体験が強くなっているが，それを認めることが怖いため，疲労困憊しながら日常生活を送っている場合がある。本人自ら受診を望むことが少ないため，具合の悪さのような「できるだけ本人がつらいと感じている症状に焦点をあて」，周囲の人が医療機関への受診を誘導する（小口と藤井，2009）。

治療は薬物療法が主体であり，抗精神病薬により幻覚・妄想が軽減する。加えて，幻覚や妄想に翻弄されて緊張状態が続き睡眠が十分にとれていないことが多いので，抗精神病薬の鎮静効果により深い睡眠をとれるようになる。服用を続けることで再発予防にもなるため，継続的な服薬が望ましい。薬により症状が軽減した後，心理的な援助が行われる。援助には，社会人として周囲と交流する社会的技能を身につけるための練習（生活技能訓練；ソーシャルスキルズ・トレーニング（Social Skills Training；SST），薬や病気についての理解を深める心理教育がある。また，人と交流し活動意欲をもてるようになるために，グループで料理やレクリエーションなどさまざまな活動を行うデイケアで生活する力を育てていく。これらの活動は，回復・再発を防止しやすい環境を得るためにも重要である。

11.6　嗜癖・依存（嗜癖性障害）

　物質や行動には，人に快感情を起こすものがある。たとえば，適度なアルコールの摂取は，緊張がほぐれて楽しい時間を過ごすのに効果がある。気持ちが落ち込んだときに，買い物は気分を高揚させてくれる。このように飲酒も買い物も，人の生活に潤いを与え元気づけてくれる。ただし，「ある対象となる行動が，すでに自己に不利益，不健康，有害な結果を招いており，やめたほうがよいと考えることはできても，強烈な再体験欲求（渇望）のために抑制することができず，自己の意志力で制御できないまま，その行動を反復継続している病的状態」（田辺，2013，p.142）になってしまうと，その状態は，嗜癖（addiction）と呼ばれる。嗜癖には，物質への嗜癖と行動への嗜癖がある。物質を対象とした狭い意味には，依存（dependence）という言葉が使用される。物質への嗜癖は，アルコールの他に，大麻，コカインのような違法薬物，睡眠導入剤，鎮痛剤，抗不安薬などがある。物質への嗜癖は，①繰返しの使用により耐性ができて，同じ効果の快感情を得るために多量の物質を必要とし，②その物質を身体に入れないと苦痛な身体的・精神的な症状が出現する離脱が起きるようになり，③対人関係や生活，社会的活動において問題が生じても，その物質を使用せずにはいられない強迫的な使用状態を示す（Frances, 2013　大野ら訳2014）。たとえば，アルコールを飲みはじめると少量で止めることができず，泥酔して知人と喧嘩し，仕事も滞るという問題が繰返し起きているにも関わらず，また酒を飲んでしまう。行動への嗜癖は，たとえば，賭け事や買い物のように，本来は楽しみのために行う行動の歯止めが利かなくなり，嘘をついてでもお金を借り，多額の借金をしてもその行動にのめり込まずにはいられなくなった状態をいう。人によっては借金が数百万円にも及ぶことがある。

　嗜癖は，身体的にも精神的にも，その対象や行動に対する強い欲求が存在している。しかし，本人は薬物や行動の生活への影響を過小評価し，薬物の使用や行動を止めていると嘘をつくことさえある。治療を受けるためには，まずは本人が困って，問題に気がつけるようになる必要がある。

11.6.1 嗜癖・依存の治療

　物質への嗜癖は，依存対象を得ることが唯一の目的となり，それ以外のことはどうでもよくなってしまうという特徴がある。たとえば，アルコールは身近にあるが依存性をもつ薬物である。軽度の離脱症状は，手や体の震え，発汗，頻脈，不眠，吐き気や下痢のような消化器症状など不快な身体反応であり，不快な状態を消すために飲酒することが反復される。問題が生じていても，自分は飲酒をコントロールできていて，止めようと思えば止められると考える人が多く，ストレスや緊張の解消手段がアルコールのみになってしまっている。多量飲酒が続けば社会生活のルールや約束を守れなくなり仕事での信用を失うことになる。また，飲酒を止めようとする妻子への暴力などにより家族との関係も悪化し，それがさらなるストレスとなって酒を飲むという悪循環に陥ってしまう。アルコール依存症は死亡率が高く，未治療で平均52歳，アルコール依存専門病院を受診した場合でも約30%が5年後に，約50%は10年後に亡くなっている（松本，2009）。

　依存の治療では，薬物により身体疾患が生じているのでまずはその身体治療を行い，借金などの経済問題の整理，必要に応じて入院により依存薬物を摂取できない状況をつくる。そのうえで，その物質に依存しなくてもよくなることを目標として，ストレスや不快感への他の対処方法を身につけ，自身の無力感に向き合っていく。行動への嗜癖も同様である。毎日の生活が誘惑との戦いになるため，日常的な援助が欠かせない。そのため，断酒の継続を目的とした自助グループの断酒会やAA（Alcoholics Anonymous），薬物依存症者の自助グループであるNA（Narcotics Anonymous）やリハビリ施設であるダルク（Drug Addiction Rehabilitation Center；DARC）の存在意義は大きい。ちなみにAnonymousとは，匿名という意味である。AAは，今日1日飲酒をやめたいと望む人が，社会的な優劣の価値観から離れて，自分の飲酒に関する経験を語り合う会である。「依存症の人たちの多くは，今・ここの対人関係における力の差や相手と表情の変化に鋭敏である」（信田，2014，p.195）。語り合う会ではあるが，話した内容を批判されない安全と他者の話を聞かない自由さえ保障されていることがAAの特徴である（信田，2014）。

11.7 身体疾病にともなう苦悩

　成人期になると身体疾病は生じやすい。そのなかでも，生死に関わる深刻な疾病や痛みをともなう疾病，生活の質を低下させる重症な疾病は，精神状態を悪化させる。「うつ病はさまざまな身体疾患に併存することが知られている。糖尿病・高血圧・慢性リウマチ・慢性腎不全などの慢性疾患に併存するだけでなく，心筋梗塞や脳血管障害などの後遺症として出現することもある」（仙波，2010，p.36）と述べられているように，身体的な病気から抑うつ状態が生じやすい。また，悪性腫瘍にかかった人のうつ病治療と痛みのコントロールは，緩和医療において重要視されている。強烈な痛みは，意志の強さとは関係なく，長時間続くだけで人の生きる意欲を奪うのである。疾病ではないが，特有の時期として更年期がある。男性は男性ホルモンの低下にともない50歳前後，女性は閉経前後10年の四十代半ばから五十代半ばに起きやすい。症状としては，男女ともに精神的不安定さや不安感の亢進，集中力の低下，抑うつ状態，不眠，さまざまな身体症状が生じる場合がある。治療は，減少した性ホルモンを薬や注射で補充する方法とともに，食生活を整え定期的な運動を行う。

　身体疾病の際に，身体の不調軽減を積極的に行うことは基本である。それと同時に，本人が今までどのような人生を生きてきたのかを理解しようと努めると，本人が症状をどのように意味づけしているのかが明らかになる。そして，症状に対することも含めた本人の言動の意図を，本人や家族が共有するように関わりかける。自身について理解されることは，身体疾病で苦しむ人の孤独感の軽減や安心感を育んでくれるのである（服巻，2013）。

11.8 成人期のこころの不調とどう付き合うか

　髙橋（2000）は中年期の精神的健康について，比較的多領域に関心を向けてエネルギーを注ぐことが，危機状況になった際のサポートが働きやすいとみなしている。生活を整えることは言うまでもないが，職場での仕事に対する満足度や対人関係，家族との関係，地域社会とのつながり，友人との交流，余暇や

11.8 成人期のこころの不調とどう付き合うか 213

趣味への関心など，多面的なことが精神的健康に影響している。そこで，生活の改善のためには，一点集中から多面的生活へと緩やかに移行することが望ましい。また，成人期は自分の都合だけで休みをとりづらい時期である。しかしながら周囲の援助を受けて，早期の休養やペースダウンを実施させることが，この後のこころの不調を長引かせないことにつながるのである。

こころの不調を素直に開示できることは，自分の弱みを素直に認められるということである。不足を嘆くのではなく，不足があると認めて，小さくともできることを行っていくことが成人の不調との付き合い方なのである。

コラム 11.1　野菜や果物を食べていますか？

食事と心身の健康との関連は，医食同源として古くからいわれてきた。人の細胞は約1，2年で多くが入れ替わるので，この1，2年に食べたもので，あなたの身体はつくられていることになる。最近では，身体のなかでも腸の健康が注目されている。腸には免疫細胞の約6割があり，食べ物によって免疫力が変化することから，心身の疾病予防や治療との関係で腸の状態が考えられている（本間，2014）。

さてそれでは，何を食べようか？　簡単なのが旬の野菜や果物を食べることであろう。たとえば，枝豆の旬，ニンジンの旬，リンゴの旬を知っているだろうか。1年中，目にすることが多い食材であるが，枝豆は夏，ニンジンとリンゴは秋から冬が旬とのことである。旬がわからなくても，野菜売り場で山積みにされている食材が旬である。元気が出ない，やる気が起こらないと感じたら，八百屋やスーパーに寄り道をして，普段より多めに果物と野菜を食べてみよう。そして十分な睡眠をとれば，人の自然治癒力は心身の不調からの回復を助けてくれるはずである。

第 11 章　成人期をとりまく問題

●練習問題

1. 国際的に使用されている精神障害の分類を，次のなかから選びなさい。

① WHO　② DSM　③ ICD

2. 統合失調症の陽性症状ではないものを，次のなかから選びなさい。

①妄想　②感情の平板化　③幻聴

3. うつ病についての記述で不適切なものを，次のなかから選びなさい。

①食欲がなくなり必ず痩せる

②物事を決められない状態になる

③身体のだるさは睡眠を十分にとれば軽くなる

●参考図書

斎藤　環・山登敬之（2011）．世界一やさしい精神科の本　河出書房新社

　わかりやすく嚙み砕いて，精神障害について語りかけてくれる入門書。話し言葉で書かれているので，はじめて精神障害関連の本を読む人にも読みやすい。

岩波　明（2010）．やさしい精神医学入門　角川選書　角川学芸出版

　精神障害について幅広く，どのような状態になるのか，治療はどうするのかを網羅してある入門書。

加藤忠史（2009）．双極性障害――躁うつ病への対処と治療――　ちくま新書　筑摩書房

　双極性障害について，やや専門的な内容を含んでいるため中級内容であるが，新書版で読みやすいので，挑戦をしてほしい。

岡田尊司（2010）．統合失調症――その新たなる真実――　PHP新書　PHP研究所

　統合失調症とはどのような障害なのかを，事例を数多く挙げながら，平易に書いてある入門書。

ハウス加賀谷・松本キック（2013）．統合失調症がやってきた　イースト・プレス

　中学生のときから幻聴が聞こえ統合失調症の治療を受けながら，お笑い芸人として活動するハウス加賀谷氏の体験が書かれている。

12

高齢期をとりまく課題

　高齢期は加齢にともなう心身機能や社会的役割の変化，認知症を
はじめとした高齢期に多い疾患が，相互に影響し合うとともに，そ
れまでの人生経験の違いから，個人差がきわめて大きくなる時期で
ある。そのため高齢者への援助にあたっては，個別性を重視して，
心理援助の基本に立ち返る必要がある。高齢者に対する心理援助の
社会的ニーズは高く，社会への貢献という観点からも，今後いっそ
うの発展が期待される。

12.1 高齢者と心理学

　2015 年（平成 27 年）現在，日本人の高齢化率は 26% であり，これから数十年にわたって上昇の一途をたどると推計されている（『平成 27 年度高齢社会白書』）。また精神科病院では，入院患者の 49.1% を高齢者が占め（「平成 23 年患者調査」（厚生労働省）），多くの高齢者が心理的な援助を必要としている状況にある。にも関わらず，これまで心理学，とくに臨床心理学は高齢期の心理的課題に対して十分に関心を払ってきたとはいえない。黒川（2013）は，その理由について，「一番の理由は老いの否認であろう。4 人に 1 人が高齢者，そして誰もが老いを迎える事実を，今なお多くの専門家は否認している」と説明している。あるいは否認に端を発して，援助に関わる側に出来上がった「老い」へのステレオタイプ（これをエイジズム（12.3.1 参照）という）が，高齢者の心理援助ニーズを軽視することにつながっていたのかもしれない。

　高齢者の心理援助のためには，心理学全般にわたる広範な知識と関連諸領域の基礎知識，関連職種と連携する力が欠かせない（コラム 1.1 参照）。たとえば高齢期に発症する気分障害では，心理的側面の不調をきっかけとして，閉じこもりがちになり，社会的交流が減少して，社会的援助を受ける機会さえも失ってしまうことがある。そして，それが筋力や免疫力の低下などの身体的側面にも影響し，時には生命の危機につながることさえある。つまり高齢者の心理は，若い人以上に，身体状況や社会的状況と密接な関係をもっているのである。これが高齢者の心理の大きな特徴である。

　このように，人の心理と身体，社会を包括的に理解しようとする見方は**生物―心理―社会モデル**（biopsychosocial model）と呼ばれており，高齢者に関わるすべての専門職に共通した理解モデルとなっている。そこで本章では，このモデルに基づいて，まず高齢者の特徴を，身体，心理，社会の各側面から取り上げる。そのうえで，高齢期に生じやすい心理的な課題とその援助について解説する。なかでも認知症の人への支援は，社会的にも大きな課題であり，かつ心理学や臨床心理学のこれまでの知見に基づいた援助の可能性が大きいことから，より詳しく扱う。

12.2　高齢期の特徴——生物—心理—社会モデルに基づいた理解

12.2.1　高齢者の身体的特徴

　一般的な高齢者の身体的特徴を表 12.1 に示した。高齢者では，疾患固有の症状がわかりやすく訴えられることは少なく，他の症状に紛れて訴えられることが多い。それに加えて，加齢による感覚受容器の機能の低下が，視覚や聴覚などの知覚にも影響するので，高齢者の訴えは散逸的になりやすい。また，薬の効き方一つとっても個人差が大きく，同量の薬を服用してもまったく効果がない場合から，強い副作用を呈する場合までさまざまである。

表 12.1　**高齢者の身体的特徴**（東京都医師会，2011 より一部改変）

【一般的な高齢者の身体的特徴】
1. 予備力が低下する。
2. 内部環境の恒常性維持機能（ホメオスタシス）が低下する。
3. 複数の病気や症状をもっている。
4. 症状が教科書どおりには現れない。
5. 現疾患と関係のない合併症を起こしやすい。
6. 感覚受容器の機能が低下する。

【高齢者の疾患の特徴】
1. 一人で多くの疾患をもっている。
2. 個人差が大きい。
3. 症状が非定型的である。
4. 水・電解質の代謝異常を起こしやすい。
5. 慢性の疾患が多い。
6. 生体防御力が低下しており，疾患が治りにくい。
7. 患者の予後が医療のみならず社会的環境に大きく影響される。

　したがって高齢者の身体症状から，深刻な疾患に由来する症状なのかどうかを見極めたり，類似の疾患との鑑別を行ったりすることは，容易なことではない。時には，心理的な症状にみえるものが，深刻な身体疾患による症状である場合もあることを理解しておく必要がある。

12.2.2　高齢者の心理的特徴——感覚・知覚・認知

1.　感覚・知覚機能の特徴

　私たちは感覚機能を通して，現実を認識している。たとえば冬の訪れを認識

する際には，皮膚感覚で気温の変化を感じとり，視覚で落ち葉や人々のコートを見て，聴覚を通してクリスマスソングを聴くことによって，今が冬だと認識することができる。そのため感覚機能の低下は，高齢者の現実の認識にも影響を及ぼす。

　高齢者の感覚は，感覚受容器の加齢変化によって全般的に機能が低下する。視覚では，老眼や白内障が生じて，ピントが合いづらくなり，かすんだり，まぶしく感じたりする。聴覚では，高い音が聞こえにくくなる老年期難聴になる。味覚も鈍くなり料理の味つけが変わることもある。皮膚感覚の鈍化は，低温やけどなどの危険をもたらす。このように，感覚機能が低下することによって，経験と現実がずれ，周囲の人との人間関係や対人コミュニケーションがうまくいかなくなることさえある。

　たとえば「最近，家族が自分を無視する。気づいたら，自分をのけ者にして他の家族だけでご飯を食べている」と訴える高齢者を考えてみよう。この高齢者は，後述する老年期うつ病や老年期妄想症，あるいは認知症の可能性もある。しかし聴覚機能が低下しただけである可能性もある。

　家族から「ご飯だよ」と声をかけられても，聴覚機能が低下して難聴となった高齢者は気づくことができない。その高齢者にとってみると，声をかけられたという経験自体が存在しないので，「自分の聴力が低下して声が聞こえない」と理解するわけではなく，「最近，みんなが声をかけてくれない」「無視されている」などのように思うかもしれない。一方で家族は聴力の低下した高齢者のことを「最近，歳のせいでひがみっぽくなった」「声をかけているのに覚えていないから認知症ではないか」と思ってしまうこともあるかもしれない。

　このように，感覚機能の低下にともなって生じるコミュニケーションのすれ違いが生じる可能性について知っておく必要がある。

2. 認知機能の特徴

　高齢期の認知機能を考える際，普遍的遅延仮説，処理容量低下仮説，抑制機能低下仮説，そして前頭葉機能低下仮説が知られている（**表12.2**）。これらの仮説からは，高齢では，スピードを要求されるような課題や，同時に複数のことを並行して行わなければならない課題が不得意になることがわかる。

表 12.2　認知機能の加齢モデル

【普遍的遅延仮説】
高齢期に反応時間が増えるのは，神経システムの処理スピードが全般的に低下することによるものであり，すべての認知機能に影響すると考える。

【処理容量低下仮説】
加齢にともなって，処理資源や注意の容量が減少すると考える。

【抑制機能低下仮説】
加齢にともなって，抑制機能が衰退し，行うべき課題とは無関係な刺激に注意が向いてしまい，行うべき課題の遂行が低下すると考える。

【前頭葉機能低下仮説】
発生学的にみて最後に獲得された機能である前頭葉機能が，もっとも加齢の影響を受けやすいと考える。

そのため，高齢者との関わりにおいては，せかしたり，一度に多くのことを話題にしたりせず，高齢者のペースに合わせること，また伝えたいことは一つひとつ分けて伝えるなどの工夫が有効であろう。

また知能のなかでは，流動性知能（計算力・暗記力・思考力など）はやや低下するものの結晶性知能（言語力など）は維持される。そのため，結晶性知能を用いた作業（文章を書くなど）を，自分のペースで行うことができる場合には，若いときと同様もしくはそれ以上の能力を発揮しやすい。

12.2.3　高齢者の心理的特徴——パーソナリティ・適応

パーソナリティの 5 因子モデルである**ビッグ・ファイブ**（Big Five）を用いた多くの研究結果から，高齢者一人ひとりをみると，同一コホート（同じ対象者集団を一定期間追跡調査する）のなかでは，パーソナリティは若い頃と比べて変わらない一方，若い世代と高齢の世代を比べると，高齢世代ほど誠実性が高くなり，開放性は低下する傾向があることが知られている。しかしその個人差は大きく，個人差をふまえた援助をこころがける必要がある。

高齢者の適応に関する理論には，古くから離脱理論や活動理論があったが，近年，高齢者の社会適応の多様性や若い頃からのパーソナリティの継続性をうまく説明する理論として，カーステンセン（Carstensen, L. L., 1992）による**社会情動的選択性理論**（socioemotional selectivity theory）がある。この理論

において高齢者は，加齢による認知的資源の減少にともない，友人関係や社会的交流においても本人にとって認知的負荷の高いものを避けるようになるという。その結果，負荷の少ない，旧知の友人や家族，気心の知れた仲間などのように認知的資源をそれほど消費しない人間関係を選択して継続させ，新しい友人関係などのように情動的に緊張をともなう社会的交流は若い頃と比べて減少させていくことによって，高齢者は社会に適応すると説明される。たしかに，一般の人よりも，認知的資源が病的に減少した認知症高齢者に対する関わりでは，「なじみの関係」が重要であることが指摘されており，社会情動的選択理論がよく当てはまる。一般の高齢者にとって望ましい社会的適応とは，無理に新しい環境で新しい人間関係をはじめることよりも，その高齢者がなじんだ人間関係を絶やすことのないように援助していくことが，より適切である場合もあると考えることができるだろう。

12.2.4　高齢者の社会的特徴

　現在の高齢者施策では，高齢になっても住み慣れた地域で暮らすことを目指した，地域包括ケアシステムの構築が進められている。これは高齢者の住まいをまず地域に確保したうえで，医療や介護，生活援助や介護予防について，日常生活圏域でまかなうことを目指した社会システムである。とりわけ急増が見込まれる認知症高齢者の生活を支えることは喫緊の課題となっている。政府は，これまで認知症の人が社会から隔絶された生活環境におかれることを余儀なくされてきたことを反省し，認知症の人の意思を尊重し，できる限り住み慣れた地域のよい環境で自分らしく暮らし続けられることを目指した新認知症施策総合推進戦略（新オレンジプラン）を策定している。

12.3　高齢者に対する心理的援助の基本姿勢

12.3.1　エイジズムからの脱却

　エイジズム（ageism）とは，とくに高齢者に対する偏見に用いられる用語であり，高齢であるということに対して生じる，体系的なステレオタイプもし

くは差別を指している。先述したように、エイジズムは誰にでも知らないうちに生じる可能性があり、高齢者に関わる人も自覚のないまま高齢者に対する誤ったステレオタイプをもっている可能性がある。

たとえば、「高齢者なのに異性に関心があるなんて汚らわしい」という発言や、あるいは高齢者であるというだけで、赤ちゃん言葉で話しかけるなどのような行動の背景には、エイジズムがあると考えられる。

とくに高齢者とあまり関わったことがない人は、エイジズムによる先入観が高齢者への偏った援助につながってしまうことがある。高齢者と関わる以前に、自分が気づかずにもっているエイジズムに自覚的になる必要がある。

12.3.2 個別性の尊重と尊厳

ユングは、個人に内在する可能性を実現し、その自我がより高次の全体性に向かう努力の過程を**個性化**（individuation）の過程と呼び、人間の生涯発達は一人ひとりが個別的な存在として、まとまりのある人格をつくっていくものと説明した。高齢期は、人生の後半であり、こうした個性化が達成されていく時期だといえる。これはエリクソンが説明した高齢期の心理社会的葛藤「統合対 絶望」の**統合**（integration）とも類似した概念であろう（**図 2.4** 参照）。

そこで高齢者援助にあたっては、高齢者の多様な経験や価値観を尊重し、その人の生き方を援助しようとする態度をもつ必要がある。たとえば歳を重ねて、他者からみれば健康や体力、若さなどを喪失したようにみえる高齢者でも、高齢者本人はそれらの体験を喪失というよりも、新しい価値や未知の領域の発見につながるきっかけととらえていることもある。高齢者の体験を、援助者が勝手に喪失と決めつけてしまうこと自体が大きな過ちなのである。援助者は、個々の高齢者の価値や志向を個性豊かなものと認識し、それでもなお少しでもその人の経験に近づこうとする態度をもつ必要がある。そのためにはわからないことを、わからないまま投げ出して理解しようとする努力をやめてしまうのではなく、相手の経験のわからなさを自覚しつつ、それにもちこたえて理解しようとする努力を続けることが、援助者には求められる。

12.4 高齢期に生じる心理的課題と援助

12.4.1 老年期うつ病

　高齢期に生じるうつ病は，若年者のうつ病と比べるといくつかの違いがある。

　まずうつ病の典型的な症状である悲哀の訴えが比較的少なく，うつ症状が目立たない。かわりに，意欲や集中力の低下，精神運動遅延がみられ，同時に心気的になる。つまり憂うつ感よりも，不安などの神経症的な症状の訴えのほうが強いので，うつ病と認識されないまま反応性の神経症とされてしまうことがある。また，記憶力の低下について訴える人も多く，自ら物忘れ外来を受診する人には，軽度から中等度のうつ病の人が含まれているといわれる。

　こうしたことから，高齢期のうつ病は，まず認知症との鑑別診断が重要である。たとえば改定長谷川式簡易知能評価スケールなどの認知症のスクリーニング検査を実施すると，得点としてはうつ病の高齢者も認知症圏の得点が出てしまうことがある。しかし，受検時の高齢者の様子をみると，うつ病では全体的に億劫そうで，回答の意欲に乏しく，深く考えずに「わかりません」と答えて失点していることが多い。

　次の特徴として，高齢期のうつ病は器質的な原因（血管性認知症など）や薬物による影響，身体の不調（睡眠不足，脱水など）によって抑うつ症状を示すことが多いことが挙げられる。なかでも脳血管障害にともなう抑うつが知られている。

　このように高齢者のうつ病は典型的な抑うつではないかたちで表現されることが多いことをふまえ，見過ごさずに医療と連携する必要がある。

12.4.2 高齢期の幻覚妄想

　高齢期の幻覚妄想は遅発性パラフレニーと呼ばれ，若年者の幻覚妄想とは異なる特徴をもっている。

　まず，圧倒的に女性に多く発症する。また，妄想のなかでも関係妄想が多いという特徴がある。妄想のみが単独で現れ，統合失調症においてみられるその他の症状はほとんどみられないこともあり，妄想はあるもののそれ以外の人格

への影響などがないために，日常生活をそのまま送っていることも多い。

次に，独居のため日常的に会話をする相手がいない人や社会的孤立状態にある人に多く幻覚妄想が現れることが知られ，その発症には心理社会的なストレスやライフイベントが関与していると考えられている。社会的交流の不足や心理的ストレスが発症や症状の強さに関係しているといえる。

身体の状態が与える影響も大きい。感覚受容器の加齢によって，感覚の機能異常が生じ，それが幻覚につながっていると考えられるケースがある。たとえば**皮膚寄生虫妄想**は，高齢期によくみられる妄想で，皮膚に寄生虫が住み着いたとの確信をもつものであるが，皮膚感覚の異常が症状のきっかけとなっている可能性がある。また，脳の器質的障害の可能性も考えられているが，それを同定できることは少ない。

このようにみると，高齢期の幻覚妄想は，加齢にともなって脳が機能障害を起こしやすい状態になっているところに，心理社会的原因が加わって生じるものと理解することができるだろう。

12.5 認知症の理解と援助

12.5.1 定義と医学的理解

1. 認知症の定義

わが国においては，英語の dementia を従来「痴呆」と翻訳して用いてきた。しかし侮蔑的表現であるとの指摘から，2004 年に認知症と表記するように変更された。同様の理由で DSM-5 では dementia の用語が用いられなくなり，かわって major neurocognitive disorder が現在の認知症概念を引き継いでいる（日本精神神経学会精神科病名検討連絡会，2014）。わが国は DSM-5 に先行するかたちで痴呆にかわる認知症という呼称が普及しているため，major neuro-cognitive disorder の訳語として，神経認知障害または認知症のどちらを用いてもよいこととなっている（朝田，2014）。

認知症は，複合的注意，実行機能，学習と記憶，言語，知覚—運動，社会的認知，の 6 つの主要な認知領域を評価し，1 つ以上の領域で以前の活動レベル

からの低下が認められ，日常生活の自立性が損なわれている場合に診断される。認知の活動レベルの低下と自立性の障害の程度が軽度の場合には，軽度認知障害（mild neurocognitive disorder）と呼ばれる。いずれも，意識障害が起こり，頭が混乱した状態になるせん妄や他の精神障害によるものではないことを除外診断する必要がある。認知症の診断において大切なことは，①必ずしも記憶障害をともなわないこと，②その人の，以前の活動レベルからの低下であって絶対的なレベル低下ではないこと，③日常生活に支障が出ていること，の3点である。したがって，先天的な知的障害をもつ人も認知症になることはある。

2. 認知症をもたらす疾患

認知症は，単一の原因によるものではない。わが国において罹患率の高いものから順に，アルツハイマー病による認知症，レビー小体型認知症，血管性認知症，前頭側頭型認知症は代表的な認知症である。他にも外傷性脳損傷，HIV感染，プリオン病，パーキンソン病，ハンチントン舞踏病による認知症や，物質・医薬品誘導型認知症などがある。

認知症はいずれの原因も，結果的に大脳皮質にある神経細胞が死滅することによって生じるが，原因によって細胞が減少する理由や部位が異なるために，症状にも違いがある。

認知症の人の約半数を占めるアルツハイマー病による認知症では，神経細胞に異常なタンパク質が沈着し，神経細胞が機能しなくなる。大脳のなかでも発生学的に比較的古い大脳辺縁系にある海馬からタンパク質の沈着がみられるようになることから，海馬の主要な機能である記憶の障害，とくに記銘障害が現れる。

神経細胞に異常な物質が沈着するという点でアルツハイマー病と似ているのが，レビー小体型認知症であり，レビー小体と呼ばれるタンパク質が大脳皮質に沈着する。レビー小体が大脳ではなく中脳にある脳幹に認められると，パーキンソン病になることは昔からよく知られ，振戦（手足のふるえ），無動（動きが遅くなる），固縮（筋肉がかたくなってこわばり，関節の曲げ伸ばしに抵抗がある），姿勢反射障害（体のバランスがとりにくくなる）が生じるが，認知症とは直接的には関係がないと考えられてきた。しかし，レビー小体が脳幹

だけでなく大脳皮質にも認められる認知症があることがわかった。これが**レビー小体型認知症**である。そのためレビー小体型認知症の人はパーキンソン症状を示す。それに加えて，脳幹周辺の大脳皮質，つまり後頭葉に病変が認められることから，後頭葉の関与が強い視覚の異常から，はっきりとした**幻視**が見える。また覚醒水準が変動しやすく，ボーっとしているかと思うとその後は覚醒して普通にみえることもある。記憶障害もあるが，アルツハイマー病による認知症ほどには顕著でないことが多い。

血管性認知症は，神経細胞自体ではなく，神経細胞をはじめ脳に栄養や酸素を届ける血管に異常が生じ，血流が途切れ，結果として付近の神経細胞が死滅してしまうことによって生じる認知症である。異常が起きた血管の場所によって異なる症状が現れる。障害の部位によっては，失語や失認などの認知障害に加えて，身体の麻痺が起きることもある。また，意識障害や感情のコントロールがうまくできず，些細なことでも大喜びしたり激怒したりする**感情失禁**，抑うつ症状を示すこともある。

3. 認知症の医療の流れ

認知症が疑われるときには，まず正確な診断を行う必要がある。認知症との鑑別診断が必要な疾患には，うつ病，正常圧水頭症，脳腫瘍などがある。本人や家族への問診，画像診断，認知機能や神経心理学的検査，血液検査といった内科的検査などから総合的に診断し，認知症をもたらしている原因疾患を特定する。血管性認知症では高血圧や動脈硬化の予防的治療が行われるほか，数は少ないが認知障害に作用する薬の投薬を検討する。

認知障害に付随して生じる行動や心理的な症状は，**認知症の行動・心理症状**（Behavioral and Psychological Symptoms of Dementia；**BPSD**）と呼ばれ，BPSDへの対応方法の助言や，ケアや対応の工夫でも緩和しないBPSDに対する薬物療法も行う。家族に対してはケア方法についての助言指導，また本人も交えて今後の生活を維持するために介護保険制度をはじめとした在宅サービス，施設サービスの紹介を行うほか，介護保険利用のための要介護認定に必要となる主治医意見書の作成も医療のなかで行う。

12.5.2 心理的理解

　認知症の認知障害は徐々に進行していく。なかでもアルツハイマー病による認知症やレビー小体型認知症など，脳の神経細胞に異常が認められる変性認知症では，高齢者本人も家族も知らないうちに徐々に発症するため，認知障害は，病気に帰属されずに高齢者の怠惰や，怒りっぽさなどの性格に帰属されてしまう。その結果，認知障害によってコミュニケーションのすれ違いが生じ，診断がつく頃には家族関係がぎくしゃくしていることも少なくない。このような心理的ストレスによって，高齢者本人も BPSD が悪化し，それがさらに家族を疲弊させるという悪循環に陥っていることも多い。

　認知症が発症すると，発症した本人が「認知症を発症した」と思うことも稀にはあるが，多くの人にとって認知症は心理的に受け入れがたい疾患と考えられているので否認されるうえに，自分に起こっていることを体系立てて振り返り冷静に判断するという判断力自体が，認知障害によって低下しはじめているために，「何かおかしい」ということは理解して不安になっても，その原因をはっきりさせることが難しい場合が多い。

　認知障害，なかでも記憶障害は，周囲の人と認知症の人との経験のずれを生じさせる。家族と一緒に晩ご飯を食べたという昨日の記憶は，家族だけに残って認知症の人には残らないとすると，そこに両者の経験のずれが生じ，わかり合えないことが増えるのである。線でつながっていた時間が，ブツブツと切れたように経験され，認知症の人にとってみると，自分の経験していないことを周囲は経験したと話し，自分の経験を周囲の誰とも共有し得ないという孤独を経験することになるだろう。

　このように認知症の人は，自身の経験を他者と徐々に共有できなくなり，そのことが認知障害による直接的な生活困難以上に，認知症の人と周囲の人に孤独や不安を引き起こし，苦しめると考えられている（北村，2015）。

12.5.3 認知症の人への心理アセスメント

　認知症の人の経験を理解するもう一つの重要な方法は，認知機能の心理アセスメントである。認知機能の心理アセスメントの目的には，診断や鑑別のため

12.5 認知症の理解と援助

表 12.3 Mini-Mental State Examination；MMSE

	質問内容	回答	得点
1 (5点)	今年は何年ですか。	年	
	いまの季節は何ですか。		
	今日は何曜日ですか。	曜日	
	今日は何月何日ですか。	月	
		日	
2 (5点)	ここはなに県ですか。	県	
	ここはなに市ですか。	市	
	ここはなに病院ですか。		
	ここは何階ですか。	階	
	ここはなに地方ですか。（例：関東地方）		
3 (3点)	物品名3個（相互に無関係） 検者は物の名前を1秒間に1個ずつ言う，その後，被験者に繰り返させる。 正答1個につき1点を与える。3個すべて言うまで繰り返す（6回まで）。 何回繰り返したかを記せ＿＿回		
4 (5点)	100から順に7を引く（5回まで），あるいは「フジノヤマ」を逆唱させる。		
5 (3点)	3で提示した物品名を再度復唱させる。		
6 (2点)	（時計を見せながら）これは何ですか。 （鉛筆を見せながら）これは何ですか。		
7 (1点)	次の文章を繰り返す。 「みんなで，力を合わせて綱を引きます」		
8 (3点)	（3段階の命令） 「右手にこの紙を持ってください」 「それを半分に折りたたんでください」 「机の上に置いてください」		
9 (1点)	（次の文章を読んで，その指示に従ってください） 「眼を閉じなさい」		
10 (1点)	（なにか文章を書いてください）		
11 (1点)	（次の図形を書いてください）		
		得点合計	

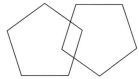

第 12 章　高齢期をとりまく課題

の情報提供とともに，認知症の人のケアや日常生活上の工夫についての助言という目的がある。診断や鑑別のためのスクリーニングを目的とした検査には，Mini-Mental State Examination（MMSE；表 12.3），長谷川式認知症スケール（HDS-R；表 12.4）がある。いずれも短時間で受検者の負担が少なく，かつ認知症のある人を判別できる精度をもっている。

表 12.4　長谷川式認知症スケール；HDS-R（長谷川，2005）

1	お歳はいくつですか？　（2 年までの誤差は正解）		0　　1
2	今日は何年の何月何日ですか？　何曜日ですか？ （年月日，曜日が正解でそれぞれ 1 点ずつ）	年 月 日 曜日	0　　1 0　　1 0　　1 0　　1
3	私たちがいまいるところはどこですか？ （自発的にでれば 2 点，5 秒おいて家ですか？　病院ですか？　施設ですか？　のなかから正しい選択をすれば 1 点）		0　1　2
4	これから言う 3 つの言葉を言ってみてください。あとでまた聞きますのでよく覚えておいてください。 （以下の系列のいずれか 1 つで，採用した系列に○印をつけておく） 1：a）桜　b）猫　c）電車　　2：a）梅　b）犬　c）自動車		0　　1 0　　1 0　　1
5	100 から 7 を順番に引いてください。（100−7 は？，それからまた 7 を引くと？　と質問する。最初の答えが不正解の場合，打ち切る）	（93） （86）	0　　1 0　　1
6	私がこれから言う数字を逆から言ってください。（6-8-2，3-5-2-9 を逆に言ってもらう，3 桁逆唱に失敗したら，打ち切る）	2-8-6 9-2-5-3	0　　1 0　　1
7	先ほど覚えてもらった言葉をもう一度言ってみてください。 （自発的に回答があれば各 2 点，もし回答がない場合以下のヒントを与え正解であれば 1 点）　a）植物　b）動物　c）乗り物		a：0　1　2 b：0　1　2 c：0　1　2
8	これから 5 つの品物を見せます。それを隠しますのでなにがあったか言ってください。 （時計，鍵，タバコ，ペン，硬貨など必ず相互に無関係なもの）		0　1　2 3　4　5
9	知っている野菜の名前をできるだけ多く言ってください。（答えた野菜の名前を右欄に記入する。途中で詰まり，約 10 秒間待ってもでない場合にはそこで打ち切る）　0〜5＝0点，6＝1 点，7＝2 点，8＝3 点，9＝4 点，10＝5 点		0　1　2 3　4　5
		合計得点	

12.5 認知症の理解と援助

　ケアや生活上の工夫についての助言を目的とした場合には，WAIS-Ⅲやウェクスラー記憶検査（WMS）が用いられることもある（第2章参照）が，いずれも認知症の人向けに開発されたものではなく，初期認知症の人以外には教示を十分に理解すること自体が難しい。また検査の実施に時間がかかると，認知症の人はそれだけで認知的な負荷が大きくなって，本来ならば発揮できる能力を発揮できなくなる。コグニスタット認知機能検査（COGNISTAT）は，脳の機能障害の人向けにつくられた認知機能検査であり，実施時間も15分から25分程度である。また，認知症の人に対する新薬の治験で用いられることが多いAlzheimer's Disease Assessment Scale（ADAS-cog；表12.5）はアルツハイマー病の人向けにつくられた認知機能検査である。他に，Kohs立方体テスト，Clock-Drawing Test，などもよく用いられる。心理援助においても，ケアや日常生活上の工夫の仕方について所見にまとめるためには，対象となる高齢者の心理的側面だけではなく，日常生活動作（Activities of Daily Living；ADL）や生活機能のアセスメントをもとに提案する必要がある。

　この他，パーソナリティ検査が用いられることもあるが，認知症の人が検査に対して協力的であることや，検査時間中，教示を覚えていて注意を持続させることができる人にしか実施することができない。しかしなかでも投映法は比較的実施しやすく，バウムテスト，ロールシャッハ・テストが用いられることもある。

　すべての心理検査には心理的な侵襲性があり，検査を実施することによってその侵襲性を超える利益が受検者にある場合にのみ実施されるべきものであるが，とくに高齢者ではこの原則が守られるべきである。時に，福祉施設や医療機関で，高齢者に対して一律に定期的なスクリーニング検査が実施されていることがある。しかし，スクリーニングに用いる検査を，本来の目的とは異なる用い方をすると結果の信頼性も低い。そもそも検査結果が高齢者本人にとって役立つものとならないのであれば，むしろ高齢者にとって弊害となってしまう。不要な血液検査を何度もしないように，不要なスクリーニング検査や認知機能検査は行ってはならない。

表 12.5　ADAS-cog の検査項目（本間，1992）

【認 知 行 動】	【非認知行動】
1. 単 語 再 生	1. 涙 も ろ さ
2. 口頭言語能力	2. 抑うつ気分
3. 言語の聴覚的理解	3. 集中力の欠如
4. 自発話における換語困難	4. 検査に対する協力度
5. 口頭命令に従う	5. 妄　　想
6. 手指および物品呼称	6. 幻　　覚
7. 構 成 行 為	7. 徘　　徊
8. 観 念 運 動	8. 多　　動
9. 見 当 識	9. 振　　戦
10. 単 語 再 認	10. 食欲の亢進／減少
11. テスト教示の再生能力	

12.5.4　認知症の人への心理的援助

　小海（2012）はアメリカ精神医学会の認知症高齢者に対する心理社会的援助のガイドラインをもとに，認知症高齢者に対するアプローチを**表 12.6** のように示した。これらのアプローチは，臨床場面で効果が感じとれる場合もあるが，一方で効果を実証的に示すまでには至っていないものが多い。

表 12.6　認知症高齢者に対する精神療法・
　　　　　心理社会的アプローチ（小海，2012）

1. 行動志向的アプローチ
　（1）行動療法的アプローチ
2. 情動志向的アプローチ
　（1）支持的精神療法
　（2）回想法
　（3）バリデーション療法
　（4）感覚統合
　（5）シミュレーション的再現療法
3. 認知志向的アプローチ
　（1）リアリティ・オリエンテーション
　（2）技能（または記憶）訓練
4. 刺激付与的アプローチ
　（1）レクリエーション療法
　（2）芸術療法

1. 情動面への心理的援助

(1) 人間性心理学的アプローチ

認知障害が進行する認知症の人において，情動は相対的に機能が維持されやすく，日常生活の多くが認知的判断ではなく情動的判断に基づいて行われるようになる。そのため，情動面への心理的援助はすべての援助の前提として重要である。

認知症の人に対する心理的援助では，認知症の人の経験を丁寧に理解しようとするところからはじめる。それは分析的アプローチでは心的現実の理解ということになるだろうし，人間性心理学的アプローチでは内的参照枠（準拠枠）の共感的理解ということになろう。認知症高齢者に生じる心理的な苦悩は，病や死，老いに直面した実存的苦悩を背景とした，避けがたいコミュニケーション障害による苦悩である。そのため認知症の人への心理学的介入を視野に入れると，本人の洞察を基本的な手段としている精神分析的アプローチよりも，人はどのような状況にあっても，本来，自分らしさを発揮していこうとする実現傾向をもつ，と考える人間性心理学的アプローチに基づいた関わりがより重要になる。

人間性心理学的アプローチにおける基本的な態度として，ロジャーズの自己一致，無条件の肯定的関心，共感的理解という3条件がある（5.1.3参照）。しかし認知症の人との間でこれを実践することは，一般のクライエントに対して行うよりも難しい。援助者は認知障害を援助した経験が少ないと，認知障害をもつ認知症の人の経験をすぐには想像できない。想像できても，認知症の人にはコミュニケーションに障害があり，こちらの伝えたいことも，認知症の人が伝えたいことも互いになかなか伝わらなくなるのである。

そこで大脳の深層部（旧皮質や古皮質）が表層部（新皮質）よりも障害されにくいことをふまえて，認知症が進行してきた人とのコミュニケーションでは，言語や論理的説明によらずに，緩やかで穏やかな表情や音楽，感触を用いて，共感的に認知症の人を受容していることを伝えることが有効になる。

フェイル（1985）による認知症の高齢者に対するコミュニケーション法であるバリデーション（validation）では，認知症の人との関わりの技術をまとめ

234 第12章 高齢期をとりまく課題

ている（**表12.7**）が，フェイルは，認知症の人の認知障害の程度（フェイル
は認知障害のうちの見当識を基準にまとめている）に応じて，用いる関わりの
技術を選択するように提案している。フェイルの提案を認知と情動という点で
整理しなおすと，認知障害が重度になるにつれて，より情動に働きかける関わ
りが多く提案されている。高次脳機能を用いた関わりからより原始的直観的な
関わりへと関わりの方法を変えるということは，つまり認知機能への働きかけ
から，情動機能への働きかけに変化させるということである。援助者が，認知
症の人を理解しようとしていること，信頼していることを，認知症の人の認知
障害の程度にあわせて関わることによって，伝えることが可能になる。

表12.7　バリデーションの主な技法（Feil，1985をもとに作成）

- センタリング（精神の統一，集中）
- 相手を威嚇しないように，事実についての言葉を用いて信頼を築く
- リフレージング
- 極端な表現を使う（最悪，最善の事態を想像させる）
- 反対のことを想像させる
- 思い出話をする（レミニシング）
- 真心をこめたアイコンタクトを保つ（視線を合わせる）
- 曖昧な表現を使う
- 低くはっきりした愛情のこもった声で話す
- 相手の動作や感情を観察して合わせる（ミラーリング）
- 満たされていない人間的欲求と行動を結びつける
- その人の好みの感覚を使う
- タッチング
- 音楽を使う

(2) パーソン・センタード・ケア

　キットウッド（Kitwood, T., 1997）は，認知症の人のその人らしさ（per-
sonhood）を重視し，それを最大限に引き出すことを目的として，ロジャーズ
の来談者中心療法の名称にならって**パーソン・センタード・ケア**（person-
centered care）という認知症ケアの方法を提唱した。このケア理論は，主に
臨床心理学や社会心理学の複数のアプローチを統合的に用いてケアパッケージ
化したものである。認知症の人を理解して援助する態度としては人間性心理学
的アプローチを，援助する人と認知症の人との間で生じる相互の対人関係につ

いては精神分析的アプローチを，施設における認知症のケア従事者が陥りやすい認知症者に対する行為や態度については集団における社会心理学的アプローチを用いた，統合的なケア理論である。パーソン・センタード・ケアでは，先に示した共感的理解と，認知症の人の実現傾向への信頼を基礎とした援助者の態度が必要だということ，援助関係はそこに援助者に起こる投影性同一視が関係を歪んだものにしてしまう可能性をはらんでいること，そして社会福祉施設におけるケア従事者はその社会構造から認知症の人に対する否定的な見方や態度をもちやすく，認知症の人に対してその尊厳を損なうような関わり方をしてしまうことがあるので，施設風土そのものを健全に保つ必要があること，などが指摘されている。

(3) 回 想 法

回想法は，高齢者に自然にわき起こる過去の回想の語りを，聴き手が認めて傾聴していくことによって，高齢者の自己肯定感や人とのコミュニケーションを通した信頼感を高めることを目的とした介入である。週1回程度，緩やかなクローズド・グループで行われることが多い。

効果として，情動の安定や認知機能の向上，社会的な交流の増加などが報告されているが，エビデンスという点では十分ではなく，今後は介入効果を示すアウトカム指標を工夫した研究が必要である。

2. 機能向上のための心理的援助

生物—心理—社会モデルから考えると，高齢者の心理機能に働きかけることは，身体機能や社会機能にも影響を与えることになる。周囲の無理解によって生じた怒りや不安によって本来もっている認知機能さえも発揮できなかった認知症の高齢者が，落ち着きを取り戻すことができると，人との関わりも増え，外出するように変化して，心身ともに生き生きと生活するようになることがある。

認知機能への介入としてはリアリティ・オリエンテーションやメモリトレーニング，認知リハビリテーションがある。いずれも，見当識や記憶に働きかけるリハビリテーションと位置づけられる。

12.5.5 家族援助

　虚弱な高齢者の介護も家族にとっては心身の負担になるが，認知症の高齢者の介護は，心理的な負担がとくに大きいことが知られている。それは認知症の人とのディスコミュニケーションによるストレスにとどまらず，家族・親族が認知症になることの悲嘆，介護者自身の老いや生き方の再考にともなう苦悩なども含まれた複合的な負担である。家族介護者が，主治医やケアマネジャーからの勧めで，心身の負担を減らそうと介護サービスを利用しはじめたところ，かえって喪失感や罪悪感が強くなって，家族自らサービスの利用を中断してしまうことさえある。

　認知症の家族介護者への心理的援助には，認知症および介護サービスの正確な情報の提供とともに，介護者のストレス軽減法の提案，家族の認知症罹患にともなう悲嘆反応に対する援助を組み合わせて行う。また，家族介護者のための集団による心理教育を，医療や福祉の専門職とともに実施することも有効である。

　配偶者や親の介護をきっかけにして，介護者自身が自分の生き方に悩んだり，他の家族との関係が悪化したりすることもある。前者では，介護者としてではなく一人のクライエントとして個別相談を行うことを考えなければならないこともあるだろう。また後者では家族療法的アプローチによる関係改善を目指すことも必要になる。多面的な心理的援助を行うことができるよう，それぞれの心理療法や介入理論を知っておくとともに，それを実践できるように訓練しておくことが求められる。

12.6　おわりに

　高齢者の臨床心理学的援助は今後，いっそう発展が期待される分野であり，高齢者の視点をふまえて地域での暮らしを支えることに貢献していくことが望まれている。地域における高齢者援助は，コミュニティ心理学との関連も深く，高齢者の置かれた社会的な動向について知り，他の職種と連携する必要がある。

　また，認知症援助では診断や援助のための心理アセスメント，ケアの中心と

12.6 おわりに

なる心理的介入，認知症ケアにあたる専門職へのコンサルテーションなど，臨床心理学的な知識と技術に対する社会的ニーズは高い。それらのニーズに応えるためにも，基礎心理学の幅広い知識とそれを応用する実践性をあわせもった臨床心理学者，臨床心理専門職を目指さなければならない。

コラム 12.1　脳の加齢は，高次の機能からはじまる

　高齢者ではワーキングメモリをはじめ，前頭葉機能が低下することが知られている。脳の構造と機能の関係をおおまかにみると，大脳皮質のうち表面から数ミリ程度は新皮質と呼ばれ，言語や思考などのより高度な機能（高次脳機能）をつかさどっている。その内側は古皮質と呼ばれ，新皮質より原始的で，両生類と共通した機能を維持する役割を担っている。前頭葉は新皮質の一部であり，そのなかでも，最後に進化してきた脳の領域である。発生学的には非常に新しい脳領域であり，それゆえ他の種にはない，人間らしさに関わるような理性や計画性を担っている。そして発生学的にもっとも新しい脳領域であるがゆえに脆弱性をかかえているのである。このように発生学的に最後に獲得された機能から順に加齢の影響を受けやすいという現象は「last in, first out の原則」と呼ばれている。

　脳をコンピュータにたとえるとわかりやすい。コンピュータや携帯電話では，古くから普及してきた OS ではバグが少なく，動作が安定している一方で，新しく開発された OS では，昔の OS に比べて高度で便利な機能が搭載されているものの，バグが見つかりやすかったり，壊れやすかったりして動作が安定しない。これと同様に，新皮質は高度な機能をもつものの，古皮質に比べると加齢の影響を受けやすいという脆弱性をもつ可能性が指摘されているのである。

第12章　高齢期をとりまく課題

●練 習 問 題

1. 次の認知症のうち，幻覚とパーキンソン症状が特徴である認知症はどれか。
   ①アルツハイマー病による認知症　②レビー小体型認知症
   ③前頭側頭型認知症　　　　　　　④血管性認知症

2. 次の検査のうち，認知症のスクリーニングを目的としたものはどれか。
   ① MMSE　② ADAS　③ Kohs 立方体テスト　④ ADL

3. キットウッドが提唱した認知症の人へのケア方法はどれか。
   ①バリデーション　② BPSD　③パーソン・センタード・ケア　④回想法

●参 考 図 書

**大塚俊男・本間　昭（監修）（1991）．高齢者のための知的機能検査の手引き
　　ワールドプランニング**

　高齢者の認知機能，日常生活動作，行動観察尺度などを，その作成過程や信頼性・妥当性とともに紹介し，かつそのまま用いることができる採点用紙もついている。高齢者臨床に関わる人の必携書。

**小海宏之・若松直樹（編）（2012）．高齢者のこころのケアの実践（上・下）
　　創元社**

　上巻で神経心理・臨床心理アセスメント，下巻で心理・社会的アプローチについて，事例も含めてわかりやすく紹介している。本書のような高齢者心理臨床の現場向きの良書は少なく，貴重である。

**大川一郎・土田宣明・宇都宮　博・日下菜穂子・奥村由美子（編著）（2011）．
　　エピソードでつかむ老年心理学　ミネルヴァ書房**

　生涯発達心理学のシリーズの一冊だが，高齢者の生物，心理，社会の各側面をバランスよく扱い，わかりやすく，かつ詳細な老年心理学の良書。具体的なエピソードの記述もあり，高齢期の臨床心理学にも参考になる。

13

臨床心理学の学習と
倫理・法律，
今後に向けて

　この章では，臨床心理学の学習の特徴にふれ，知的学習のみなら
ず体験学習の重要性についても説明する。また，臨床心理職におけ
る倫理の基本（守秘義務，多重関係の禁止，インフォームド・コン
セント）と，関連する法律について説明する。最後に，今後に向け
て，日本における臨床心理学の近未来像についてもふれる。なお，
わが国ではじめての心理職の国家資格である公認心理師について定
めた公認心理師法（2015 年（平成 27 年）9 月 16 日公布）につ
いてコラムで紹介する。

240　　第 13 章　臨床心理学の学習と倫理・法律，今後に向けて

13.1　臨床心理学における学習の特徴

　臨床心理学（clinical psychology）は，その中核に臨床実践（clinical practice）があり，臨床実践と教育（education）と研究（research/study）の 3 つが連動している（1.1.2 参照）。つまり，臨床心理学は，実際に心理援助（代表例として心理カウンセリング・心理療法など；第 4 章参照）を行うことが中核としてあるため，臨床心理学を学習する際にも，知的学習だけでなく体験学習が含まれることが特徴である。そのため，現役の臨床心理職である限り生涯学習を続けることになる。

　これを野球にたとえてみることにする。人生ではじめてキャッチボールをしてみるとしよう。見ているのと実際にやってみるのは大違いで，うまくボールを投げられず，ボールを取るのも難しい。それでも上級者にアドバイスを受けながら（実技指導→後述するスーパーヴィジョン）キャッチボールを続けていけば，少しずつボールを投げるのも取るのも上達していくであろう。臨床心理学を土台とした臨床実践の基本はコミュニケーションをすることであるが，コミュニケーションもキャッチボールと同じように練習しなければ上達していかない。日常生活で日本語に困らないことと，コミュニケーションがきちんとできることには大きな違いがある。

　「コミュニケーションとは，相手の話すことをよく聴き，それを理解できれば理解できたと返し，理解できなければ相手にわからないと伝え，さらに話を聞いていくというくりかえしである。こうしたコミュニケーションは簡単なようだが，日常場面では意外とみられない。互いに自分のいいたいことをいい合い，実は相手のいうことをあまり聴いていないというのが実情なのではないだろうか。これは雑談に近い」（篠竹，2007）。このように "話をよく聴く"（＝傾聴；p.62 参照）という，たった 1 つをとっても，これまでの学校教育で実際に練習してきた経験はまずないであろう。

　キャッチボールの練習をしつつ，基礎体力を養う。やみくもに走りまわるのではなく，指導者に従ってトレーニングを続けるうちに，自分の身体の弱いところや強いところに気づいていくであろう。身体だけでなく，実際に打ったり

投げたりする度に自分の現在の能力が人目にさらされることになるので，自分のなかに起こるさまざまな気持ちにも少しずつ気づいていくであろう。監督やコーチに認められたいという思いや，仲間に対するさまざまな思いがあり，チームにおける自分の立ち位置も意識するだろう。気持ちとプレイは緊密につながっている。なぜなら，同じ人のなかにあるからである（心身一元；6.4 参照）。したがって，もしも自分の気持ちに気づかなければプレイに影響する。プレイに影響していることに気づかなければ，進歩が厳しくなるであろう。これらは臨床心理職において自己理解が必要なことに近いかもしれない。また，野球の基本ルールやマナーも学習しなければならない。これは臨床心理学における倫理や法律の大切さに通じるだろう。何よりも人と人との信頼関係を築き（対人関係能力），チーム全体の作戦や目標に沿って個人の力量を発揮していくことで野球というスポーツは成り立つ。絶え間ない基礎トレーニングや連携に関する練習を積み重ねながら，野球選手となっていく。どんなに素地や感性のある選手でも，練習を続けなければプロ野球選手にはなれないだろう。"ローマは一日にして成らず"であり，それは臨床心理職も同じである。

13.2 臨床心理学の学習——大学・大学院（修士）

　大学においては，臨床心理学以前に心理学をきちんと学ぶことが必要である。そのうえで，臨床心理学の学習に関しては，大学時代は講義（lecture）を中心とした知的学習が大半であろう。書籍や論文（事例研究など）に加えて，最近は視聴覚教材が豊かになっているので，面接場面の学習が行いやすくなっている。もちろん，1950 年代前半のロジャーズ（Rogers, C. R.）による有名な面接ビデオ「Miss Mun」をはじめとして，心理療法や心理カウンセリングの創始者たちの記録も，人を心理的に援助するということはどういうことかが，本人の圧倒的な実力を通じて一目瞭然となり，時代を越えた輝きと影響力をもっている。

　加えて，将来的に，臨床心理職として働くことを想定すると，①自分をある程度理解している必要がある（自己理解）ことと，②人との関係をある程度築

242　第13章　臨床心理学の学習と倫理・法律，今後に向けて

くことのできる能力が必要（対人関係能力）であるため，大学時代から知的学習に留まらず体験学習がカリキュラムに盛り込まれることが必要とされる。たとえば，カウンセラー役とクライエント役（これに観察者役を入れることもある）による練習を代表とした，いわゆる**ロールプレイ**（ロールプレイング；role playing ともいう）などである。

　また，いろいろな機関や施設を見学する機会があれば積極的に参加することも有益である。臨床現場が実際どのようになっているのか，その場所に行って人々の動きを見学できると，論文に書かれている場面がイメージしやすくなるだけでなく，自分の将来像が描きやすくなる。さまざまなボランティア体験も同様である。たくさんの人と交流する体験を通して，自分自身を豊かにすることは，身体の体力を真似て表現すれば，こころの体力へとつながっていく。

　心理検査に関しては，大学時代に実際に自分が受けてみることが必要であり，その後，理論学習と共に，自分が実施できるように大学院で実際の施行を重ねていく必要があろう。

　このように，大学院（修士）になると，体験学習の割合が増えていく。ロールプレイ，試行カウンセリング[1]などである。加えて，実習が必修で行われる。学内実習における陪席（参加学習）などにはじまり，実際に学内・学外で心理検査を施行する，ケースを担当する等々の直接体験が足されていく。面接ケースだけでなく，心理検査もスーパーヴィジョンを受けることが必須である。大学や大学院の教員だけが教育者ではない。臨床心理職がその能力を高めていくためにはスーパーヴィジョンを受けることが不可欠である。**スーパーヴィジョン**（supervision）とは，臨床心理職やその候補者が自ら受ける実践的な教育指導のこと（前述のキャッチボールのたとえでいえば上級者から指導を受けながら実践を続けること）であるが，スーパーヴィジョンは通常，指導者であるス

---

[1] 試行カウンセリングとは，カウンセラーになるためのカウンセリングの訓練方法の一つであり，鑪（1977）によって命名された。特徴は，①面接回数を短く限定して行うこと，②心理的な悩みを訴えて訪れたクライエントを対象として行うのではなく，カウンセリングの訓練のために依頼して普通の生活者を相手に行うことなどである。詳しくは，鑪（1977）を参照のこと。

ーパーヴァイザー（supervisor）と指導を受ける側のスーパーヴァイジー（supervisee）との1対1の方式，もしくは限られた少人数（クローズド・グループ）で行われる。換言すれば，スーパーヴィジョンとは，臨床心理職が定期的に受ける，心理援助（とくに面接）に関する細やかな実践教育のことであり，きわめて重要なため，指導者であるスーパーヴァイザーは大きな教育的存在となる。なお，心理カウンセラーなどの対人援助職が自己理解や自己分析のために受けるカウンセリングは，通常，このスーパーヴィジョンには該当せず，教育分析（educational analysis）と呼ばれている。

このように，知的学習，実習（参加学習），スーパーヴィジョンを含む直接体験という臨床心理学における3つの側面を，鑪と川畑（2009）は「学習の三角形」と読んでいる（図13.1）。

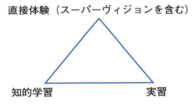

図13.1　学習の三角形（鑪と川畑，2009）

13.3　臨床心理学の学習——修了後

臨床実践を続けながら，スーパーヴィジョンを受け続け，各種研修会・勉強会に出席する。そして，臨床実践で得た体験を，研究というかたちで同業者に問い（学会発表や論文等），多くの同業者からフィードバックをもらい，生涯学習を続けていく。知的学習も，臨床心理学の理論に関することだけでなく，臨床心理職をとりまく内外の動向，行政の動き，最新の法律知識などを理解しておくことが業務上，必要である。たとえば，虐待された児童に関する法律が現在どうなっているのかを知らずに，虐待された児童の心理援助をすることはできない。次に，臨床心理職における倫理や法律を概観する。

244　　第13章　臨床心理学の学習と倫理・法律，今後に向けて

13.4 臨床心理職における代表的な倫理

　心理療法や心理カウンセリングにおいて，クライエントはたくさんのことを臨床心理職に語る。そこには親兄弟や親友にも言わないような内容も含まれる。他の人に話さないようなことを話せるという心理カウンセリングや心理療法の場は，話を聴いてくれる臨床心理職が，秘密を守ってくれるという大前提があることで成り立っている。これを**守秘義務**という。守秘義務は臨床心理職の倫理（ethics）の根幹を成すものであるが，他にもいくつかの代表的な倫理項目がある（**表13.1**）。日本において臨床心理学関連の倫理綱領はいくつかあるが，現時点でもっとも普及しもっとも詳細なものとして，日本臨床心理士会の倫理綱領があり，その要約が**表13.1**である。

　まず，前述の守秘義務は第2条の「秘密保持」のなかで確認できる。次の第3条ではいわゆる「**多重関係の禁止**」という倫理項目が挙げられている。多重関係の禁止とは，たとえば，大学のA教員が，教員であると同時に現役の臨床心理職である場合，A教員の授業に出ているB学生は，A教員による心理カウンセリングを受けられないという倫理のことをいう。A教員とB学生は，教員と学生という関係であり，A教員は授業担当者としてB学生の成績評価を行う立場でもある。このような関係にある者たちが，カウンセラーとクライエントという関係になれば（これが多重関係），A教員もB学生も心理カウンセリングは心理カウンセリングとどんなに割り切って公正にやろうとしても，もとにある利害関係が大きく面接に影響してしまい，結局はB学生のためにならなくなる。たとえば，カウンセリング場面でA教員がB学生に言ったことに関して，B学生が不満をもったとしても，そのことをA教員に言うと成績評価に影響するのではないかと心配して言えないといったことが容易に起こってしまう。多重関係における心理カウンセリングが倫理的に禁止されているのは，このような理由による。

　第4条には「**インフォームド・コンセント**（informed consent）」という，医療をイメージさせるような用語がある。インフォームド・コンセントは必ずしも医療だけで使用される言葉ではなく，専門家が対象者に十分な説明をした

13.4 臨床心理職における代表的な倫理

表 13.1 (1)　日本臨床心理士会倫理綱領（窪田，2014）

条	項
前文	専門的業務の質の保障 対象者の基本的人権の尊重 対象者の自己決定権の尊重 対象者の福祉の増進 社会人としての良識の維持 社会的責任・道義的責任の自覚
第1条　基本的倫理	1 基本的人権の尊重，及び差別・嫌がらせ，価値観強制の禁止 2 対象者のプライバシー，自己決定権尊重 3 個人的欲求・利益による臨床心理行為の禁止，心理査定用具，解説書の取り扱いへの留意 4 自らの知識，能力等や自己の葛藤への自覚 5 心身の健康のバランスの保持，自己の状態把握 6 専門性を高めるための会員間の切磋琢磨及び他の専門家との連携，社会的信頼の構築 7 信用失墜行為，不名誉な行為の禁止 8 各種法規，本会倫理規定，綱領，関連規定，規約等の遵守
第2条　秘密保持	1 対象者及び関係者の個人情報・相談内容に関する，自他に危害を加える場合，法による定めがある場合を除く守秘義務の遵守 2 対象者の同意のない情報開示の禁止及び情報開示条件に関する対象者との協議努力，記録の管理保管への最大限の注意 3 面接や心理査定場面の記録の際の対象者の了解の必要性
第3条　対象者との関係	対象者との間で専門的契約関係以外の関係を持つことの禁止 1 個人的関係に発展するような言動（個人的会食，業務以外の金品の授受，贈答，過度の自己開示等）の禁止 2 多重関係，多重役割を避ける努力及び不可避の際の対象者への十分な説明と自己決定の尊重
第4条　インフォームド・ 　　　　コンセント	業務遂行に当たっての対象者の自己決定の尊重及び業務の透明性の確保 1 契約内容についての対象者への十分な説明と同意を得る努力 2 対象者自身が十分な自己決定ができない場合の保護者や後見人への説明と同意を得る努力，及び対象者本人への最大限の説明努力 3 契約内容の見直しの申し出受付けに関する対象者への伝達 4 守秘より緊急対応が優先される場合についての対象者への伝達及び了解のない緊急対応実施の際の事後の継続的説明努力 5 対象者からの面接経過及び心理査定結果等の情報開示請求の原則的受諾 6 業務内容についての客観的・正確な記録及び5年間保存の義務 7 第三者からの依頼で援助を行う場合の，目的の熟考，関係者との話し合い，対象者・関係者の福祉向上に叶うという判断の必要性
第5条　職能的資質の向上 　　　　と自覚	資格取得後の専門的知識・技術，最新の研究内容，職業倫理等への研鑽等専門家としての資質の向上への努力義務 1 専門家としての知識・技術の範囲，限界についての理解と自覚のもと，その範囲内での業務遂行 2 事前に実施に足るだけの研修を受けた上での臨床心理援助技法の実施

246　第 13 章　臨床心理学の学習と倫理・法律，今後に向けて

表 13.1 (2)　日本臨床心理士会倫理綱領（続き）（窪田，2014）

条	項
	3 十分な裏付けのある標準的施行方法による心理査定，心理療法等の実施及び対象者への十分な情報提供と同意の確保の上での実験的段階にある方法の使用
	4 心理査定結果や臨床心理的援助内容等が対象者やそれ以外の人に誤用・悪用されないための細心の注意
	5 自分自身の専門的知識や技術の誇張や虚偽の情報提供の禁止
	6 やむを得ず援助を中止若しくは中断せざるを得ない場合の対象者への他の適切な専門家等の情報提供による自己決定の援助及び他機関への紹介の際の対象者の不利益防止のための留意
	7 会員が経験の浅い者に職務を任せる際の綿密な監督指導等責任の認識
第 6 条　臨床心理士業務とかかわる営利活動等の企画，運営及び参画	臨床心理士業務とかかわる営利活動等の企画，運営及び参画の際の臨床心理士としての公共性と社会的信頼を失うことの禁止 1 個人または営利団体等が主催する講座等営利活動へ関与する場合の受講生等へ臨床心理士養成課程と混同等の誤解を生じさせない努力 2 テレビ・ラジオ出演や一般雑誌等への執筆の際の対象者の人権・尊厳を傷つけないための細心の注意及び心理査定用具，使用法，解釈法公開の禁止
第 7 条　著作等における事例の公表及び心理査定用具類の取り扱い	著書や論文等において事例を公表する場合の対象者のプライバシーや人権の厳重な保護 1 事例公表の際の対象者本人等の同意及び対象者が特定されない取り上げ方，記述についての細心の工夫 2 記述に際しての対象者本人や家族等の人権，尊厳を傷つけるような表現の厳重な戒め 3 事例における臨床心理援助技法や活動の正確かつ適切な記述 4 社会的意義を有する事例の公表及び営利的活動，業績蓄積を主な目的とする事例公表の禁止 5 著書・論文公表の際の先行研究の十分な検討及び盗用と誤解されない記述の努力 6 心理査定用具類，解説書の出版・配布に際しての専門的知識及び技術を持たない者が入手・実施しないための十分の留意，学術上必要な範囲を超えての心理査定用具類の開示の制限
第 8 条　相互啓発及び倫理違反への対応	資質向上や倫理問題についての相互啓発努力，及び倫理違反に対する都道府県臨床心理士会倫理担当役員及び日本臨床心理士会倫理委員会の調査等への協力義務 1 臨床心理士として不適当な臨床活動，言動に接した際の当該会員への自覚の促し 2 知識，技術，倫理観及び言動において臨床心理士としての資質に欠ける場合及び資質向上の努力が認められない場合の注意の促し 3 1，2 で改善が見られない場合及び 1，2 の実行が困難な場合の都道府県臨床心理士会又は日本臨床心理士会倫理委員会あての申し出

注：各項の内容については，本文の趣旨を損なわない範囲で窪田（2014）が要約して示したものである。

うえで同意を得ることを指す。このインフォームド・コンセントの概念の背景には，**自己決定権**（自分のことを自分で決める権利）と**契約**という2つの倫理に関わる大切な概念が存在している。

　前者の自己決定権は今では当然のことと思われるであろう。しかし，自己決定権は，憲法第13条「すべて国民は，個人として尊重される。生命，自由及び幸福追求に対する国民の権利については，公共の福祉に反しない限り，立法その他の国政の上で，最大の尊重を必要とする」（いわゆる幸福追求権）から導き出された新しい人権の一つと考えられている（山田，2013）。

　後者に関しては，臨床心理職による面接契約は，民法656条にある準委任契約であると判例から考えられている（岡田，2009）。

　他にも**表 13.1**にたくさんの倫理項目があるが，まずは，守秘義務，多重関係の禁止，インフォームド・コンセントという基本的な概念を理解しておきたい。そのうえで，**表 13.1**の全体をみると，第1条に基本的倫理が述べられ，第2，3，4条で基本的な3つの概念が登場し，それに第5条以降が付け加わったかたちで構成されていることがわかるだろう。

13.5 　臨床心理学に関係する法律

　臨床心理学は，近接する領域の多い学問であり，実務を行うにあたって知っておくべき法律の数は枚挙にいとまがない。たとえば，医療機関に勤める臨床心理職にとって，医療法，医師法，**精神保健福祉法**（正式名称：精神保健及び精神障害者福祉に関する法律）など，知らなければ仕事ができない法律がある。それらを丸暗記するのではなく，業務の文脈から理解しておくことが必要であろう。ここでは一例を挙げてみよう。

　A氏は成人男性で，妻と小学生の長男（ASD；自閉スペクトラム症（9.2参照）の診断を受けている）の3人暮らしである。A氏自身が長男とは別の病院でうつ病と診断され治療を受けており，それと並行して地域のある私設心理相談室で心理カウンセリングを受けている。心理カウンセリングを担当している臨床心理職はA氏の許可を得て病院の主治医と連絡が取り合える関係にある。

主治医（精神科医）による薬物療法と，臨床心理職による心理カウンセリングでA氏は順調に回復した。しかし，頼りにしていた叔父が交通事故で急死するという事態が起こり，一時的にうつ病が悪化し，**希死念慮**（死んでもいいという気持ち）が生じた。主治医は内服薬の調整と**自傷他害**（自身を傷つけるか他人に害を及ぼす行為）予防を主目的として精神科病棟への入院を勧めたが，本人は入院経験がないため入院するかどうか迷っていた。

このようなとき，入院に関する法知識をもたずして，A氏の心理援助はできない。任意入院，医療保護入院，措置入院などは，精神保健福祉法で定められている入院形態である。精神保健福祉法という法律だけでなく，入院費等の経済的な側面に関する社会福祉の知識や，内服薬に関する知識，A氏が暮らしている地方自治体の特徴（コミュニティ）の理解等々，狭義の臨床心理学の知識だけでなく多くの関連分野の知識が心理援助のためには必要である。そのなかでも法律は外せないものである。

また，交通事故の処理に関してA氏の妻の法知識が十分でなく経済的にも制限があれば，法律の専門家にどうアクセスするかという実務知識も必要であろう。小学生の長男の学校適応を支えるために学校との連携が必要になる可能性があれば，学校という組織へのアクセスに関するさまざまな知識が必要で，そのなかには校長の権限を含めた法知識も必要であろう。長男がASDと診断されているので発達障害者支援法も関係し，A氏には希死念慮があるので，自殺対策基本法も関係する。これは一例に過ぎないが，実際の心理支援と法律や関係領域の知識は切り離せない関係にあることがお分かりいただけるのではないだろうか。

13.6 今後に向けて──日本における臨床心理学の近未来像

本章のまとめとして，図13.2をもとに臨床心理学の近未来像を概説する。

①大学ではまず心理学を基礎から学び，徐々に専門性を高め，大学院では臨床心理学を徹底的に学ぶ。その中味は知的学習のみならず，体験学習が重要であり，関連領域の知識を含む学習を経て，大学院を修了していく。②臨床実践

13.6 今後に向けて——日本における臨床心理学の近未来像

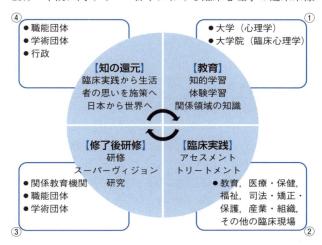

図 13.2　日本における臨床心理学の循環イメージ

現場に出て，個人，家族，集団，組織などに関して，心理アセスメント（行動観察・心理検査・心理アセスメント面接；第2，3章参照）と心理カウンセリング・心理療法を含む広義の心理援助（第4〜7章参照）を同時に業務として行う。臨床現場は，教育領域，医療・保健領域，福祉領域，司法・矯正・保護領域，産業・組織領域，その他と幅広く種類も多い。③修了後も研修やスーパーヴィジョンを受け続け，研究（第8章参照）というかたちで自分の臨床実践を同業者および関係者に問い，自分の臨床体験を緻密に洗練させていく。そのためには，関係教育機関・職能団体・学術団体に関与する必要がある。④臨床心理学で得られた知見を社会に還元し，それらを施策に反映していく（クライエントの代弁者としての臨床心理職）。行政のなかで臨床心理学を活かす努力が必要である。さらに，外国から知識や理論などを輸入するばかりでなく日本から世界に発信していく。職能団体や学術団体にきちんと所属しないとこれらは実行できにくい。そして，②③④は，基礎教育としての①へと反映され，生活者の思いが基盤となった生きた教育が行われる。こういった一連の好循環が，日本における臨床心理学の望むべき近未来像であろう。

　第1章でふれられているように，臨床心理学は歴史的にまだ若く，これから

250   第 13 章　臨床心理学の学習と倫理・法律，今後に向けて

の"伸びしろ"が豊かにある学問領域である。本書の読者から，その近未来を
担う人物が 1 人でも 2 人でも多く現れることを，こころから願っている。

コラム 13.1　公認心理師法

　日本の心理学界において，認定資格はさまざま存在してきたが，これまで国家
資格は存在しなかった。半世紀にわたる関係者の努力が実り，2015 年（平成 27
年）9 月 9 日に公認心理師法が国会で可決・成立し，同年 9 月 16 日に公布され
た。以下にこの法律の特徴を整理する。

　公認心理師法の目的は，「公認心理師の資格を定めて，その業務の適正を図り，
もって国民の心の健康の保持増進に寄与することを目的とする」（第 1 条）こと
である。公認心理師が働く分野は，「保健医療，福祉，教育その他の分野」（第 2
条）となっており，医療だけとか教育だけといったように領域を限定されないで
心理援助を行うことができる。公認心理師の業務は，①「心理に関する支援を要
する者の心理状態を観察し，その結果を分析すること」，②「心理に関する支援
を要する者に対し，その心理に関する相談に応じ，助言，指導その他の援助を行
うこと」，③「心理に関する支援を要する者の関係者に対し，その相談に応じ，
助言，指導その他の援助を行うこと」，④「心の健康に関する知識の普及を図る
ための教育及び情報の提供を行うこと」（第 2 条 1～4 項）となっており，幅広い。

　公認心理師法は 2017 年（平成 29 年）9 月 15 日に施行され，2018 年（平成 30
年）9 月 9 日に第 1 回の公認心理師試験が実施された。国家試験に合格し，登録
した公認心理師は，2019 年（令和元年）9 月末日現在，27,344 名となっている。

練習問題　　　251

●練習問題

1. 臨床心理学の学習として適切でないものを，次のなかから1つ選びなさい。
①体験学習　②反社会学習　③知的学習

2. 臨床心理学の倫理として大切なものを，次のなかから1つ選びなさい。
①学校教育法　②ロールプレイ　③守秘義務

3. 臨床心理学に関係する法律名のうち，間違っているものを1つ選びなさい。
①精神保健福祉法　②自殺対策基本法　③任意入院

●参考図書

下山晴彦（編）（2003）．臨床心理実習論　誠信書房

　やや前の本になるが，大学院修士課程の大学院生に向けて臨床心理実習について書かれた本格的な書籍の一つである。大学生にとっても，第9章の「施設見学」など参考になる。

津川律子・元永拓郎（編）（2009）．心の専門家が出会う法律［第3版］——臨床実践のために——　誠信書房

　対人援助職が業務上で出会う法律などが110本以上網羅されている。実務家向けの本であるが，大学生にとっても自分が関心をもっている分野（たとえば，学校，少年犯罪など）の章だけを読んでも，関係法律にふれることができる。

鑪　幹八郎・川畑直人（2009）．心理学の世界 基礎編8　臨床心理学——心の専門家の教育と心の支援——　培風館

　小さな本だが，中味の濃い本である。読みやすく，大学生向け。臨床心理学全体を網羅している。

丹野義彦・石垣琢麿・毛利伊吹・佐々木　淳・杉山明子（2015）．New Liberal Arts Selection 臨床心理学　有斐閣

　大学生を読者対象としているが，700頁を超える本で読みごたえがある。著者たちの意欲が伝わってくる。辞書代わりに側に置いておき，わからないことが生じたら，めくってみるような教科書である。倫理にもふれられている。

引用文献

第 1 章

Engel, G. L. (1977). The need for a new medical model : A challenge for biomedicine. *Science*, **196**, 129–136.

中村雄二郎（1992）．臨床の知とは何か　岩波新書　岩波書店

日本臨床心理士会　臨床心理士の活動の場〈http://www.jsccp.jp/person/scene.php〉

下山晴彦（編）（2009）．よくわかる臨床心理学 [改訂新版]　ミネルヴァ書房

下山晴彦・丹野義彦（編）（2001）．講座臨床心理学 1　臨床心理学とは何か　東京大学出版会

鈴木祐子（2012）．千里眼事件とはなんだったのか　サトウタツヤ・鈴木朋子・荒川　歩（編著）心理学史　学文社　pp.90–91.

第 2 章

Erikson, E. H. (1950). *Childhood and society*. W.W.Norton.

（エリクソン，E. H.　仁科弥生（訳）（1977）．幼児期と社会 1　みすず書房）

Kernberg, O. (1976). *Object relations theory and clinical psychoanalysis*. Jason Aronson.

（カーンバーグ，O.　前田重治（監訳）岡　秀樹・竹野孝一郎（訳）（1983）．対象関係論とその臨床　岩崎学術出版社）

Mahler, M. S., Pine, F., & Bergman, A. (1975). *The psychological birth of the human infant : Symbiosis and individuation*. New York : Basic Books.

（マーラー，M. S.・パイン，F.・バーグマン，A.　髙橋雅士・織田正美・浜畑　紀（訳）（1981）．乳幼児の心理的誕生——母子共生と個体化——　黎明書房）

篠竹利和（2014）．心理アセスメント　厳島行雄・横田正夫（編）心理学概説——心理学のエッセンスを学ぶ——　啓明出版　pp.203–208.

The World Health Organization (1992). *The ICD-10 classification of mental and behavioral disorders : Clinical descriptions and diagnostic guidelines*. The World Health Organization.

（世界保健機関　融　道男・中根允文・小見山　実（監訳）（1993）．ICD-10 精神および行動の障害——臨床記述と診断ガイドライン——　医学書院）

第 3 章

Buck, J. N. (1948). *The H-T-P technique*.

（バック，J. N.　加藤孝正・荻野恒一（訳）（1982）．HTP 診断法　新曜社）

遠城寺宗徳ら（2009）．遠城寺式 乳幼児分析的発達検査法 [九州大学小児科改訂新装版]　慶應義塾大学出版会

井出正吾（2011）．MMPI の概要　野呂浩史・荒川和歌子・井手正吾（編）わかりやすい MMPI 活用ハンドブック——施行から臨床応用まで——　金剛出版　pp.13–24.

引用文献

生澤雅夫・松下　裕・中瀬　惇（編著）（2002）．「新版K式発達検査2001」実施手引書　京都国際社会福祉センター

金久卓也・深町　建・野添新一（2001）．日本版CMIコーネル・メディカル・インデックス［改訂増補版］──その解説と資料──　三京房

片口安史（1987）．改訂　新・心理診断法──ロールシャッハ・テストの解説と研究──　金子書房

小山充道（2008）．心理テストバッテリーの実際　小山充道（編著）必携　臨床心理アセスメント　金剛出版　pp.28-37.

松田　修・中谷三保子（2004）．日本版COGNISTAT検査マニュアル　ワールドプランニング

MMPI新日本版研究会（編）（1993）．新日本版MMPIマニュアル　三京房

中井久夫（1984）．風景構成法と私　山中康裕（編）中井久夫著作集別巻1　H.NAKAI風景構成法　岩崎学術出版社　pp.261-271.

日本高次脳機能障害学会（編）日本高次脳機能学会Brain Function Test委員会（2003）．標準失語症検査マニュアル［改訂第2版］　新興医学出版社

日本・精神技術研究所（編）（1975）．内田クレペリン精神検査・基礎テキスト［増補改訂版］　金子書房

野川貴史（2008a）．ベンダー・ゲシュタルト・テスト　小山充道（編著）必携　臨床心理アセスメント　金剛出版　pp.258-259.

野川貴史（2008b）．ウィスコンシン・カード・ソーティング・テスト慶應版　小山充道（編著）必携　臨床心理アセスメント　金剛出版　pp.262-263.

小笠原昭彦・松本真理子（2003）．心理テスト査定論　岡堂哲雄（編）臨床心理学全書2　臨床心理査定学　誠信書房　pp.203-290.

大山泰宏（2004）．イメージを語る技法　皆藤　章（編）臨床心理査定技法2　誠信書房　pp.51-99.

佐野勝男・横田　仁（1972）．精研式文章完成法テスト解説（成人用）［新訂版］　金子書房

鈴木睦夫（2004）．TAT　氏原　寛・亀口憲治・成田善弘・東山紘久・山中康裕（共編）心理臨床大事典［改訂版］　培風館　pp.536-541.

高橋省己（2011）．ベンダー・ゲシュタルト・テストハンドブック［増補改訂版］　三京房

田中教育研究所（編）中村淳子・大川一郎・野原理恵・芹澤奈菜美（編著）（2003）．田中ビネー知能検査Ⅴ　理論マニュアル　田研出版

東京大学医学部心療内科TEG研究会（編）（2006）．新版TEGⅡ実施マニュアル　金子書房

東京大学医学部心療内科TEG研究会（編）（2009）．新版TEGⅡ活用事例集　金子書房

坪内順子（1984）．TATアナリシス──生きた人格診断──　垣内出版

Wechsler, D.（1958）. *The measurement and appraisal of adult intelligence*. 4th ed. The Williams & Wilkins.

（ウエクスラ，D.　茂木茂八・安富利光・福原真知子（共訳）（1972）．成人知能の測定と評価──知能の本質と診断──　日本文化科学社）

Wechsler, D.（1987/1984）*Manual for the Wechsler Memory Scale-Revised*. Psychological Corporation.

引 用 文 献　　255

（ウエクスラー，D.　杉下守弘（訳）（2001）．日本版ウエクスラー記憶検査法（WMS-R）
　　日本文化科学社）
Wechsler, D.（1997）. *Technical manual for the Wechsler Adult Intelligence Scale*. 3rd ed.
　　（ウエクスラー，D.　日本版 WAIS-Ⅲ刊行委員会（訳編）（2006）．日本版 WAIS-Ⅲ理論
　　マニュアル　日本文化科学社）
八木俊夫（1989）．新版 YG テストの実務手引き——人事管理における性格検査の活用——
　　日本心理技術研究所

第4章

馬場禮子（1999）．精神分析的心理療法の実践——クライエントに出会う前に——　岩崎学
　　術出版社
藤山直樹（2003）．精神分析という営み——生きた空間をもとめて——　岩崎学術出版社
河合隼雄（1967）．ユング心理学入門　培風館
賀陽　濟（1999）．サイコセラピーの秘密——心の療法の内側——　朝日新聞社
北山　修（2005）．共視母子像からの問いかけ　北山　修（編）共視論——母子像の心理学
　　——　講談社　pp.8-46.
前田重治（2014）．新図説 精神分析的面接入門　誠信書房
松井紀和（1997）．心理療法の基礎と実際　カウンセリング教育サポートセンター
松井紀和（2004）．精神分析的な立場に立つカウンセリングのプロセス　福島脩美・田上不
　　二夫・沢崎達夫・諸富祥彦（編）カウンセリングプロセスハンドブック　金子書房
　　pp.180-197.
松木邦裕（1996）．対象関係論を学ぶ——クライン派精神分析入門——　岩崎学術出版社
小此木啓吾（1981）．精神療法の構造と過程　小此木啓吾・岩崎徹也・橋本雅雄・皆川邦直
　　（編）精神分析セミナー1　精神療法の基礎　岩崎学術出版社　pp.1-83.
小此木啓吾（1990）．治療構造論序説　岩崎徹也・相田信男・乾　吉佑・狩野力八郎・北山
　　修・橋本雅雄・馬場禮子・深津千賀子・皆川邦直（編）治療構造論　岩崎学術出版社
　　pp.1-60.
佐治守夫（1966）．カウンセリング入門　国土社
篠竹利和（2007）．カウンセリングの基本的技法　外島　裕・田中堅一郎（編）臨床組織心
　　理学入門——組織と臨床への架け橋——　ナカニシヤ出版　pp.227-259.

第5章

Axline, V. M.（1947）. *Play therapy*. Houghton Miffin.
　　（アクスライン，V. M.　小林治夫（訳）（1972）．遊戯療法　岩崎学術出版社　pp.95-96.）
福田由利（2008）．SST　塩崎尚美（編著）実践に役立つ臨床心理学　北樹出版
後藤晶子（2005）．強迫性障害の行動分析と治療の基本　飯倉康郎（編著）強迫性障害の行
　　動療法　金剛出版
Landreth, G. L.（2012）. *Play therapy : The art of relationships*. 3rd ed. Routledge.
　　（ランドレス，G. L.　山中康裕（監訳）江城　望・勅使川原　学（訳者代表）（2014）．
　　新版・プレイセラピー——関係性の営み——　日本評論社）

256 引用文献

Rogers, C. R.（1957）. The necessary and sufficient conditions of therapeutic personality change. *Journal of Consulting Psychology*, **21**, p.95.

Stallard, P.（2005）. *A clinician's guide to think good-feel-good : Using CBT with children and young people*. John Wiley & Sons.

（スタラード，P. 下山晴彦（訳）（2008）. 子どもと若者のための認知行動療法ガイドブック――上手に考え，気分はスッキリ―― 金剛出版）

吉村 聡（2005）. 箱庭療法 大熊保彦・土沼雅子・橋本泰子・長谷川啓三・森田美弥子（編）「現代のエスプリ」別冊 臨床心理学入門事典 至文堂

第6章

岩井 寛（1986）. 森田療法 講談社

北西憲二（1999）. 森田療法 氏原 寛・成田善弘（共編）臨床心理学1 カウンセリングと精神療法――心理治療―― 培風館 pp.234-242.

北西憲二（2005a）. 森田療法の歴史 北西憲二・中村 敬（編著）森田療法 ミネルヴァ書房 pp.3-19.

北西憲二（2005b）. 森田療法の基本的理論 北西憲二・中村 敬（編著）森田療法 ミネルヴァ書房 pp.20-39.

久保田幹子（2005）. 日記療法 北西憲二・中村 敬（編著）森田療法 ミネルヴァ書房 pp.54-71.

黒木俊秀（2005）. 入院治療1（森田療法原法の実際） 北西憲二・中村 敬（編著）森田療法 ミネルヴァ書房 pp.72-87.

三木善彦（1976）. 内観療法入門――日本的自己探求の世界―― 創元社

三木善彦（2007）. はしがき 三木善彦・真栄城輝明・竹元隆洋（編著）内観療法 ミネルヴァ書房 pp.i-v.

成瀬悟策（2000）. 動作療法――まったく新しい心理治療の理論と方法―― 誠信書房

成瀬悟策（2004）. 臨床動作法 氏原 寛・亀口憲治・成田善弘・東山紘久・山中康裕（共編）心理臨床大事典［改訂版］ 培風館 pp.350-353.

成瀬悟策（2009）. 日本の心理臨床3 からだとこころ――身体性の臨床心理―― 誠信書房

竹元隆洋（2007）. 内観療法の技法と理論 三木善彦・真栄城輝明・竹元隆洋（編著）内観療法 ミネルヴァ書房

舘野 歩・中村 敬（2005）. 入院治療2（第三病院方式） 北西憲二・中村 敬（編著）森田療法 ミネルヴァ書房 pp.88-98.

巽 信夫（2007）. 内観療法の活用・メンタルヘルスクリニックと内観療法 三木善彦・真栄城輝明・竹元隆洋（編著）内観療法 ミネルヴァ書房 pp.72-80.

第7章

Andersen, T.（1987）. The reflecting team : Dialogue and meta-dialogue in clinical work. *Family Process*, **26**, 415-428.

Anderson, H., & Goolishian, H. A.（1988）Human systems as linguistic systems : Preliminary and evolving ideas about the implications for clinical theory. *Family Process*, **27**,

引 用 文 献

371-393.

Caplan, G.（1964）. *Principles of preventive pyschiatry*. New York：Basic Books.

藤川　麗（2009）. 職域と社会的連携　下山晴彦（編）よくわかる臨床心理学［改訂新版］
ミネルヴァ書房　p.261.

高畠克子（2011）. 臨床心理学をまなぶ 5　コミュニティ・アプローチ　東京大学出版会

Toseland, R. W., & Rivas, R. F.（1998）. *An introduction to group work practice*. 3rd ed.
Allyn & Bacon.

　　（トーズランド，R. W.・ライバス，R. F.　野村豊子（監訳）福島喜代子・岩崎浩三・田
中　尚・鈴木孝子・福田俊子（訳）（2003）. グループワーク入門――あらゆる場で役に
たつアイデアと活用法――　中央法規）

Yalom, I. D.（1975）. *The theory and practice of group psychotherapy*. Basic Books.

山本和郎（2001）. 臨床心理学的地域援助の展開――コミュニティ心理学の実践と今日的課
題――　培風館

吉川　悟・東　豊（2001）. システムズアプローチによる家族療法のすすめ方　ミネルヴァ
書房

第8章

American Psychiatric Association（Ed.）（2013）. *Diagnostic and statistical manual of mental
disorders：DSM-5*. American Psychiatric Association Publishing.

　　（アメリカ精神医学会（編）　高橋三郎・大野　裕（監訳）染矢俊幸・神庭重信・尾崎紀
夫・三村　將・村井俊哉（訳）（2014）. DSM-5 精神疾患の診断・統計マニュアル　医
学書院）

Bolander, K.（1977）. *Assessing personality through tree drawings*. Basic Books.

　　（ボーランダー，K.　高橋依子（訳）（1999）. 樹木画によるパーソナリティの理解　ナ
カニシヤ出版）

遠藤利彦（1999）. 事例研究法　中島義明・安藤清志・子安増生・坂野雄二・繁桝算男・立
花政夫・箱田裕司（編）心理学辞典　有斐閣　p.433.

藤田繁雄（1989）.「分裂病」をめぐる「対話」　社会福祉法人北海道リハビリー

藤原勝紀（1992）. 臨床心理学の方法論　氏原　寛・小川捷之・東山紘久・村瀬孝雄・山中
康裕（共編）心理臨床大事典　培風館　pp.13-17.

保崎秀夫（1993）. 疾患単位　加藤正明・保崎秀夫・笠原　嘉・宮本忠雄・小此木啓吾（編）
新版 精神医学事典　弘文堂　p.314.

一丸藤太郎（1992）. 臨床心理学と他職種との関係　氏原　寛・小川捷之・東山紘久・村瀬
孝雄・山中康裕（共編）心理臨床大事典　培風館　pp.24-28.

井村恒郎・木戸幸聖（1965）. 面接　秋元波留夫・井村恒郎・笠松　章・三浦岱栄・島崎敏
樹・田縁修治（編）日本精神医学全書 2　診断　金原出版　pp.1-24.

神田橋條治（1984）. 精神科診断面接のコツ　岩崎学術出版社

加藤正明（1993）. 事例性　加藤正明・保崎秀夫・笠原　嘉・宮本忠雄・小此木啓吾（編）
新版 精神医学事典　弘文堂　pp.378-379.

木村　敏（1972）. 精神分裂病への成因論的現象学の寄与　土居健郎（編）分裂病の精神病

理1　東京大学出版会　pp.139-160.

松原達哉（2002）．臨床心理学と精神医学の違い　松原達哉（編著）図解雑学臨床心理学　ナツメ社　p.38.

Nussbaum, A. M.（2013）．*The pocket guide to the DSM-5 diagnostic exam*. American Psychiatric Association.

　（ヌスバウム，A. M.　髙橋三郎（監訳）染矢俊幸・北村秀明（訳）（2015）．DSM-5診断面接ポケットマニュアル　医学書院）

佐藤　誠（1996）．心の健康　佐藤　誠・岡村一成・橋本泰子（編）心の健康トゥデイ　啓明出版　pp.2-8.

杉村省吾（1992）．事例研究法（ケーススタディ）　氏原　寛・小川捷之・東山紘久・村瀬孝雄・山中康裕（共編）心理臨床大事典　培風館　pp.162-167.

氏原　寛（1992）．臨床心理学の目的と意図　氏原　寛・小川捷之・東山紘久・村瀬孝雄・山中康裕（共編）心理臨床大事典　培風館　pp.2-6.

横田正夫（1996）．心の健康法　佐藤　誠・岡村一成・橋本泰子（編）心の健康トゥデイ　啓明出版　pp.162-189.

横田正夫・青木英美・小野健二・原　淳子（2009）．統合失調症の描画における増悪過程の臨床心理学的検討　心理臨床センター紀要，**6**（1），7-31.

横田正夫・依田しなえ・宮永和夫・高橋　滋・町山幸輝（1986）．慢性精神分裂病患者の描画における構成障害　精神医学，**28**（6），621-627.

第9章

American Psychiatric Association（Ed.）（2013）．*Diagnostic and statistical manual of mental disorders : DSM-5*. American Psychiatric Association Publishing.

　（アメリカ精神医学会（編）　髙橋三郎・大野　裕（監訳）染矢俊幸・神庭重信・尾崎紀夫・三村　將・村井俊哉（訳）（2014）．DSM-5精神疾患の診断・統計マニュアル　医学書院）

菊島勝也（1999）．ストレッサーとソーシャル・サポートが中学時の不登校傾向に及ぼす影響　性格心理学研究，**7**（2），66-76.

木村浩則（2002）．不登校をめぐって　小久保明浩・高橋陽一（編）教育相談論　武蔵野美術大学出版局　pp.129-162.

厚生労働省（2005）．発達障害者支援法〈http://law.e-gov.go.jp/htmldata/H16/H16HO167.html〉（2016年1月時点）

厚生労働省（2011）．児童虐待関係の最新の法律改正について〈http://www.mhlw.go.jp/seisaku/2011/07/02.html〉（2016年1月時点）

厚生労働省（2014）．児童虐待の定義と現状〈http://www.mhlw.go.jp/stf/seisakunitsuite/bunya/kodomo/kodomo_kosodate/dv/about.html〉（2016年1月時点）

正高信男（1998）．いじめを許す心理　岩波書店

文部科学省（2013）．平成25年度「児童生徒の問題行動等生徒指導上の諸問題に関する調査」等結果について〈http://www.mext.go.jp/b_menu/houdou/26/10/1351936.htm〉（2016年1月時点）

引 用 文 献　　259

文部科学省（2013）．いじめ防止対策推進法〈http : //www.mext.go.jp/a_menu/shotou/sei toshidou/1337219.htm〉（2016 年 1 月時点）

森田洋司（1991）．「不登校」現象の社会学　学文社

滝川一廣（1994）．家庭のなかの子ども 学校のなかの子ども　岩波書店

滝川一廣（2004）．新しい思春期像と精神療法　金剛出版

滝川一廣（2011）．成人期の広汎性発達障害とは何か　青木省三・村上伸治（責任編集）専門医のための精神科臨床リュミエール 23　成人期の広汎性発達障害　中山書店

頼藤和寛（1994）．いま問いなおす登校拒否――これからの見方と対応――　人文書院

第 10 章

American Psychiatric Association（Ed.）（2013）. *Diagnostic and statistical manual of mental disorders : DSM-5*. American Psychiatric Association Publishing.
（アメリカ精神医学会（編）髙橋三郎・大野　裕（監訳）染矢俊幸・神庭重信・尾崎紀夫・三村　將・村井俊哉（訳）（2014）．DSM-5 精神疾患の診断・統計マニュアル　医学書院）

浅野瑞穂（2015）．自傷行為研究の展望と今後の課題について　立教大学臨床心理学研究，**9**，13-23.

Erikson, E. H.（1950）. *Childhood and society*. W.W.Norton.
（エリクソン，E. H.　仁科弥生（訳）（1977）．幼児期と社会 1　みすず書房）

法務省（1949）．少年法〈http : //law.e-gov.go.jp/htmldata/S23/S23HO168.html〉（2016 年 1 月時点）

法務省（2002）．少年警察活動規則〈http : //law.e-gov.go.jp/htmldata/H14/H14F30301000020.html〉（2016 年 1 月時点）

法務省（2015）．平成 27 年版 犯罪白書〈http : //hakusyo1.moj.go.jp/jp/62/nfm/n62_2_3_2_1_0.html〉（2016 年 1 月時点）

松本俊彦（2009）．自傷行為の理解と援助――「故意に自分を害する」若者たち――　日本評論社

松本俊彦（2012）．自傷行為の理解と援助　精神神経学雑誌，**114**（8），983-989.

Miller, T. R., & Taylor, D. M.（2005）. Adolescent suicidality : Who will ideate, who will act? *Suicide and Life-Threatening Behavior*, **35**（4），425-435.

文部科学省（2009）．教師が知っておきたい子どもの自殺予防〈http : //www.mext.go.jp/component/b_menu/shingi/toushin/__icsFiles/afieldfile/2009/04/13/1259190_12.pdf〉（2016 年 1 月時点）

森　武夫（1996）．かれらはなぜ犯罪を犯したか――8 人の鑑定ノートと危機理論――　専修大学出版局

野村佳絵子（2013）．摂食障害の自助グループ　臨床精神医学，**42**（5），689-696.

Owens, D., Horrocks, J., & House, A.（2002）. Fatal and non-fatal repletion of self-harm : Systematic review. *The British Journal of Psychiatry*, **181**（3），193-199.

滝川一廣（2004）．新しい思春期像と精神療法　金剛出版

第11章

American Psychiatric Association（Ed.）（2013）. *Diagnostic and statistical manual of mental disorders : DSM-5*. American Psychiatric Association Publishing.

（アメリカ精神医学会（編）　髙橋三郎・大野　裕（監訳）染矢俊幸・神庭重信・尾崎紀夫・三村　將・村井俊哉（訳）（2014）. DSM-5 精神疾患の診断・統計マニュアル　医学書院）

Erikson, E. H.（1950）. *Childhood and society*. W.W.Norton.

（エリクソン，E. H.　仁科弥生（訳）（1977）. 幼児期と社会1　みすず書房）

Frances, A.（2013）. *Essentials of psychiatric diagnosis : Responding to the challenge of DSM-5*. Guilford Press.

（フランセス，A.　大野　裕・中川敦夫・柳沢圭子（訳）（2014）. 精神疾患診断のエッセンス──DSM-5 の上手な使い方──　金剛出版）

服巻　豊（2013）. ターミナルケア　矢永由里子・小池眞規子（編）がんとエイズの心理臨床──医療にいかすこころのケア──　創元社　pp.56-63.

本間龍介（2014）.「うつ？」と思ったら副腎疲労を疑いなさい──9 割の医者が知らないストレス社会の新病──　SB クリエイティブ

石丸昌彦（2010）. 不安障害と関連事項（1）　石丸昌彦・仙波純一（編著）精神医学特論　放送大学教育振興会　pp.87-101.

岩波　明（2010）. やさしい精神医学入門　角川選書　角川学芸出版

丸田俊彦（1996）. 中高年のボーダーライン　小此木啓吾・大野　裕（編）精神医学レビュー 20　境界性パーソナリティ障害（BPD）　ライフ・サイエンス　pp.92-94.

松本俊彦（2009）. 物質関連障害　林　直樹（責任編集）専門医のための精神科臨床リュミエール 9　精神科診断における説明とその根拠　中山書店　pp.70-85.

日本精神神経学会見解・提言／情報／資料　佐藤光源　統合失調症について──精神分裂病と何が変わったのか──〈http://www.jspn.or.jp/modules/activity/index.php?content_id=77〉（2015 年 8 月 11 日引用）

信田さよ子（2014）. 依存症臨床論──援助の現場から──　青土社

小口芳世・藤井康男（2009）. 未受診例への対処・受診への誘導　水野雅文（責任編集）専門医のための精神科臨床リュミエール 5　統合失調症の早期診断と早期介入　中山書店　pp.96-105.

岡田尊司（2010）. 統合失調症──そのあらたなる真実──　PHP 研究所

Rathus, S. A.（2008）. *Psychology*. Wadsworth : Cengage Learning.

斎藤　環（2011）.「困った人」とどうつきあう？──「人格障害」について──　斎藤　環・山登敬之　世界一やさしい精神科の本　河出書房新社　pp.149-167.

仙波純一（2010）. 気分障害　石丸昌彦・仙波純一（編著）精神医学特論　放送大学教育振興会　pp.27-52.

白川　治・辻井農亜（2014）. うつ病　水野雅文（編）重症化させないための精神疾患の診方と対応　医学書院　pp.127-145.

髙橋祥友（2000）. 中年期とこころの危機　日本放送出版協会

田辺　等（2013）. 嗜癖の理解と治療的アプローチの基本　和田　清（編）依存と嗜癖──

どう理解し，どう対処するか―― 医学書院　pp.140-146.

山登敬之（2011a）．なぜ体が動かない――「うつ病について」―― 斎藤　環・山登敬之　世界一やさしい精神科の本　河出書房新社　pp.169-196.

山登敬之（2011b）．意外に身近な心の病――「統合失調症」について―― 斎藤　環・山登敬之　世界一やさしい精神科の本　河出書房新社　pp.197-226.

第12章

朝田　隆（2014）．神経認知障害群　医学のあゆみ，**248**（3），219-221.

Carstensen, L. L.（1992）. Social and emotional patterns in adulthood : Support for socioemotional selectivity theory. *Psychology and Aging*, **7**（3）, 331-338.

Feil, N.（1985）. Resolution : The final life task. *Journal of Humanistic Psychology*, **25**（2）, 91-105.

長谷川和夫（2005）．HDS-R 長谷川式認知症スケール　三京房

本間　昭（1992）．Alzheimer's Disease Assessment Scale（ADAS）日本語版の作成　老年精神医学雑誌，**3**, 647-655.

北村世都（2015）．老年臨床心理学からみた認知症の人とのコミュニケーション　日本認知症ケア学会誌，**14**（2），457-463.

Kitwood, T.（1997）. *Dementia reconsidered : The person comes first*. UK : Open University Press. p.4.

小海宏之・若松直樹（編）（2012）．高齢者のこころのケアの実践（下）――認知症ケアのためのリハビリテーション―― 創元社　p.46.

厚生労働省（2012）．平成23年患者調査〈http : //www.mhlw.go.jp/toukei/saikin/hw/kanja/11/index.html〉

黒川由紀子（2013）．日本の心理臨床5　高齢者と心理臨床――衣・食・住をめぐって―― 誠信書房

内閣府（2015）．平成27年度高齢社会白書〈http : //www8.cao.go.jp/kourei/whitepaper/w-2015/html/zenbun/index.html〉

日本精神神経学会精神科病名検討連絡会（2014）．DSM-5 病名・用語翻訳ガイドライン［初版］　精神神経学雑誌，**116**（6），429-457.

東京都福祉保健局高齢社会対策部介護保険課（編）（2011）．医療ニーズを見逃さないケアを学ぶ 介護職員・地域ケアガイドブック――介護職員スキルアップ研修テキストより―― 東京都医師会　pp.39-40.

第13章

窪田由紀（2014）．心理臨床の倫理　森田美弥子・金子一史（編）心の専門家養成講座1　臨床心理学実践の基礎その1――基本的姿勢からインテーク面接まで―― ナカニシヤ出版　pp.21-38.

岡田裕子（2009）．心に関連する法律の全体像　津川律子・元永拓郎（編）心の専門家が出会う法律［第3版］――臨床実践のために―― 誠信書房　pp.3-11.

篠竹利和（2007）．カウンセリングの基本的技法　外島　裕・田中堅一郎（編）臨床組織心

理学入門——組織と臨床への架け橋—— ナカニシヤ出版 pp.227-259.

鑪 幹八郎 (1977). 試行カウンセリング 誠信書房 pp.175-188.

鑪 幹八郎・川畑直人 (2009). 臨床心理学の学習 鑪 幹八郎・川畑直人（共著）心理学の世界 基礎編 8 臨床心理学——心の専門家の教育と心の支援—— 培風館 pp.193-200.

山田亮介 (2013). 包括的人権 齋藤康輝・高畑英一郎（編）Next 教科書シリーズ 憲法 弘文堂 pp.53-66.

人名索引

ア　行

アクスライン（Axline, V. M.）　93

浅野瑞穂　191

一丸藤太郎　145，148
井上円了　9
井村恒郎　148

ウィットマー（Witmer, L.）　6
ウェクスラー（Wechsler, D.）　44
氏原　寛　146，147
内田勇三郎　51
ヴント（Wundt, W.）　6

エリクソン（Erikson, E. H.）　24，180，
　　200
エリス（Ellis, A.）　98
エンゲル（Engel, G. L.）　11
遠藤利彦　150

オーウェンズ（Owens, D.）　191

カ　行

カーステンセン（Carstensen, L. L.）　221
加藤正明　146
カルフ（Kalff, D. M.）　96
河合隼雄　96
神田橋條治　156

菊島勝也　167
キットウッド（Kitwood, T.）　234
木戸幸聖　148
木村浩則　167
木村　敏　147

ギルフォード（Guilford, J. P.）　47

クーパー（Cooper, D.）　8
クライン（Klein, M.）　93
クレペリン（Kraepelin, E.）　7，51
クロッパー（Klopfer, B.）　48

厚生労働省　174
コッホ（Koch, K.）　49
後藤晶子　99，100

サ　行

佐藤　誠　141

シモン（Simon, T.）　43
シャルコー（Charcot, J. M.）　7
ジョンソン（Johnson, A. M.）　165

スキナー（Skinner, B. F.）　98
杉村省吾　149，150
鈴木治太郎　44
スタラード（Stallard, P.）　98

タ　行

ターマン（Terman, L. M.）　44
髙橋三郎　148
滝川一廣　161，168，171，183
田中寛一　44

デュセイ（Dusay, J. M.）　47

ナ　行

中井久夫　51
成瀬悟策　9，111

人 名 索 引

ヌスバウム（Nussbaum, A. M.）148, 149

野村佳絵子　196

ハ　行

バーン（Berne, E.）47
ハサウェイ（Hathaway, S. R.）47
バック（Buck, J. N.）50
パブロフ（Pavlov, I. P.）98
バンデューラ（Bandura, A.）98

ビオン（Bion, W. R.）61
ビネー（Binet, A.）7, 43

福田由利　100
藤田繁雄　144, 149
藤原勝紀　146
フロイト（Freud, A.）93
フロイト（Freud, S.）7, 21, 59, 65, 71
ブロードマン（Brodman, K.）48

ベイトソン（Bateson, G.）122
ベック（Beck, A. T.）98
ベラック（Bellak, L.）49

ボーエン（Bowen, M.）123
ボーランダー（Bolander, K.）154
保崎秀夫　148

マ　行

マーラー（Mahler, M. S.）39
マーレイ（Murray, H. A.）49
正高信男　172
マッキンレイ（Mckinley, J. C.）47

松原達哉　147
松本俊彦　190, 191

ミラー（Miller, T. R.）193

メスメル（Mesmer, F. A.）7

森　武夫　185, 186
森田正馬　9, 107
森田洋司　167
モレノ（Moreno, J. L.）130
文部科学省　166, 193, 194

ヤ　行

ユング（Jung, C. G.）82, 96

横田正夫　150, 153, 155
吉村　聡　97
吉本伊信　9, 104
頼藤和寛　167

ラ　行

ランドレス（Landreth, G. L.）94

レヴィン（Levin, K.）126

ローエンフェルト（Lowenfeld, M.）96
ローゼンツヴァイク（Rosenzweig, S.）50
ロールシャッハ（Rorschach, H.）48
ロジャーズ（Rogers, C. R.）8, 59, 88,
　　89, 92, 121, 233, 241

ワ　行

鷲見たえ子　165

事 項 索 引

ア 行

あるがまま　108
アルツハイマー病　226

医学モデル　145
いじめ　170
いじめ防止対策推進法　170
異常　141
依存　210
一次障害　164
インテーク面接　26, 145
インフォームド・コンセント　67, 244

ウィスコンシンカード分類検査　52
ウェクスラー記憶検査法　52
ウェクスラー成人知能検査　34, 82
内田クレペリン精神検査　51
うつ病　20

エイジズム　222
遠城寺式・乳幼児分析的発達検査法　46

カ 行

絵画統覚検査　49
絵画欲求不満テスト　50
解決志向アプローチ　124
解釈　71
回想法　235
介入　3
海馬　226
カウンセラー　89
抱えること　63
科学者—実践家モデル　3, 11
科学性　3

過食性障害　182
仮説検証　3
家族システム論　122
家族療法　118
価値的基準　144
葛藤　75
家庭裁判所　187
関係妄想　224
観衆　172
感情失禁　227
鑑別診断　224

危機介入　132
希死念慮　194, 248
吃音　162
気分障害　204
教育　240
境界性パーソナリティ障害　203
共感　61, 90
共同注視モデル　62

クライエント　88

傾聴　240
契約　247
血管性認知症　227
研究　240
研究活動　4
限局性学習症　161
限局性恐怖症　202
元型　83
検査者　42
幻視　227

構造派　123
行動観察　20，38
行動療法　8
公認心理師　14，250
コグニスタット認知機能検査　52，231
こころの健康　155
固縮　226
個性化　83，223
固着　23
コミュニケーション症　162
コミュニティアプローチ　131
コンサルテーション　5，132

サ　行

サイコドラマ　130
作業検査法　51

自我同一性　24，140，180
自己決定権　247
自己肯定感　165，167，183，186，191，193
自己効力感　165
自己分化　123
自死　193
思春期　180
自傷行為　190
自傷他害　248
自助グループ　196
姿勢反射障害　226
疾患　149
実証性　3
実践活動　3
疾病性　146
質問紙法　46
実用性　54
児童家庭支援センター　175
児童期　160
児童虐待　173
児童自立支援施設　189

児童相談所　175，189
児童養護施設　176，189
自閉スペクトラム症　162
嗜癖　183，210
社会構成主義　8
社会情動的選択性理論　221
社交恐怖　202
社交不安症／社交不安障害　202
集団心理療法　126
集団力学　126
集団力動　126
集中内観　105
自由連想法　7，71
主観的幸福感　2
受検者　42
守秘義務　244
準拠枠　90
ジョイニング　119
昇華　72
少年院　189
少年鑑別所　189
少年警察　188
少年刑務所　190
除外診断　226
事例研究　12
事例研究法　146，149
事例性　146
新オレンジプラン　222
神経心理学的検査　51
神経性過食症　181
神経性やせ症　181
振戦　226
深層心理学　82
身体・疾患モデル　146
診断　145
新認知症施策総合推進戦略　222
新版Ｋ式発達検査　45
信頼性　53

事項索引

心理アセスメント　3, 18, 82
心理カウンセリング　19, 60, 88
心理教育　129
心理検査　42
心理検査バッテリー　20, 34, 55
心理テスト　145
心理療法　19, 64

スーパーヴィジョン　242
スクリーニング検査　224

性格　142
生活者モデル　2
生活年齢　44
生活の質　2
正常　141
成人期　200
精神障害　149, 200
精神年齢　43
精神分析的心理療法　8, 74
精神分析療法　65, 71
精神保健福祉法　247
性同一性　185
青年期　180
生物―心理―社会モデル　11, 218
摂食障害　180
説明責任　13
セルフモニタリング　99
全般不安症／全般性不安障害　203
せん妄　226
専門活動　4
戦略派　123

双極性障害　206
ソーシャルスキル　160, 170
ソーシャルスキルズ・トレーニング　100

タ　行

退行　23, 71
大脳辺縁系　226
多重関係の禁止　244
多職種連携　11
多世代派　123
妥当性　53
ダブルバインド　122
多方向への肩入れ　120
単極性うつ病　205

地域包括ケアシステム　222
地域連携　133
知的能力障害　161
知能　142
知能検査　43
知能指数　44, 142
知能偏差値　142
遅発性パラフレニー　224
注意欠如・多動症　163
治療構造　64
治療構造論　69
治療モデル　2

通信療法　110

抵抗　71
適応　140
転移　71

同一性拡散　140
投映法　48
統計的基準　142
統合　223
統合失調症　20, 207
洞察　71
東大式エゴグラム　47
トラウマ　173

事 項 索 引

ナ 行

内観療法　9，104
内的照合枠　90
なじみの関係　222
ナラティヴ　124

二次障害　164
日常生活動作　231
日常内観　107
入院森田療法　110
乳幼児期　160
認知行動療法　98
認知症　225
認知症の行動・心理症状　227
認知リハビリテーション　235

ハ 行

パーキンソン病　226
パーソナリティ検査　46
パーソナリティ障害　21，203
パーソン・センタード・ケア　234
バウムテスト　49
曝露反応妨害法　100
箱庭療法　96
長谷川式認知症スケール　230
発達検査　45
発達障害　160
発達性協調運動症　164
発達段階　140
パニック症／パニック障害　202
バリデーション　233
反精神医学　8

非行　184
ビッグ・ファイブ　221
皮膚寄生虫妄想　225
病気　149
標準化　54

病理的基準　143
病歴　146
広場恐怖症　202

ファシリテーション　6
不安障害　201
風景構成法　50
不適応　140
不登校　165
ブリーフ・セラピー　119
プレイルーム　94
文章完成法テスト　50
分析心理学　82
分離─個体化過程　39

偏差知能指数　44
ベンダーゲシュタルトテスト　52
変態心理学　9

防衛機制　22
傍観者　172
保護観察　190
ボルダー会議　11

マ 行

マネジメント　5

ミネソタ多面的人格目録　46

無動　226

メモリトレーニング　235
面接　20

もの思い　61
森田療法　9，107

事項索引

ヤ 行

矢田部ギルフォード性格検査　47

遊戯療法　92

抑圧　73
抑うつ障害　205
予防　131

ラ 行

来談者中心療法　9，88
ライフサイクル　24

リアリティ・オリエンテーション　235
リフレーミング　121
臨床実践　240
臨床心理学　240
臨床心理学モデル　145
臨床動作法　9，111

レビー小体　226
レビー小体型認知症　227

ロールシャッハ・テスト　34，48，82
ロールプレイ　242

英 字

AD/HD　163
ADL　231

Alzheimer's Disease Assessment Scale
　（ADAS-cog）　231
ASD　162
BPSD　227
CBT　98
Clock-Drawing Test　231
CMI 健康調査表　48
COGNISTAT　52，231
DSM-5 精神疾患の診断・統計マニュアル
　143，161，181
HDS-R　230
HTP 診断法　50
ICD-10　20
IP　119
Kohs 立方体テスト　231
Mini-Mental State Examination（MMSE）
　230
MMPI　46
P-F スタディ　50
QOL　2
SCT　50
SLTA 標準失語症検査　51
SST　100
TAT　49
TEG　47
WCST　52
WMS-R　52
YG 性格検査　47

執筆者紹介

＊名前のあとの括弧内は執筆担当章を表す。

横田　正夫（編著者）（はじめに，第8章）

1976年　日本大学芸術学部映画学科卒業
1982年　日本大学大学院文学研究科心理学専攻博士後期課程単位取得満期退学
現　在　日本大学文理学部心理学科教授
　　　　医学博士　博士（心理学）　公認心理師　臨床心理士
　　　　主要著書・論文

「精神分裂病患者の空間認知」（心理学モノグラフ，No.22，1994）

『アニメーションの臨床心理学』（誠信書房，2006）

『アニメーションとライフサイクルの心理学』（臨川書店，2008）

『日韓アニメーションの心理分析——出会い・交わり・閉じこもり——』（臨川書店，2009）

『メディアから読み解く臨床心理学——漫画・アニメを愛し、健康なこころを育む——』（サイエンス社，2016）

津川　律子（第13章）

1983年　日本大学文理学部心理学科卒業
1985年　日本大学大学院文学研究科心理学専攻博士前期課程修了
現　在　日本大学文理学部心理学科教授　公認心理師　臨床心理士　精神保健福祉士
　　　　主 要 著 書

『精神科臨床における心理アセスメント入門』（金剛出版，2009）

『初心者のための臨床心理学研究実践マニュアル［第2版］』（共著）（金剛出版，2011）

篠竹　利和（第2章，第4章）

1985年　早稲田大学第一文学部哲学科心理学専修卒業
1990年　日本大学大学院文学研究科心理学専攻博士後期課程単位取得退学
現　在　東京医科歯科大学医学部附属病院　臨床心理士
　　　　主要著書・論文

『児童・青年期臨床に活きるロールシャッハ法』（分担執筆）（金子書房，2013）

「自閉症スペクトラム障害のロールシャッハ・テストの特徴——部分反応が多い3事例——」（分担執筆）（ロールシャッハ法研究，**18**，2014）

山口　義枝 (第3章, 第6章, 第11章)

1985 年　日本大学文理学部心理学科卒業
1987 年　日本大学大学院文学研究科心理学専攻博士前期課程修了
2014 年　新潟大学大学院現代社会文化研究科博士後期課程修了
現　　在　日本大学文理学部心理学科教授　博士（学術）　臨床心理士

主要著書・論文

「クライエントが自身の体験を見つける過程――情動調律の視点よりの検討――」
（心理臨床学研究，**31**（3），2013）
『教育相談』（共著）（弘文堂，2015）

菊島　勝也 (第5章, 第9章, 第10章)

1991 年　日本大学文理学部心理学科卒業
1998 年　専修大学大学院文学研究科心理学専攻博士後期課程修了
現　　在　日本大学文理学部心理学科准教授　博士（心理学）　臨床心理士

主要著書・論文

『クラスで気になる子の支援　ズバッと解決ファイル――達人と学ぶ！特別支援教育
・教育相談のコツ――』（分担執筆）（金子書房，2009）
「大学での臨床心理士による子育て支援グループ活動の試み――参加者による要望と
評価の分析――」（日本大学文理学部心理臨床センター紀要，**11**（1），2014）

北村　世都 (第1章, 第7章, 第12章)

1999 年　日本大学文理学部心理学科卒業
2003 年　日本社会事業大学大学院社会福祉学専攻博士前期課程修了
2007 年　日本大学大学院文学研究科心理学専攻博士後期課程修了
現　　在　聖徳大学心理・福祉学部心理学科准教授
　　　　　博士（心理学）　公認心理師　臨床心理士

主 要 論 文

「高齢者介護施設職員における利用者家族との関係性認知――認知構造と家族支援に
かかわる要因への影響の検討――」（共著）（厚生の指標，**61**（8），2014）
「老年臨床心理学からみた認知症の人とのコミュニケーション」（日本認知症ケア学会，
14（2），2015）

テキストライブラリ 心理学のポテンシャル＝8

ポテンシャル臨床心理学

2016 年 7 月 10 日 ⓒ	初 版 発 行
2020 年 3 月 10 日	初版第 3 刷発行

編著者	横田正夫	発行者	森平敏孝
著　者	津川律子	印刷者	加藤文男
	篠竹利和	製本者	松島克幸
	山口義枝		
	菊島勝也		
	北村世都		

発行所　　株式会社　サイエンス社

〒151-0051　東京都渋谷区千駄ヶ谷1丁目3番25号
営業 ☎(03)5474-8500(代)　　振替 00170-7-2387
編集 ☎(03)5474-8700(代)
FAX ☎(03)5474-8900

印刷　加藤文明社　　製本　松島製本
《検印省略》

本書の内容を無断で複写複製することは，著作者および出版者の権利を侵害することがありますので，その場合にはあらかじめ小社あて許諾をお求め下さい。

サイエンス社のホームページのご案内
http://www.saiensu.co.jp
ご意見・ご要望は
jinbun@saiensu.co.jp　まで.

ISBN978-4-7819-1377-3

PRINTED IN JAPAN

テキストライブラリ 心理学のポテンシャル 1

心理学を学ぶまえに読む本

羽生和紀 著

A5 判・232 頁・本体 1,750 円（税抜き）

本書は，これから大学で心理学を専攻し，心理学を学ぼうとしている高校生や大学生のために書かれた本です．心理学の知識そのものというよりも，心理学を学んでいくうえで必要な知識や技術，能力について説明しています．本を読んだり，インターネットを使ったりといった，知識を手に入れる方法，ものごとを順序立てて正しく考える方法，考えたことを文章という形で表現する方法，それを演習やゼミといった場面で人に伝える方法，など，学問を学ぶための準備について丁寧に解説しています．心理学のみならず，他の学問を専攻しようとする方，社会人になってから知的な活動に必要な技術を学び直したい方にもおすすめの一冊です．

【主要目次】

第1章　なぜこの本を読んでほしいのか
第2章　手に入れること
第3章　理解すること
第4章　考えること
第5章　表現すること
第6章　伝えること

サイエンス社

テキストライブラリ 心理学のポテンシャル 別巻1

メディアから読み解く
臨床心理学
―漫画・アニメを愛し、健康なこころを育む―

横田正夫 著

A5判・176頁・本体 2,200 円（税抜き）

本書は，臨床心理学の領域で長年研究や臨床に携わっ
てきた著者が，漫画やアニメーション作品を分析する
ことによって，臨床心理学的なものの考え方のすすめ
方を体現できることを目指した意欲作です．はじめて
学ぶ方がとっつきやすいよう，『ちびまる子ちゃん』『サ
ザエさん』『鉄腕アトム』といった作品を取り上げ，解
説を加えながら読み解いていきます．漫画やアニメの
楽しさにふれながら，臨床心理学を本格的に学ぶきっ
かけとなる一冊です．

【主要目次】
第1章 「私はだあれ？」──アイデンティティへの問いかけ
第2章 「私は『ちび』？」──小さい頃の私って
第3章 「過去にこだわる私って」──成長してみて
第4章 「今の私は閉じこもり？」──人に会うのが嫌
第5章 「生きるって辛い！」──でも何とかなる
第6章 「魔法をかけられる」──精神病状態からの脱出
第7章 「自分を壊してしまいたい」──自傷
第8章 「家族っていいね」──支え
第9章 「友だちっていいね」──皆でやれば怖くない
第10章 「年をとるってどういうこと」──中年
第11章 「現実が歪んで見える」──現実の生きにくさ
第12章 「私って？」──いつまでも問い直し
第13章 「現実の生きにくさ」──記憶の扱い

サイエンス社

テキストライブラリ
心理学のポテンシャル

厳島行雄・横田正夫・羽生和紀　監修

読みすすめることで初歩から専門的な内容までを理解できる。
多様な心理学の領域が示す「人間観」を伝えるテキスト群！

1. **心理学を学ぶまえに読む本**
   羽生和紀著　　　　　　A5 判・232 頁・本体 1,750 円
2. **ポテンシャル知覚心理学**
   中村　浩・戸澤純子著　A5 判・224 頁・本体 2,300 円
3. **ポテンシャル生理心理学**
4. **ポテンシャル認知心理学**
5. **ポテンシャル学習心理学**
   　　　　　眞邉一近著　A5 判・272 頁・本体 2,600 円
6. **ポテンシャル社会心理学**
   岡　　隆・坂本真士編　A5 判・280 頁・本体 2,400 円
7. **ポテンシャルパーソナリティ心理学**
8. **ポテンシャル臨床心理学**
   横田編著／津川・篠竹・山口・菊島・北村著
   　　　　　　　　　　　A5 判・288 頁・本体 2,400 円
9. **ポテンシャル健康心理学**
別巻 1. メディアから読み解く臨床心理学
   横田正夫著　　　　　　A5 判・176 頁・本体 2,200 円
別巻 4. ポテンシャル心理学実験
   厳島行雄・依田麻子・望月正哉編
   　　　　　　　　　　　A5 判・192 頁・本体 2,300 円
   　　　　　　　　　　　　　　　　　（以下続刊）

　　　　　　　　＊ 表示価格はすべて税抜きです。